JN417997

핑크빛 넥타이

# 핑크빛 넥타이

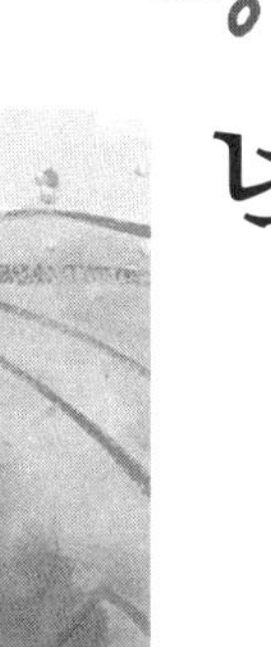

문경자
수필집

月刊文學 출판부

## 작가의 말 ●●●

*두 번째 수필집을 내면서*

글을 쓰는 일이라면 밤낮을 가리지 않고 컴퓨터에 글자의 수를 놓았다. 하얀 천에 십자수를 놓는 것처럼 색실로 엮었다. 어느 때는 모양이 예쁘고, 어느 때는 삐뚤어져 영 마음에 들지 않았다. 다시 또 꿰매고 모서리를 맞추고 하다 보면 모양새가 나왔다. 끝이 없는 글쓰기를 계속하며 나에게 선물을 하는 마음으로 차곡차곡 익도록 쌓았다. 분량이 많아질수록 두 번째 수필집을 내야 되겠다는 생각이 들었다. 생각만 하다가 놓쳐 버릴 것 같은 조바심이 자꾸 나를 부추겼다.

글을 쓸수록 그 속으로 빠져 들어가 함께 놀며 실타래처럼 풀려나왔다. 끝없이 펼쳐지는 글밭에 심은 언어들을 잘 갈고닦아서 반짝반짝 빛나는 보석을 만들어 잘 맞추면 글도 윤기가 흐른다. 빛이 나는 글들이 모여 있으면 내 안의 행복이 살아난다. 그래서 잔잔한 미소가 입가에 피어난다. 활짝 피는 장미꽃처럼 함박꽃처럼 웃음이 나온다. 주위를 맴도는 그리움,

때로는 슬픔도 어느덧 긴 터널에서 빠져나와 맑은 바람을 타고 날아가버린다. 가벼운 마음으로 또 새로운 글쓰기에 도전을 한다. 멈추지 않고 계속해서 글쓰기에 전력을 기울여 힘차게 밀고 나간다. 끈기와 성실이 없었다면 물에 물탄 듯 했을 것이다.

두 번째 수필집을 내면서 어떻게 해야 할지 걱정이 앞섰다. 사람이 마음을 먹었으면 실천에 옮겨야 반은 성공한 셈이라 여겼다. 내가 살아온 삶의 한 페이지를 기록으로 남겨놓는 게 낫지 않을까 하는 생각에 두 번째 수필집을 내기로 하였다.

다른 사람들에세 작은 위로의 불씨가 되었으면 하는 소망을 가져본다. 덜 여문 글을 세상 밖으로 보내는 것이 두렵기도 하다. 글쓰기는 하면 할수록 어렵고 고된 일이지만 그래도 끈을 놓지 않고 이어갈 것이다. 붓에 핀 꽃, 처음 만나 수필 쓰기를 지도해 주시고 이끌어 주신 문학평론가 임현영 선생님께 감사를 드립니다. 수필 사연을 담은 글쓰기를 함께 하는 손홍규 선생님께 감사 드립니다. 합천신문 독자 분들과, 내 동생 추자, 지인들과 이웃들, (주)한국산문 문우님들, 가족에게 항상 용기와 격려를 더해주심에 지면을 통해 감사의 말과 고마움을 표합니다.

## 공로패

귀하께서는 1999년부터 지금까지 본지의 논설위원으로서 향촌의 정서와 아름다운 추억들을 수필로 엮어내어 합천신문 독자들에게 향촌 사랑은 물론, 이웃과 더불어 함께 사는 명랑하고 따뜻한 공영 사회 건설에 기여한 공로가 크므로 합천신문 창간 20주년을 기념하여 본 공로패를 드립니다.

2015년 12월 14일 주식회사 합천신문 대표이사 박황규

2015년 첫 수필집『아무도 말하지 않았다』그 후에 쓴 글들을 모아 엮었다. 글쓰기는 나의 전부이며 많은 독자들과 함께 웃으며 마주하고 싶다.

2023년 초가을 문경자

## 추천사 ●●●

손홍규

(소설가)

오래도록 궁금했다. 세월이 흩트려버린 옛 마을과 사람들은 어디에서 사는지. 지붕 위로 하늘하늘 피어오르던 밥 짓는 연기와 지게를 지고 사립문을 들어서던 이의 발소리는 어디로 갔는지. 참 다행이다. 어디 가지 않았다. 작가가 들려주는 이야기를 따라가다 보면 상실했다고 믿은 모든 것들이 여전히 우리 곁에 살아 숨 쉬고 있음을 알게 된다.

꿈에서만 볼 수 있던 풍경들이 기지개를 켜고 일어나 성큼성큼 마음속으로 걸어 들어온다. 그러니까 작가는 짐작하건대, 지금도 엄마 생각을 하고, 엄마 생각이 나면 울고, 울고 나면 글을 쓰지 않을 수 없다. 엄마, 언제까지나 엄마, 작가에게 엄마는 근원이다. 돌아갈 곳이 있다면 엄마와 더불어 살던 유년의 한때이기에 엄마를 떠올리게 하는 거라면 햇빛 한 줌마저도 귀중하다.

어디에나 엄마가 있는데도 엄마 없이 살아야 했던 작가는 얼마나 고달팠을까. 행간마다 깅자야, 하고 작가를 부르던 살가운 이들의 목소리가 들린다. 과거에서 시작되어 지금 이곳으로 날아와 언제까지나 재현될 목소리가. 그러므로 단어 하나 문장 하나 아니, 글 전체에 서리서리 엄마가 깃든 것도 당연하다. 그와 똑같이 할아버지 생각을 하고, 세상을 떠난 남편 생각을 하고…. 그렇게 작가의 기억과 마음속에 다정했던 이들이 집을 짓고 마을을 이루어 산다.

세상에 없으나 세상 어딘가에 반드시 있는 그 마을로 산책을 다녀온 기분이다. 누구라도 이 책을 펼치면 만나게 될 것이다. 처마 끝에 매달렸다가 부려지는 햇살을 받으며 마루 끝에 앉은 채 다리를 흔드는 아이를. 잠에서 깨어났으나 아직 마음을 온전히 꿈에서 거두어오지는 못했던 그 짧은 순간 고개 돌려 먼동이 터오는 동쪽 하늘을 보다 흘린 한 방울 눈물 같은걸. 꿈과 현실의 경계에서 아주 오래도록 머물고 싶은 독자라면 바로 여기에, 제대로 찾아온 셈이다.

# 차례

## 2부

## 3부

## 핑크빛 넥타이

### 4부

## 5부

## 6부

# 1

# 담장에 핀 호박꽃

우리 집 담장에 호박꽃이 피었다. 봄부터 정성을 다해서 가꾸어 온 보람이 결실을 보았다. 아무렇게나 자라는 망나니 같아 보이지만 저마다 힘들고 아픔은 다 겪는다는 것을 모르는 사람은 알 수가 없다. 호박꽃을 보려면 아침 일찍 보아야 그 화려함을 볼 수가 있다. 피고 지는 것이 얼마나 위대한지 사람들은 알까마는 나름대로 자기의 멋을 한껏 뽐내는 것도 적절한 시기가 있다. 그래야 살아남을 수가 있지. 호박꽃은 마치 범종을 닮아 우람한 소리가 숨어 있는 듯하다. 마당 한 편 작은 화단에는 해바라기 맨드라미 봉숭아 채송화 나팔꽃 등이 흐드러지게 피어나지만 그 중에서도 호박꽃이 으뜸이다.

우중충한 시골 담장, 초가지붕 아니면 소 외양간, 돼지우리가 있는 담장에도 화려한 황금 꽃을 피우며 자기 영역을 넓혀나간다. 담장이라고 하지만 볼품도 없고, 금방 무너져 내릴 것처럼 보여도 호박꽃이 피는 데는 아무런 지장을 주지 않는다. 오히려 빈 곳이 있어 더욱 더 따듯하고 편할지도 모른다. 건축학을 전공한 사람이나 학식이 있는 사람이 쌓은 것도 담장도 아니요, 인심 좋고 마음씨 착한 동네 남정네들이 대충 눈짐작으로 잣대를 맞추어 쌓은 것이다.

도시의 벽돌담처럼 높이 쌓지를 않아, 담장 너머로 그 집 안을 들여다 볼 수도 있고, 사람들의 인정이 넘나들었다. 바람은 돌담이 내어준 길을 지나가면서 호박꽃 속에 숨어있는 귀한 향기를 맡는다. 벌들도 날아와서 꽃 속에 들락거렸다. 파란 방울이 점점 자라나 가부좌를 틀고 앉아 사람 사는 세상을 내려다본다.

담장 아래서 살다 보면 별별 일을 다 겪는다. 종족을 보존하기 위해서 칡넝쿨처럼 줄기차게 뻗어나가는 생명력은 대단하였다. 이런 삶을 사는 나에게 웃지 못할 일들이 많이 생긴다. 이웃집에 사는 영순이 아버지는 그저께 밤에도 막걸리를 마시고 고주망태가 되어 나의 집 구덩이에 사정없이 오줌을 싸는 추한 모습을 보여주었다. 몰래카메라가 있었다면 아주 좋은 그림을 볼 수가 있을 텐데, 지린 냄새도 꾹 참고 살아야 하는 운명이라 여겼다. 매일 불안하게 살고 있는 내 모습. 어쩌다가 땅에 열매를 맺어 놓았는가! 한번은 쌍림이 동생 늦둥이가 내 엉덩이에다 꼬챙이로 대침을 놓았다. 상처가 생겨 아리고 아려 분해서 눈물도 났다. 이웃을 잘 만나야 편하고 모든 사람들과 소통도 원만해질 텐데 누렇게 익는 날까지 잘 견디어야 했다.

참다가 보면 햇볕과 바람과 비와 달빛을 받아 내 몸은 미스코리아 못지않은 몸매가 되겠지 라는 생각에 잠겨본다. 성형을 한 얼굴보다 어머니의 몸을 빌어서 태어난 몸매가 최고여. 어느 때는 내 몸에서도 이상하고 황당한 일이 벌어지기도 했다. 내 몸에도 성형을 하지 않아도 부작용이 날 수도 있다는 걸 알았다.

겉은 반질반질 멀쩡한데 속은 거름자리처럼 더러운 것을 품고 살 때도 있었다. 어쩌다가 잘 못 품은 속내에는 벌레가 들어와 살고 있었다는 것을 본 사람은 알 것이다. 그런 것을 보고 여자는 나를 마당으로 집어 던져 박살을 내기도 하고, 입술을 빨갛게 바른 여자는 발길로 차서 산산 조각이 났다. 마지막 장식을 겪는 일이 좋은 일만 있는 것이 아니었다. 사람의 일이나 별반 다를 게 없다.

웃고 떠드는 아이들은 또 얼마나 개구쟁이 짓을 하는지. 우리 아이도 예외는 아니었다. 유치원을 다닐 때였다. 복개천에 심어 놓은 호박이 야무지게 익었을 무렵, 하루는 세발자전거에 누렇게 익은 큰 호박을 싣고 왔다. 어디서 따왔느냐고 물었다. 묻지 말라면서 빨리 부침을 해 달라고 졸랐다. 내가 자신있게 하는 것이 호박 부침이다. 껍질을 벗겨내고 채를 썰어서 밀가루 반죽을 하였다. 몰래 따 온 것을 부쳐 먹으려고 하니 어찌내 발등이 찌릿했다. 어미가 이렇게 해도 되는 건지 걱정은 되지만 한 편으로는 웃음이 나왔다. 다 구운 호박전을 예쁜 접시에 담아달라고 하였다. 녀석은 그것을 들고 뛰어갔다 와서는 숨을 헐레벌떡 쉬었다. 누구에게 갖다 주었냐고 물었다.

자기 친구 누나에게 갖다 주었다는 말에 사춘기도 아니고. 녀석은 혼자 호박전을 맛있게 먹고 있었다. 호박은 누구나 좋아하는 기호 식품이다. 호박은 늙어서 단맛이 나고요 우리네 시집살이 말도 많다는 노래를 부르며 춤을 덩실덩실 추던 동네 아낙들 모습이 눈에 선하다. 없는 살림살이 꾸려가기도 힘든 때였다.

호박잎을 깨끗하게 씻어 잘게 잘라서 쌀을 넣고 한 끼의 죽을 끓여 먹는 일도 있었다. 호박을 많이 심는 이유도 알았다. 개구쟁이들은 담장아래 숨어있는 호박을 발견하면 꼭 해코지를 하였다. 뾰족한 돌멩이를 박아 놓거나 먹지는 못할망정 막대기로 찔러나 보자 하는 맘. 그럴 때는 아낙들이 부지깽이를 들고 쫓아다녔다. 따라갈 수도 없는 몸집에다가 아이들의 놀림감이 되어도 그저 귀엽고 예쁜 담장 위에 있는 호박도 웃는 그런 때였다.

호박꽃이 필 때면 골목길이 훤하다. 열매가 맺어 익으면 보석함이 되었다. 뚱뚱한 허리선을 가르면 그 속에는 황금빛 나라가 있었다. 눈이 부시다. 거미줄처럼 엉겨서 영양분을 먹은 실핏줄이 엉겨 붙어있었다. 부드러운 잇몸에 달라 붙어있는 하얀 치아가 일렬로 줄을 섰다. 그 속에는 벌꿀의 달콤함과 나비가 날아와 찍어 놓은 발자국도 있었다. 호박은 보석 중의 보석이다. 늦게 피어난 호박꽃은 열매를 맺지 못하고 고개를 떨구었다. 메마른 줄기에 고추잠자리 날아와서 쉬어 가는 담장은 외롭지 않네.

# 배추밥과 와인

새해는 제일 좋아하는 밥을 많이 먹어도 날씬하면 좋겠다. 한두 방울 밖에 못 먹는 술을 두 잔 정도 마실 수가 있었으면 하는 희망을 가져본다. 2022년 1월 1일 아침 전화기 카톡방에 빨간 동그라미 속 숫자가 일렬로 줄을 섰다. 차례차례 열어보니 복 많이 받으세요, 행복이 팡팡 터지는 새해, 호랑이 기운이 넘치는 새해, 소망하는 모든 일이 다 이루어 지시길 등 기쁨과 행복과 웃음을 주었다. 메시지가 가득 찬 새해맞이는 좋은 기운을 주었다. 코로나19 때문에 어려움을 겪는 시기에도 꿋꿋하게 힘차게 새해를 맞이했다는 것도 큰 행운이다. 가족과 친척, 친구들과 이웃들 모든 분들께 서로 감사함과 사랑으로 보듬어 주는 따듯한 새해가 되었으면 좋겠다. 이런 날에는 김이 모락모락 나는 밥상 앞에서 오순도순 이야기꽃을 피우며 막 웃어보고 싶다.

이런 저런 생각을 하며 새해 초하루 할 일이 없어 심심하였다. 유튜브에 노래를 찾아 조용필의 친구를 듣다가, 시집을 읽다가, 달콤한 믹스커피를 마시다가, 글을 쓰다가, 귤을 까먹다가, 동네 한 바퀴 재방송을 보다가, 냉장고 문을 열었다 닫았다가, 까붕이 사료를 주다가, 화분에 물을 주고 하는 일들은 재미가 없었다. 시계는 낮 12시다. 그때 전화가 울렸다. 분이가 배추 밥을 해준다며 자기 집으로 오라고 했다.

1시에 맞추어 와인을 한 병 들고 집을 나섰다. 동네 골목에는 사람들 발길이 뜸하고 자동차들도 다 서 있다. 마른 나뭇잎들도 길옆 한 구석에 몰려 있고, 그 위를 고양이가 지나간다. 새해가 삭막하다. 마스크를 써도 찬바람이 스며든다. 그래도 얼굴을 반쯤 가렸으니 다행이다. 코로나 때문에 모임도 못하고 이렇게 만나는 것도 처음 있는 일이다.

집 앞에 도착하니 선이가 들어가려는 참이었다. 함께 집안에 들어서니 반가워했다. 분이에게 와인을 주었다. 오늘 좋은 날이라 한잔 마셔야 되겠네 하며 웃었다. 조금 있다가 숙이가 왔다. 우리는 서울에서 만난 오래된 친구다. 지금까지 만남을 잘 이어오고 있다. 오랜만이라며 서로 손을 맞잡고 눈만 쳐다보았다. 반가움에 웃는건지 우는건지 구별이 잘 되지 않았다. 3차까지 예방 접종 확인하고 마스크를 벗었다. 이렇게 눈, 코, 입을 다 볼 수 있다니 다행이었다. 그동안의 이야기가 폭포수같이 쏟아졌다. 음식 솜씨가 좋은 분이가 준비한 특식의 밥상을 차렸다. 우리는 달달한 맛을 느끼며 밥에 대한 궁금증이 생겨 물어보니, 옛날 엄마가 해주는 무밥을 생각하면 배추밥을 하는 것이 쉽다고 하였다. 손이 큰 분이는 비빔 용 그릇에 배추밥을 많이 퍼주었다. 양념장에 비벼 먹으니 생전 처음 먹어본 배추밥은 꿀맛이었다. 파김치, 배추김치, 동치미, 멸치볶음, 돼지껍데기 볶음, 우엉조림, 날고구마, 배추, 배추 부침개 등 푸짐한 상차

림에 배가 불렀다. 나물밥 종류에는 곤드레밥, 시래기밥, 취나물밥, 콩나물밥, 쑥밥 등이 있지만 정성으로 지어준 분이표 배추밥 맛이 최고였다.

이어서 새해 축하로 와인을 마시자고 했다. 와인 따개가 없었다.

난감했다. 송곳, 드라이버, 과도, 부엌칼자루, 긴 쇠막대기 등을 이용하여 마개를 따기 시작했다. 분이가 있는 힘을 다해서 계속 리듬을 맞추며 두들겼다. 콧노래가 절로 나왔다. 와인 먹을 생각에 기분이 좋았다. 조금 밀려내려간 마개는 와인에 젖어서 더이상 내려가지 않았다. 여러 도구를 번갈아 가며 쓰는 기술은 대단하였다. 얼굴에 땀이 나고, 손에도 열이 난다고 했다. 우리는 쳐다보면서 웃기만 하였다. 과도로 결국은 과일껍질을 밀어내듯이 마개를 밀어넣었다. 갑자기 마개가 병속으로 뛰어내렸다. 순간 박수를 치며 배꼽을 잡고 웃었다. 성공이다. 와인을 잔에 따르고 우리의 만남을 '위하여' 하고 외쳤다. 술술 잘 넘어갔다. 똑같이 나누어 마시다 보니 반잔으로 세 번 먹었다. 소주, 맥주, 막걸리도 먹어봤지만 내 몸에 맞는 술은 와인과 양주였다. 사람들은 술이 센 편이라며 웃을 때도 있었다. 와인 안주에 돼지 껍데기 볶음을 맛있게 먹고, 배추에 된장을 찍어 먹고, 날고구마도 맛있었다. 배추부침도 쭉 찢어서 먹어야 제 맛이 난다고 했다. 서로 쳐다보니 얼굴이 볼그레했다. 다 예뻤다.

저녁을 해준다며 호박죽을 끓였다. 드르륵 갈고 저어서 뚝딱 만들어 내는 솜씨는 여느 주방장보다 잘한다. 큰 그릇에 호박죽을 퍼주었다. 어머니가 만들어준 그 맛이었다. 동치미 국물과 잘 어울렸다. 배는 부르고 입맛은 당기고, 모두 배를 만져보며 서로 배부르다고 자랑이다. 큰 쟁반에 매실차, 사과, 귤, 삶은 고구마를 내놓았다. 우리는 이제 그만 먹는다고 손 사레를 쳤다. 아낌없이 내어주는 맘은 우주보다 넓다. 숙이는 배위에 뜨거운 팩을 올리고, 선이는 어깨허리 운동기구를 사용했다.

그래도 배가 꺼지지 않고, 거실을 왔다 갔다 해도 별효과는 없었다. 분이는 배가 부르다며 아예 따듯한 거실바닥에 누웠다. 밥을 해준다고 힘들었을 텐데 아무 내색도 없이 그저 웃었다. 나는 두 팔을 위로 쭉 폈다. 몸은 시원하지만 배는 그대로였다. 집에 가야 해결이 날 것 같다. 새해 첫날은 배부르고 따스했다.

동네서 함께 지내다 보니 가족들도 서로 다 알고 아이들도 어릴 때 같이 놀기도 했다. 누구 집 숟가락이 몇 개인지 다 아는 사이라 먼 친척들보다 더 가깝다. 편안하고 이물 없이 지내는 것도 도시 살이에서는 쉬운 일이 아니다. 올 한 해도 건강하게 잘 사는 게 제일인 것 같다. 별미를 만들어 준 분이에게 고마움을 전한다. 배추밥을 해먹으려고 배추를 사가지고 왔다. 그 맛을 낼 수가 있을 지 걱정이 되어 다시 문자로 보내 달라고 했다. 문자내용을 보면 배추는 조금 잘게 썰어 넣고, 물은 무밥을 할 때보다 조금 덜 넣고, 물 조절을 잘해야 맛있는 배추밥이 된다고 거듭 알려주었다. 검색을 하면 금방 알 수 있지만 서로 주고받는 문자가 정겹다. 밥을 같이 먹는다는 것은 가족이나 마찬가지다. 따듯한 겨울 밤 이불을 당기며 친구들 생각에 입가 미소가 봄날 같다.

# 보리수

잘 익은 보리수 열매를 따다 한 알 한 알 터지지 않도록 살살 씻어 물기를 뺀다. 보리수 열매는 술을 넣고 담아 음용하기도 했다. 또는 설탕을 이용하여 엑기스를 내어 먹기도 하였다. 소독한 유리병이나 항아리에 담아 날파리나 이물질이 들어가지 않도록 면 보를 씌워 끈으로 동여매어 시원한 그늘에 보관한다. 약재의 효능을 갖고 있는 보리수나무는 햇볕이 잘 드는 곳이면 어디서든 잘 자라며 밭가에나 담장 모퉁이에도 심었다. 산에서 자란 보리수 열매는 작기는 해도 그 맛이 달았다. 6월에 열매는 붉게 익는다. 시큼하고 떫떠름한 맛이 입맛을 잃을 때 먹으면 식욕도 돋을 수가 있다. 살구나 매화는 베어 먹을 것이 있지만, 보리수는 살이 없다. 먹어도 먹은 것 같지가 않다. 씨앗을 꺼내 보면 보리쌀을 닮았다. 그래서 보리수라고 한다는 어른들의 말이 생각났다. 믿거나 말거나. 보리수 열매를 장기간 복용하면 천식과 기침에 효능이 있다.

보리수 열매가 파랗게 달려 있을 때는 이파리와 구분이 잘 되지 않는다. 하지만 열매가 익기 시작하면 루비 보석처럼 주렁주렁 달려 귀하게 보였다. 햇빛에 반짝일 때는 귀걸이에 달린 보석보다 화려하다.

옆집의 장독대와 담벼락 사이에 서 있는 보리수나무는 동네서 인기를 끌었다. 우리는 그것을 따먹기 위해서 아무도 없다는 낌새를 알고는 얕은 담벼락을 타고 올라가서 손을 뻗었다. 보석 같은 열매가 작은 손 안에 들어왔다. 힘을 주어서 한 움큼 땄다. 바로 뛰어내리는 순간이었다. 주인의 기침소리에 놀라 손안에 있던 열매가 땅 위로 흩어졌다. 아! 보리수야! 하고 부르면서 줄행랑을 쳤다. 한 개도 먹지 못해 팔베개하고 누워 자는데 입 안의 침이 조르르 흘러내렸다.

나는 그 열매를 보면 지나간 기억이 묻어난다. 먼 옛일이 되었지만 지금도 가슴 한편에 남아있다. 창원에 살 때였다. 아버지는 재혼을 하여 따로 살았다. 돌아가신 어머니 모습은 가물가물 유월의 햇살에 묻혔다. 할아버지는 우리를 키워 주었다. 밥도 하고 반찬도 만들어 맛있는 밥을 먹고 나면 할아버지는 지게를 지고 산에서 나무를 해왔다. 그때만 해도 땔감을 구하기가 힘들었다. 할아버지의 힘을 덜어주고 싶어 나는 동생을 데리고 산으로 땔감을 구하러 갔다. 앞서가는 동생은 신이 나서 힘든 내색도 하지 않고 가니 기분이 좋았다. 산을 오르다 보니 허기가 왔다. 보리수 열매가 빨갛게 익어 우리를 유혹했다.

나는 그 열매를 따서 동생의 입에 넣어 주었다. 맛이 떫다 하고 찡그리는 얼굴이 귀여워 더 먹으라고 부추겼다. 둘이 먹는 그 맛은 참으로 달콤하고 맛있었다. 그 때 먹은 그 맛을 생각하면 달콤함이 입 안에 감돈다.

기침하는 할아버지께 드리려고 잘 익은 것을 골라 열심히 땄다. 동생은 왼쪽 손가락을 오므려 밥공기처럼 만들고 오른손으로 하나하나 따서 담았다.

보리수 따는 소녀처럼 그 모습이 그림 같았다. 따는 재미에 푹 빠져 시간이 가는 줄도 몰랐다. 그것을 모아 꽃무늬 손수건에 넣고 잘 마무리했다. 땔감은 애기 베개만큼 해서 머리에 이고 산을 내려왔다. 보리수열매가 눈앞에 아른아른 땔감에 붙어 있는 듯 했다. 할아버지가 나무를 많이 해 왔다고 칭찬을 해서 기분이 날아올랐다. 보리수 열매를 꺼내드리니 귀한 것을 따왔구나 칭찬을 해주었다. 웃으며 기뻐했다. 할아버지가 지어준 저녁밥을 먹고 잠을 자는데 동글동글 얼굴들이 내 곁에 와서 누웠다. 동생은 힘이 들었는지 몸을 뒤척이며 잠꼬대를 하였다. 동생과 만나면 보리수열매를 먹으면서 지나간 이야기를 나누고 싶다. 지난 주말 작은 아들을 데리고 시댁인 거창에 다녀왔다. 그날 처음 아들의 여자 친구와 인사를 했다. 웃는 눈매가 예쁜 아가씨는 오래전에 만난 것처럼 낯설지 않았다. 상냥하며 애교도 많았다. 내 평생 처음 아들의 여자 친구를 보니 기쁨이 벅찼다. 고속도로에 접어드니 먼 산들이 병풍을 두른 듯했다. 매번 가는 길이지만 오늘은 앞에 앉아 있는 아기씨가 예뻐서인지 먼 길이 지루하지 않았다.

먼저 시댁 집 근처에 도착하여 조상의 묘가 있는 밭으로 향했다. 마을회관 정자나무 아래서 휴식을 취하시던 친척아제를 만났다. 시부모님이 떠나신 후 논 관리와 밭을 돌봐주며 집도 잘 지켜주는 고마운 분이다. 우리가 인사를 하자 반갑다며 웃는 얼굴로 반겼다. 아제는 "밭에 가니 익은 보리수가 아주 탐스럽게 많이 달려 있는데 그것을 따먹으려고 새들이 날아와서 농작물 피해도 크다며 많이 따서 가져가라" 고 했다.

우리는 몇 십 년 밭을 오가면서도 보리수나무를 본 적이 없었다. 처음 듣는 말에 귀가 쫑긋하였다. 여자 친구도 처음 만나고, 보리수나무도 처음 만났다. 보통 인연은 아닌 것 같다.

밭 입구에 들어서니 우측으로 밤나무 배나무가 있고 그사이에 붉게 익은 보리수가 바람이 불 때마다 얼굴을 내밀었다. 빨간 얼굴들이 조롱조롱 달려있었다. 조상님의 묘를 찾아 인사하는 것은 뒷전이었다. 아제가 챙겨준 비닐봉지를 꺼냈다. 처음에는 따기조차 아까웠지만 서너 개를 따서 입 안에 넣었다. 새콤달콤한 맛에 취했다. 여자 친구가 열매는 보았지만 이렇게 달려 있는 것을 따먹기는 처음이라 했다. 손이 빠른 아가씨는 쉴 새 없이 부지런히 땄다. 야무진 것을 보니 살림도 잘 하겠다는 생각이 스쳤다. 금방 투명한 비닐봉지가 붉은 열매로 가득 채워졌다. 아들은 그만 따고 조상님께 인사를 드리자고 했다. 밭에는 빈틈없이 토마토, 가지, 호박, 상추, 부추, 고추, 들깨, 콩 등 많은 농작물들이 자라고 있었다. 막걸리를 붓고 안주를 차려 놓고 절을 하였다. 속으로 아들에게도 좋은 일만 있게 해달라고 했다. 보리수나무가 있는 곳으로 다시 왔다.

열매들은 아주 예쁜 모습으로 바람이 불때마다 흔들거렸다. 파란 잎사귀가 가려져 그것을 들추어 보니 귀한 보석들이 달려 있었다. 보는 순간 기분이 좋았다. 잘 익은 열매처럼 너희들도 이렇게 익어 어른이 되어 가면 좋겠다고 혼자 말을 되뇌었다. 가득 채워진 비닐봉지를 들고 좋아하는 여자 친구 얼굴에 방울방울 땀이 붉게 물들었다. 아들은 그저 졸졸 따라다니면서 즐거워하는 모습에 나도 덩달아 좋았다.

우리 집 베란다에는 여러 가지 술단지들이 있다. 하지만 그 중에서 으뜸은 3개월 지난 보리수 담금주이다. 아들은 기침이 날 때마다 달라고 했다. 혼자 다 먹을거라며 여자 친구와 함께 따다 담은 술이라고 귀하게 여겼다. 새콤달콤한 보리수 열매가 술 단지 안에서 잠을 잔다.

보리수나무는 무성하게 자라 작은 숲을 만들어, 우리에게 기쁨과 행복까지 담아주었다.

# 플라타너스

가로수에 서 있는 멋진 내 모습을 보면 기분이 좋아요. 새싹이 돋아나는 내 몸은 둥글고 푸른 샘이 솟는답니다. 그 물을 먹고 영양분을 만들어 내 아이들을 키워냅니다. 마른 몸에서 어떻게 푸른 가족들을 키우는지 궁금해 하는 사람들은 바로 글을 쓰는 나 입니다. 글감으로 많이 쓰지요. 그럴 때는 정말 행복하답니다. 아무리 내가 힘이 들고 견디기 어려워도 꿋꿋하게 살아가는 작은 이유입니다. 키가 자라고 가지가 뻗으며 남에게 해를 끼치기도 하지요. 사람들도 그렇지 않아요? 요즈음 돌아가는 세상 이야기 바람이 전해주는 말로는 심각한가 봐요. 우리들 세계는 남을 비방하거나 몹쓸 짓은 절대로 하지 않아요.

내가 가족을 늘리고 잎을 무성하게 달고 쭉쭉 뻗어 나가면 외등에 불빛을 가린다고 불평을 하데요. 내 생각에는 그늘도 만들어주고, 도심의 삭막함도 살려주는데 왜 그런 말을 할까요? 참 한심하기까지 해요. 내 생각에는 그런데 말이죠. 어느 날 쳐들어온 꾼들 때문에 얼마나 가슴이 아팠는지 몰라요. 그들은 인정사정없는 사람으로 보였어요. 큰 트럭에 기계를 싣고 와서 우리 몸에 기대어 놓고 몸에도 안 좋은 담배를 손가락에 끼워 물고, 빨간 꽃을 붙여서 입으로 빨아 당기는 거예요. 참 신기하고 재미있게 구경하고 있었지요.

아니 그런데 입에서 갑자기 안개 같은 것이 확 퍼져서 우리 앞으로 왔어요. 우리 아기들은 일 년 내내 기침과 재채기 콧물을 흘린 적 한 번도 없어요. 안개 같은 것이 우리 가족들 얼굴을 덮었어요. 온통 난리가 났어요. 내가 몇 십 년을 살아왔지만 이런 난리는 처음 겪었어요. 모두 콜록콜록 기침에 눈물까지, 장난이 아니었어요. 나무 병원도 없는데 말이죠. 어쩌면 좋을지 몰라 파르르 떨고만 있었지요. 그 때 고마운 바람이 와서 안개를 다 거둬 주어서 살아났답니다. 그 다음이 문제였어요.

아니 이런 일이 일어날 줄은 꿈에도 몰랐지요. 시퍼런 톱날을 가지고 팔이며 손가락 넓고 윤기 나는 우리 아이들 몸에 공격을 가했답니다. 그러면 안 된다고 말을 해도 막무가내로 베고 또 베고 계속되는 소리에 치가 떨렸지요. 무슨 잘못도 없는데 왜 이렇게 못살게 구는지 몰라요. 저들은 이런 일을 해서 돈을 받아먹고 사는 직업을 가진 사람들인가 봅니다. 세상에는 남의 몸에 칼을 대고 돈을 갈취하는 사람들이 얼마나 많아요. 그런 세상 사람들이 왜 그렇게 많은지 알 것 같아요.

땅에 떨어진 자식들에게 큰 죄를 지었다는 생각에 살고 싶지 않아요.

이산가족으로 뿔뿔이 흩어져서 어디서도 만날 수가 없지요. 성형외과 정형외과도 없으니 불가능한 일이지요. 매일 지나가는 사람들 얼굴이 정말 많이 변해서 알아볼 수가 없어요. 출근을 하는 아가씨는 학교 선생님인가 봐요. 초등학생들이 그녀만 보면 머리 숙여 인사하데요. 여름 방학이 끝나고 내 옆을 지나가는데 정말 몰라봤어요. 날렵한 콧대며 반짝이는 피부 예쁜 쌍꺼풀 아무래도 남자 친구가 생겼나 하고 눈여겨 보았어요.

그건 그렇고 사계절에서 제일 신나는 계절도 있지요. 여름입니다. 푸른 옷을 입고 위에서 내려 다 보는 재미가 좋아요. 아무리 사람들이 키가 크고 잘나도 우리 위에서 놀 수는 없는 거죠. 즐겁게 노래하고 밤에는 푸른 달빛에 얼굴을 다듬고 낮에는 따가운 햇빛이 와서 예방 주사를 놓아주지요. 모기도 벌레도 얼씬 못한답니다. 내 튼튼한 몸은 허리 굽은 할머니가 기대어 쉬어 가고, 강아지들 좋은 향기 품지요. 그늘이 된 사람을 사랑한다는 이재무 시인의 시처럼 저도 그늘이 있는 사람을 사랑합니다. 이럴 때는 시인이 된 것 같아요. 정말로 말이 엄청 많지요. 사람들만 말을 할 줄 안다고 함부로 내 뱉으면 감옥 가요. 하하.

겨울 채비도 해야 하니 쑥스러워요. 의상도 걸치지 않고 맨 몸으로 겨울을 나야 한다고 생각해 보세요. 끔찍하지만 단련된 몸이라 잘 견디어 내야지요. 털을 걸치고 걸어가는 사람들 모습을 보면 참 불쌍해요. 그것도 누군가의 생명을 빼앗아 만든 거니까요. 한 가지 부탁드려요. 제 몸에 광고지 제발 붙이지 마세요. 테이프 땜에 찢어진 상처가 시려요. 제 몸값은 그보다 훨씬 비싸요. 그래도 꿋꿋하게 내 자존심 지키며 매운 바람도 잘 견디면 따듯한 봄을 맞이하게 되겠지요. 지금 지나가는 아가씨가 남자와 팔짱을 끼고 가네요. 애인이 생겼나 봐요. 얼마나 좋을까요? 소문나면 안 되는데 큰일 나요. 나도 봄님을 만나기 위해서는 겨우내 눈을 감고 실컷 잠이나 잘래요. 그래야 봄에 예쁜 모습으로 태어날 테니까요.

# 계산기와 낯선 사람

지난 주말 서울 근교에 살고 있는 동생과 강남역 1번 출구에서 만났다. 배가 출출하여 추어탕 집을 찾아가기로 했다. 한 번 가본 곳이라 자신만만하였다. 어릴 때부터 나보다 똑똑한 동생을 믿고 따라다녔다. 여기 저기 골목마다 들어가 찾아도 보이지 않았다. 폰을 열고 검색을 한 동생은 추어탕집 전화번호를 찾아 통화를 시도했다. 완전 다른 곳이라며 주인이 끊어 버렸다. 난감했다. 배도 고프고 힘도 빠졌다. 지나가는 사람들에게 물어보려고 해도 말이 잘 나오지 않았다. 분명히 '추어탕집' 하고 말하면 '검색' 해 보세요 할 게 뻔했다. 1시간 헤매다가 지쳐 버렸다.

식사메뉴도 많은데 여기까지 와서 그 식당을 찾는 우리가 한심하기도 하다. 배속에서 꼬르륵 소리가 났다. 구수한 추어탕이 눈앞에 왔다 갔다 하여 군침이 넘어 갔다. 가을에 제일 맛있는 것은 추어탕이다. 미꾸라지 잡던 이야기를 하며 먹는 맛은 어머니 손맛보다는 못해도 한 끼 식사 정도는 괜찮았다. 골목마다 차들은 빵빵거리고 배달하는 오토바이는 무서울 정도로 속도를 내며 달린다. 사람들은 바쁘게 가고 있다. 우리는 오직 추어탕을 먹겠다는 일념으로 찾아다녔다. 생각을 바꾸면 몸도 마음도 편할 텐데. 높은 빌딩을 쳐다보니 식당 이름은 없었다.

다른 식당을 찾아보았다. 겨우 찾아 지하로 들어가니 휴식시간이라 식사를 못한다고 하였다. 저녁시간에 문을 연다고 하며 다른 곳도 손님을 받지 않았다. 배는 더 고팠다. 여러 가지 광고들만 즐비하였다. 괜히 열불이 났다. 동생은 "언니 우리 햄버거나 먹자." 고 하며 눈앞에 보이는 햄버거 가게로 들어갔다.

사람들도 없고 자리가 넓어 안심이 되었다. 그 안에 들어가서 주문을 하니 계산하는 곳을 가르쳐 주었다. 햄버거 이름도 잘 모르고 맛도 모르는데 난감했다. 손으로 터치를 하니 외계인이 된 기분이 들었다. 나보다 키가 큰 계산기 앞에서 주눅이 들었다. 어떻게 하는지 보고 서 있는데 동생이 직원에게 바로 주문해도 되냐고 물어보았다. 현금은 받지 않는다며 계산기에 메뉴를 보고 주문하고 계산을 하면 된다는 말을 하였다. 동생보고 주문을 하라며 한 발짝 뒤로 서 있었다. 여기저기 눌러봐도 순서를 몰라 그냥 계속 그 안에 있는 그림과 햄버거 이름만 보고 있었다. 무슨 말을 하는지 귀에 들어오지 않았다. 그냥 현금을 받고 주문을 받으면 편할 텐데 어려운 기계로 모든 걸 다 해야 한다는 말을 듣고 머리에 쥐가 났다. 햄버거를 좋아하지는 않지만 할 수 없이 배를 채우려면 먹어야 했다.

동생도 어려운 것을 왜 하라고 하는지 모르겠다며 손가락으로 터치를 하였다. 직원이 급하게 오더니 "어떻게 주문을 하실 건지 햄버거와 음료 수 등을 말씀해 주세요."라며 바짝 다가왔다. 우리는 갑자기 몸이 작아지며 모깃소리만 하게 "이거요. 저거요. 콜라 2개요. 그리고 또 뭘 먹을까?" 생각했다.

답답한 직원은 '어휴' 한숨을 쉬며 계속 질문을 하였다. 타바스코 슈림프, 타바스코 몬스터, 타바스코 더블비프, 골든 치즈렐라 와퍼, 프렌치 프라이, 치즈 와프, 불고기 와퍼, 주니어 치즈 와퍼 등 이름도 생소한 햄버거를 터치하니 척척 나왔다 사라졌다. 도대체 먹어 본 것도 없지만 맛을 몰라 답답하였다. 평소에 본 그림과 비슷한 것을 동생이 손가락으로 짚어 주문을 하였다.

직원은 눈 깜짝할 사이 주문을 끝내고 "카드를 넣어주세요"라 고했다. 내 카드로 계산을 하는데 손이 떨렸다. 이름도 모르는 햄버거 2개,

튀김 1개, 콜라 2개 시켜 놓고 자리에 앉았다. "우리 오늘 진짜 웃긴다. 왜 바보가 됐냐?" "저런 기계는 왜 만들어 사람들을 바보로 만들까!" 하며 한숨을 쉬었다. 한편으로는 웃음도 나오고 계산기가 우리를 보는 것 같아 부끄러웠다. 다른 사람들은 척척 누르고 계산하고 신나는 얼굴이었다. 번호가 뜨기를 기다렸다. 271 빨간 불이 들어왔다. 재빨리 가서 햄버거가 담긴 쟁반을 들고 와서 식탁에 놓았다. 그림과는 달리 볼품도 없었다, 종이를 벗겨내고 보니 양배추가 다 흩어졌다. 숟가락으로 뜨거운 추어탕이나 한입 먹으면 기분이 좋을 거라 생각하며, 햄버거가 너무 커 한입에 베어 먹기가 어려웠다. 양배추와 살코기를 손으로 하나씩 들고 먹었다. 앞자리에 검은 테 안경을 쓴 남자가 쳐다보는 것을 알고는, 망신스러운 생각에 얼굴이 화끈했다. 텔레비전에 나오는 햄버거 광고를 보면, 입에 침이 고일 정도 맛있고, 배우들의 먹는 모습도 멋있었다.

동생은 작은 것을 시켜서 예쁘게 먹었다.

나는 그 두 배나 되는 햄버거를 먹는데 콜라 한 모금 마시고 먹다 보니 시간이 많이 지났다. 동생이 "언니 입가에 뭔가 묻었다" 고 해서 웃었다. 배속은 더부룩하고 배는 부르지 않았다. 다시는 햄버거를 먹지 말자고 했다. "정말 주문하기가 왜 그렇게 어렵냐. 우리도 지금부터 배워야 하겠다." 는 말을 했다. 이제는 동네 식당이나 아이스크림 집이나, 카페나 다 기계로 주문과 계산을 해야 하는 세상이다. 동네 아이스크림 집에 갔다. 똑같은 방식으로 주문을 하였다. 옆에 있는 학생들이 하는 것을 보고 따라 해보니 별로 어려운 것은 아니었다. 그런데 햄버거 주문은 왜 어려운지 메뉴가 맘에 들지 않아서 그랬나 하고 생각해본다. 사람들이 많이 들어와 자리에서 일어났다. '담에는 꼭 주문을 해서 당당하게 계산을 하고 먹자' 하고 유리문을 열고 나오는데 키가 큰 계산기는 일만 척척 잘했다. 누구든 와서 터치를 하며 알아서 계산을 하는 낯선 사람이었다.

# 마스크를 보면서

모 일간지 신문을 펼쳤다. 사람들이 마스크를 끼고 거리를 걷고 있는 사진이 1면을 장식하였다. 그 장면을 보는 순간 섬뜩한 생각에 몸이 오므려졌다. 세계가 불안과 공포에 휩싸였다. 나라 안도 코로나바이러스와 전쟁을 하고 있다. 날이 갈수록 보통 심각한 것이 아니었다. 그로 인해 마스크와의 전쟁도 한 몫 하였다. 마스크는 공기 중 미세물질을 차단하여 감염을 막기 위해 사용하는 호흡기구이다. 주로 의료진들이 격리병상에서 사용을 한다. 병원에 가면 의사들이 마스크를 하고 환자를 돌보는 일은 예사로 보아왔다.

그런데 지금은 경우가 완전 다르다. 코로나바이러스에 걸리면 사망까지 가니 개인이 예방을 하는 수밖에 없지 않은가! 미세먼지가 심할 때나 가벼운 감기 기침이 날 때 잠깐은 끼고 다녀도 이렇게 장기간 착용하는 것도 드문 일이었다. 마스크를 하고 사회생활을 하는 것은 여간 불편한 것이 아니었다.

마스크를 끼고 밖을 나갔다. 눈이 나빠 안경을 끼고 다니는 사람들의 모습은 더 답답하게 보였다. 얼굴은 반쪽에다 입을 완전히 가렸다. 그것은 언론에 보도되는 어떤 얼굴과 가까워 보였다.

예방을 위해서는 어떤 모습이 문제가 되지는 않지만, 버스나 전철을 이용하는 승객들에게 '신종 코로나 예방 마스크입니다. 필요하신 분만 1개씩 가져가세요. 2개는 안돼요.' 하는 운동도 벌이고 있는 상황이다. 마스크를 쓰고도 몇 개씩 더 가져가는 사람 뭉텅이로 챙겨 다른 사람에게 판매도 한다고 한다. 이러니 마스크의 가격은 천정부지로 치솟았다. 무시하지 말고 황금 보듯이 높이 봐주길 잘 모셔야 건강에 도움을 준다고 으쓱하는 그들의 귀한 몸값! 대중교통을 이용하는 승객들은 서로 마주보고 앉아 있는 것도 큰 고통이었다. 표정도 볼 수가 없고, 눈만 서로 마주쳐도 경계를 하는 듯하다. 내가 보기에는 그랬다.

화장을 하는 여성들 마스크는 입술이 닿는 곳은 약간 돌출이 되어 있게 만들어 끼고 다니기에 편리하게 만들어졌다. 립스틱이 묻을까 하는 염려에 제조업자들의 배려에 감사해야 하는 마음까지 들었다. 사람들이 숨을 쉴 때마다 마스크가 움직였다. 마치 금붕어가 물을 먹는 모습과도 흡사하였다. 말수도 많이 줄어들고 저마다 입을 가리고 있는 얼굴들은 완전 가면 속에 있었다. 연세가 많은 어르신들은 마스크를 끼고 다니는 그 자체가 힘겨워 보였다. 면역력이 약해져서 기침이나 재채기가 나올까 봐 서로 눈치 보며 함께 있다는 사실도 괴로웠다.

그 뿐만 아니었다. 마스크를 오래 쓰고 있으면 입안의 세균들과 곰팡이들의 전쟁도 이만저만 아니었다. 한 개의 마스크를 지속적으로 쓰고 다닐 수도 없고 세탁이 쉬운 것도 아니었다. 마스크를 세탁할 경우 마스크 내에 있는 세균 차단 물질이 망가지거나 손상될 우려가 있다.

또한 마스크를 벗고 쓰는 과정이다. 손에서 세균이 입으로 침입을 할 수가 있어 고민이었다. 열심히 세균 소독제 제품으로 깨끗하게 손을 씻지만 눈에 보이지 않으니 불안은 더해갔다. 평소에 손을 씻지 않는 사람들도 열심히 씻었다. 사람들과 악수를 해도 괜히 찜찜하고 마스크를 쓴 사람들과 대화하는 일도 꺼려졌다. 개인이 조심하며 서로의 건강을 위해서 이런 감수는 해야 한다. 모든 행사는 취소가 되고 폐쇄되는 곳 식당들도 줄줄이 예약이 헛되고 말았다. 모임자체를 하지 않으니 서로의 안부도 궁금하다. 이로 말미암아 나라의 경제도 무너지고 외국 관광객들도 뜸했다. 하물며 동네의 작은 식당주인들도 울상을 지었다. 그러니 집안에서 보내는 시간이 많아졌다.

세상이 뒤숭숭하게 돌아간다. 죽어나가는 사람. 환자를 돌본 의사 간호사 가족들조차도 병마에 시달리고 있다. 모든 매체들은 코로나바이러스 확산에 대한 자세한 정보를 알려주고 있었다. 사그러들 줄 모르는 악의 씨앗은 기세가 하늘을 찔렀다. 사망이 늘어남에 따라 사람들은 밖에 나가기를 꺼려하고 집 안에 있어도 불안감을 떨칠 수가 없었다. 마스크를 하고 출퇴근하는 가족들의 걱정 때문이다. 자고 나면 챙겨야 할 것이 마스크다. 숨쉬기를 맘대로 할 수가 없으니 그 고통은 이루 말할 수가 없다. 입을 감옥에 가둔 꼴이 되었다 해도 과언이 아니었다.

코로나바이러스 확진자가 줄어들 기미는 보이지 않는다. 핸드폰의 활약도 대단하고 사람들의 예방 관리도 스스로 잘 지켜주니 더 이상은 나타나지 말았으면 하는 바람이다. 뉴스마다 잘 전달을 하고 대책위도 만들어 상황 전달을 해주니 국민들은 그래도 안심에 많은 도움을 준다.

마스크를 만드는 제조사들은 내달 말까지 모든 예약이 끝나고 재고 소진 전까지 최대한 확보 노력을 한다고 하지만 장담할 수는 없는 상황이다. 이처럼 불쑥불쑥 나타나 세상을 두려움에 몰아넣는 위협들이 사라지기를 바라는 마음이다.

때 아닌 눈도 내리고 그나마 눈을 보면서 마음의 여유를 느껴본다. 코로나바이러스가 완전히 사라지길 바라며 마스크의 위력도 사그라지길 바라는 마음이다.

# 여름날 냇가에서

우리 동네 공원에는 인공으로 만든 냇가가 있다. 마을버스 정류장도 있어 냇가에 오는 길은 편리하다. 버스 안에서도 그 앞을 지날 때는 냇가에 놀고 있는 귀여운 아이들을 볼 수가 있어 즐거운 마음을 갖게 한다. 냇가 주변에는 여러 개의 벤치도 놓여있어 어른들과 아이들이 공유하며 쉬는 편리한 공간도 있다. 백일홍 나무도 몇 그루 있으며, 맞은편에는 소방서와 편의점, 치킨집도 있다. 동네서도 알아주는 큰 교회도 보인다. 이런 곳에 물놀이 할 공간이 있어 아이들은 부모와 손잡고 나와 수영복을 입고 한여름 물장구치며 놀았다. 팬티를 입고 물속에 들어간 아이들은 없었다.

어른들은 옛날 기억에 사로잡혀 아이들 노는 모습을 유심히 바라본다. 개구쟁이들은 뜨거운 햇빛도 아랑곳하지 않았다. 무더위에도 지치지 않고 입가에 방울방울 달린 물방울 달고 웃었다. 귀엽고 예쁜 아이들을 보고 있으면 어른들도 아이가 된다. 아빠 엄마가 함께 수영을 가르치는 모습도 행복해 보였다. 유아 비키니, 어린이 원피스, 빨간색 수영복 등 패션쇼를 보는 것처럼 각양각색이다. 우리 아이들은 수영을 가르쳐 주지 않았다. 지금도 어엿한 직장인이 되어서도, 여름 휴가철만 되면 슬쩍 지나가는 말로 한 마디 툭 던진다.

여자 친구가 수영을 할 줄 아느냐고 물어보면 창피하다고 했다. 아이들도 기본적인 것은 가르쳐야 한다는 생각을 해본다. 도심에는 여름이 아니더라도 사계절 수영을 가르치고 취미 생활도 할 수가 있으며 전국에 수영장이 없는 곳이 없다. 아무리 잘 만든 수영장이 많다고 해도 자연으로 만든 고향 마을 냇가의 수영장이 더 다정하고, 어딘가 모르게 소박하고 정감이 느껴진다. 수영복을 입지 않아도 되고 누구나 똑같은 것을 입고 물놀이를 하니 형제 같은 느낌이 들었다. 엄마 아빠가 없어도 웃으며 즐기는 헤엄치기는 정말 신났었다. 이런 저런 생각들이 호박 줄기처럼 뻗어 나를 그곳으로 데려갔다.

냇가 주위에는 심어 놓은 벼가 자라는 논이 있다. 몇 백 년 된 열녀나무도 여름 에어컨보다 더 좋은 역할을 해주었다. 전기코드가 없어도 되니 전기세 낼 걱정도 없다. 어른들은 그곳에서 여름을 보내며 종이 신문보다 구수하게 주고받는 대화 속에서 정보를 접할 수 있다. 우리도 그곳에서 공기 놀이, 고무줄놀이도 했다. 한참 뛰어놀다 보면 이마에 땀방울이 송골송골 맺힌다. 그 모습이 얼마나 귀여운지 모른다.

더위를 시키기 위해 우리가 즐겨 하는 물놀이가 있다. 초등학교 들어가기 전 여름날 냇가는 도심의 수영장 아니면 인공 냇가보다 좋았다. 자연으로 만들어진 냇가가 유일하게 동네 앞에 있었다. 웅덩이처럼 생겨 목욕을 하기엔 안성맞춤이었다. 시멘트로 만들지 않고 둥글고, 납작하고, 뾰족하고, 반들반들하고, 여러 가지 돌들이 주위에 있어 운치가 좋은 곳이다.

우리가 물놀이한다고 해서 가족들 누구 하나 신경을 쓰지 않았다. 그저 무탈하게 물놀이하는 것만 바랄 뿐이다. 냇가는 길가에 있어 어른들이 지나가면서 누구 집 딸아이인지 단번에 알아보고 한마디씩 한다. 그냥 지나가는 법이 없다. 뒤통수만 보아도 금방 알아본다. 동네서 선머슴아 같이 노는 것을 훤하게 알고 있었다.

회나무 아래서 겉옷을 가지런히 벗어 놓고, 꽃 모자와 파란 수영복은 없지만 엄마가 정성들여 만들어 준 검정색 팬티와 흰 러닝샤스는 잘 맞는 패션이다. 먼저 길가에 있는 쑥잎을 따서 손바닥으로 살살 비벼 귀에 물이 들어가지 않게 꼭 막았다. 하나, 둘, 셋 준비운동을 하였다. 사이좋은 친구들이라도 물속에 들어가는 순서가 있었다. 제일 먼저 한 살이 많은 대장님 큰 자야는 오른손으로 코를 막고 뛰어내린다. 이어서 줄줄이 뛰어내렸다. 한번은 잘못 뛰어내려 엄지 둘째 발가락이 뾰족한 돌멩이에 부딪혀 많이 찢어졌다. 엄마는 상처난 부위에 된장을 발라주었다. 신기하게도 상처가 낫고 흉터만 남았다. 발가락을 보면 붙어 있는 게 신기하였다. 그 후로 조심을 했다.

너댓 명이 풍덩풍덩하는 소리에 풀잎에 붙어있는 물잠자리가 날아갔다. 날개가 햇빛에 비춰 무지개를 만들었다. 수영이란 단어조차 모르는 우리는 그저 목욕한다는 정도만 알고 있었다. 단발머리가 물에 젖고 얼굴은 볼그레하다. 서로 마주보며 깔깔 웃는 모습은 그저 천진난만한 얼굴이다. 첨벙첨벙 물장구를 치며 놀았다. 수영은 할 줄 모르니 개구리헤엄이라도 치면 정말 재미있었다. 물속으로 가라앉고, 서로 부딪히고, 손을 잡아끌며 노는 물놀이는 최고였다.

코를 막고 물속에 오래 있는 놀이도 즐거웠다. 대장 자야는 물속에 오래 있다가 죽는 줄 알았다며 우리 보고 차례로 하라고 명령을 내렸다. 슬쩍 하는 척했다. 너무 오래 물속에 있다 보니 입술이 파래지고 몸에 소름이 돋아났다. 넓은 바위에 앉아 햇빛을 쪼인다. 귀마개를 빼고 햇빛에 달궈진 납작한 돌멩이 두 개를 주워 양쪽 귀에 대고 떼었다 붙였다 반복하며 물을 말렸다. 처음에는 귀가 데일만큼 뜨거웠다.

우리가 떠드는 소리에 동네 개구쟁이들이 나타났다. 그들은 우리를 놀리는 재미에 한 시절을 보낸다. 그날도 예외는 아니었다. 작은 돌로 수제비 뜨기를 하고, 우리가 벗어 놓은 옷들을 물속으로 던지는 시늉을 하였다. 우리는 겁에 질려 숨도 못 쉬고 지켜볼 뿐이었다. 그 때 동네 호랑이 할아버지가 지나가다 그들에게 혼을 냈다. 하루 종일 물속에서 노는 일도 힘들었다. 온 몸을 깨끗하게 하고 옷을 챙겨 입었다. 서로 쳐다보니 맑고 밝은 얼굴이 더 예뻤다. 겨울, 봄 제대로 씻지 못하고 여름날 냇가에서 반년의 때를 다 닦아내니 몸이 나비처럼 날아갈 듯이 가벼웠다. 그날 저녁은 가족들이 모두 예쁘다고 했다. 엄마는 밥도 많이 주었다. 보리밥도 꿀맛이었다. 모기장이 쳐진 방으로 들어가 잠을 자는데 물장구 치는 꿈을 꾸었다. 엄마는 나를 부르며 휘젓는 내 팔을 가만히 잡아 주는 것 같았다. 어른이 된 지금도 여름날이면 그런 날이 그립다.

그 후로 헤엄치기도 못했으니 수영을 한다는 것은 상상도 못했다.

결혼을 하고 바쁘게 지내다 보니 수영장에서 배우는 것도 어려웠다. 내가 수영을 못한다는 것을 아는 가족들은 수영복을 산다고 하니 모두 어이가 없다는 듯 바라보았다. 남편이 더 심하게 말했다. "당신이 수영복을 입으면, 그리고 맞는 것이 있을지 걱정이 돼요." 했다.

이젠 그런 말도 들을 수 없지만. 동네 계모임 친구들과 영등포 신세계 백화점에 갔다. 생각보다는 수영복을 구입하기 쉬웠다. 여름휴가철에 맞추어 세일을 한다며 이때 하나 장만하라고 점원이 말했다. 하나를 골라 샀다. 집에 와서 파란색 줄무늬가 있는 수영복을 꺼냈다. 모두 어디어디 하고 한 번 입어 보라고 했다. 이를 어째. 입기는 좀 그렇고 그냥 샀다는 것만 알고 있어 하고 퉁명스럽게 말했다. 해외여행 가서 수영복을 입고 사진이라도 찍어야 한다는 꼬임에 빠졌다. 그때 처음호텔에서 푹 쉬고 나와, 수영장이 있는 곳으로 갔다. 진짜 수영복을 입고 물속에 들어갔다. 부끄러워 내가 나를 봐도 웃음이 나왔다. 그날의 내 모습을 친구들은 생각보다 예쁘다며, 이리저리 포즈를 취하라고 하여 여러 번 촬영을 했다. 지금도 앨범 속에 그 사진을 보면 얼굴이 붉어진다. 가족들에게 사진을 보여주며 진짜 수영복 입고 수영을 했다고 했다. 믿거나 말거나. 평생 처음이자 마지막으로 입어 본 수영복이라 장롱 속에 접어 두었다. 내가 어릴 적 여름날 냇가에서 목욕하던 그때 패션이 더 예뻤다.

코로나 19 때문에 인공 냇가는 물놀이가 중단되었고, 대신 비둘기들이 노닐고 있다. 산골의 냇가도 아이들도 사라진지 오래다. 그런 기억들이 내 맘속 액자에 박혀 있다.

# 버스정류장

정류장도 많이 변했다. 지붕이 달린 바람막이로 대기실을 잘 갖추었다. 단순히 버스가 정차하여 승객을 태우는 것 뿐만 아니라 팻말과 노선의 알림이나 노선이 표시된 지도가 부착되어 있다. 그 뿐만 아니라 예쁜 아가씨의 안내 방송은 상큼한 분위기까지 되살아났다. 몇 년 전만 하여도 가고자 하는 노선을 알 수가 없어 옆 사람에게 길을 묻기도 했다. 잘 알고 가르쳐 주는 사람도 있는 반면 너무 엉뚱한 곳을 잘못 알려줘서 곤혹을 치른다. 그럴 때마다 버스를 갈아타고 몇 정거장을 더 가서 내리곤 했다.

시골에서 모처럼 올라오신 시부모님을 모시고 가락동 막내시누 집을 찾아갈 때였다. 길을 몰라서 걱정은 되었지만 대충 짐작은 갔다. 분명히 여기가 맞는데 하고 내렸다. 버스가 떠나고 난 후에 잘못 내렸다는 것을 알았다. 시부모는 얼마나 동기간에 왕래가 없었으면 정류장 하나도 제대로 알지 못하느냐 하고 꾸짖었다.

연애하던 시절 청량리 어느 정류장에서 남자와 만나기로 약속을 했다. 정류장을 찾지 못해 거리를 헤매다 많은 시간이 지나고 도착하니 남자의 모습은 그림자조차 사라지고 없었다.

혼자 힘없이 걸었던 일도 있었다. 가끔 청량리 쪽에 가면 시시한 옛 기억이 난다. 지금도 가끔 실수가 반복되기도 한다. 그럴 때면 혼자 빙긋이 웃으면서 나는 바보인가 봐 하고 슬며시 아무 죄도 없는 버스정류장을 흘겨본다.

정류장에 잠깐 앉아 있으면 플라타너스 잎이 햇살에 반짝인다. 노랑나비가 꽃을 찾아 날아가는 한가로움도 본다. 화단에 심어 놓은 백일홍이 지나가는 바람에 살랑거린다. 하나 둘 쉬었다 떠나가는 사람들을 맞이하는 곳 매일같이 다른 사연으로 색칠을 한다. 분홍색 빨간색 노란색 검정색 흰색 등 새겨진 사연들을 차곡차곡 접어서 정류장 버스 안에 실어 보낸다. 아지랑이 같은 아련한 생각이 영화 필름처럼 술술 풀려나오는 곳이기도 하다. 사막의 낙타 등을 닮은 버스의 몸통에는 영화, 학원, 결혼 광고 등 재미있는 캐릭터가 새겨져 있어 눈길을 끈다. 버스 안은 시원하고 의자도 편안하니 앉기만 하면 졸렸다. 새털같이 가벼운 눈꺼풀한테는 천하장사도 못 이긴다 하던 시아버지 말씀이 귓전에 물레바퀴처럼 맴돌았다.

술을 좋아하는 시아버지는 5일장에 가는 일이 유일한 나들이다. 읍에서 장을 보고 버스정류장에서 기다리는 시간도 꽤나 길었다. 대충 꾸며놓은 곳이 초라하기 그지없었다. 막걸리 냄새, 담배연기로 찌들고 나쁜 손들이 가끔은 주머니 속을 들락거렸다. 옆집에 사는 순이 엄마는 채소를 팔아 고등어 한 손을 사고, 영순이 아버지는 제사에 쓸 간조기를 누런 포대 종이에 싸서 간신히 들고 몸을 비틀거렸다.

시아버지는 오랜만에 어머니 부탁을 받고 지푸라기에 묶인 먹갈치 두 마리 사서 동네로 가는 버스가 오기만 기다렸다. 정류장은 시골에서 유일하게 소통 공간이 되는 곳이기도 하다. 옆 마을로 시집간 딸 소식이며 사돈 팔촌까지 안부를 물어다 주는 배달부 역할을 하는 곳. 효자 노릇까지 단단히 하였다.

동네마다 팻말이 서 있는 것도 아니다. 가게나 주막집 앞이거나 도로 주변 아니면 마을 입구가 주차장이다. 혹시라도 잘못 내려 다시 차를 부르면 자갈길을 가던 버스는 잠깐 기다리다 태워 주기도 했다. 길이 구불구불하여 신작로를 달리는 버스는 우리 동네 정류장까지 오는 데 많은 시간이 걸렸다. 시아버지는 정류장에 내려 볼일을 보고 술에 취하여 빈 손으로 집에 왔다. 어머니는 노발대발 무서운 얼굴이 푸릇푸릇했다. 남편은 같이 가서 찾아와야 한다며 길을 나섰다. 뿌옇게 달빛이 내리는 시골의 길은 영화의 한 장면 같았다. 논두렁에서 우는 밤벌레 소리가 외롭게 들렸다. 그곳에 도착하니 희미하게 보이는 물건이 눈에 띄었다. 시아버지가 두고 온 먹갈치는 푸른 달빛을 받아 번득이고 있었다. 동네 사람들의 이야기와 애환이 깃든 정류장은 비린내와 고개 숙인 달맞이 꽃향기가 범벅이 되어 비릿하게 퍼졌다.

지금은 옛날의 그 정류장이 보잘것 없어 보였다. 거미줄과 집 매매, 땅

매매, 사람 찾는 광고지가 찢어진 채로 장식을 하고 있었다. 그곳에서 삶을 이야기하고 꿈을 실어 나르던 정류장 사람도 퇴색하고 명을 다하여 한 조각구름이 되어 오늘도 그 위를 떠다닌다.

동네 입구에 새로 만든 정류장이 생겼다. 거창의 특산물인 사과 모양을 만든 지붕아래 앙증맞은 의자가 놓여 있다. 버스를 기다리는 사람들은 한 명도 없다. 젊은 세대는 승용차, 연세 든 어른들은 겨우 지팡이에 의지하는 현실이다. 친정아버지도 시집 간 딸을 데려 다 준 옛 정류장에서 작별을 하였다. 그 후로 한 번도 찾아오지 못했다. 하늘에 계시는 아버지! 오랜 세월도 인생도 쉬어 가는 정류장에 머물고 있다.

# 무지개를 찾아서

햇빛을 받은 거품 속에 여러 개의 무지개가 피어났다. 입으로 후 하고 불었다. 무지개는 단숨에 날아가서 창가에 붙고 매달렸다.

동글동글한 어릴 적 내 친구들 얼굴이 그려졌다. 엄마가 만들어준 비눗방울을 대롱에 묻혀 순이 얼굴을 향해 두 볼에 힘을 주어 불었다. 순이 콧등에, 보라색 머리띠에도, 꽃무늬 블라우스에도, 보라색 운동화에도 내려앉아 동그란 무지개가 박혔다. 우리는 신이 나서 하늘을 향해 날아가는 비눗방울을 잡으려고 달리다가 돌 뿌리에 채여 넘어지기도 하였다. 언젠가는 꼭 무지개를 찾아 가야지하는 야무진 꿈을 꾸었다.

초등학교 입학하는 날. 어머니가 하얀 손수건을 가슴에 달아 주었다. 엄마는 한복을 입고 10여 리나 되는 학교로 출발하였다. 들길도 지나고, 산길도 지나면서 엄마는 이렇게 말했다. 이젠 훌륭한 사람이 되어야 하고, 무지개 같은 꿈도 꾸어야 한다고 일러주었다. 빨, 주, 노, 초, 파, 남,

보는 잘 외워도 산수공부는 꼴찌였다. 구구 셈도 외우지 못해 두 손 들고 벌을 서기도 하고, 늦게까지 남아서 일주일에 3일 정도는 청소를 하였다. 담임선생님은 열심히 공부를 하면 100점도 문제가 없다고 하였다.

그날 담임선생님이 같은 학교에 근무하는 아버지께 귀띔을 해주었는지 날카로운 눈으로 쳐다보았다. 아버지 앞에서 외워 보았지만 도저히 가능성이 없다는 것을 알고 웃음을 지었다. 지금도 잘 못하기는 마찬가지다.

학교에서 집으로 돌아오는 길은 재미있었다. 흙먼지를 날리면서 화물차와 버스가 지나가면 손을 흔들었다. 황강물이 흐르는 모래사장은 반짝반짝 보석이 박혀 있는 듯하였다. 모래성을 쌓았다. 내 다리에 붙은 모래가 햇빛을 받아 반짝였다. 고기잡이도 했다. 햇빛이 물속을 비출 때는 무지개가 보였다. 해질 무렵 노을이 산등성이를 넘어갈 때면 모든 것들이 붉게 취하여 드러누웠다. 하루라도 재미없는 날은 없었지만, 비가 오면 심심하고 졸음도 왔다.

학교에 가는 날이라 잠자리에서 일어났다. 날씨가 흐린 날은 등하굣길이 걱정되었다. 우산도 제대로 없다. 어쩌다가 갑자기 비가 쏟아지는 날이면 밭에 심어 놓은 토란잎을 하나 꺾어 우산처럼 쓰고 다녔다. 토란 잎 가장자리에는 빗방울이 굴러다녔다. 유리구슬 속에 들어있는 무늬모양의 무지개가 그 안에서 놀고 있었다. 신기하게 보여 손가락으로 톡 치면 까르르 웃으면서 내 발등에 떨어져 흩어졌다. 물방울을 주워서 반지를 만들어 엄마 손가락에 끼워주면 얼마나 좋아할까! 엄마 이마에도 고운 주름 일곱 빛깔 무지개가 피어나겠지. 비가 내리는 길을 걸으면서 무지개는 어디에 살고 있을까 하는 상상을 해본 적도 있었다.

장마가 오래 계속되면 밖에 나갈 수가 없다. 그럴 때엔 친구들과 마루 끝에 걸터앉아 희뿌옇게 보이는 웅덩이가 있는 곳을 바라보았다.

마침 내리던 빗줄기가 가늘어 지면서 긴 꼬리를 감추었다. 태양의 반대쪽 하늘에 반원 모양으로 오랜만에 무지개가 떴다. 우리는 그 순간 무지개가 있는 곳을 바라보았다. 틀림없다. 무지개는 웅덩이가 있는 곳에 뿌리를 내렸다는 생각이 들었다. 지금 빨리 좇아가면 무지개를 찾을 수가 있겠지. 골목을 지나고, 논두렁 밭두렁을 지나, 우리 동네 600년 된 정자나무가 있는 곳까지 달려왔다. 고목나무 뿌리에 매어 놓은 황소의 눈과 마주쳤다. 황소의 눈에 무지개가 박혀 있었다. 황소의 눈을 보다가 돌아보니 무지개는 사라지고 말았다. 우리는 황소 눈을 살펴보았다. 그 속에도 없었다. 이러고 있을 때가 아니었다. 빨리 시냇물을 건너고 분이네 집을 지나 웅덩이가 있는 곳에 도착하였다. 물은 고요하고 아무 일도 없었다. 물고기들도 지느러미를 움직이면서 한가롭게 놀고 있었다. 무지개가 여기에 있었다는 증명도 할 수가 없다. 분명 여기에 무지개가 살고 있어. 무지개가 뜰 때까지 기다려 보자.

해는 저물어 여름 밤 벌레소리와 풀냄새가 풍겼다. 어두워진 길을 따라 돌멩이를 차면서 천천히 걸었다. 가끔 반딧불이가 내 앞에 와서 무지개 대신 보석 같은 빛을 비추어 주었다. 무지개를 찾아 갔다가 허탕만 치고 돌아왔다. 그날 밤 꿈속에 선녀가 내려와 일곱 빛깔 무지개 왕관을 씌워 주었다.

# 2

# 별

감악산이 멀리 보이는 곳. 시집에서 염소를 키우고 있던 시절. 새댁인 나는 가족들이 들에 나가고 없을 때는 집을 지키는 얼룩무늬 강아지에게 밥을 주기도 하고, 때로는 장난을 치면서 놀아 주었다. 어쩌다가 들에 나가는 동네 사람들이 집 앞을 지나기도 하고, 논이나 밭에 나가 일을 많이 하여 시커멓게 그을린 얼굴을 보게 되는 경우도 있었다. 그러나 그들은 이웃 사람들과 더불어 살면서 외롭지 않게 살아왔다. 마을이나 읍에서 만나는 사람들의 소소한 일까지도 훤히 알고 상관하는 소박하고 정이 많은 사람들이었다. 지팡이를 짚거나 지게를 지고, 여자들은 보따리를 이고 오일장에 나가기도 하였다. 그런 날에는 아랫마을에 누가 아프다든가, 어느 집 아들딸들이 결혼을 했다느니 연애 중이라는 등 여러 가지 소식을 전해 듣곤 하였다.

근처 마을에서 남편보다 잘 생긴 남자는 없다고 시어른들은 자랑을 하였다. 나는 별로 관심이 없는 체하면서 남자의 마음을 사기 위해 찾아오는 여자는 없는지 궁금하여 시누이에게 슬쩍슬쩍 물어보곤 했다. 그런 일들을 알아서 무엇 하느냐고 누군가 묻는 다면 나는 대답할 것이다. 결혼식을 하기 전에 약혼식을 하였다.

일 년을 기다렸다. 나는 스물 네 살이었고, 남자는 두 살 위였다. 내가 그때까지 살아오면서 보았던 남자 중에 제일 멋진 사람이었노라고. 우리 부모님은 맞선을 보고 난 후, 예의가 바르고, 생김새도 도시의 남자처럼 미끈하게 잘 생겼으며, 무엇보다도 마음이 착해 보인다고 하였다. 평생을 살아도 속을 썩이지 않을 남자라 부추겨 세웠다. 남자는 여성스러운 면이 있어 조용하고 웃을 때는 치아가 보이지 않게 웃었다. 입술이 얇고 갸름한 얼굴이었다. 그런 모습을 그리며 밤길을 걷기도 하고, 그 동안 잘 지내는지 궁금하여 별들에게 안부를 전하기도 하였다. 양가 부모님의 승낙을 받아 간소하게 서울에서 약혼식을 가졌다. 약혼 후에 소식을 편지로 전하면서 일 년을 그렇게 지내고 있었다. 시어른들은 길이 멀어서 약혼식에 참석하지 못했다.

어느 하루. 시어른들께 인사차 남자의 집을 방문했을 때, 하늘이 맑게 개이고 물기를 머금은 산들이 햇빛을 받아 반짝이고, 내 마음은 설렌다. 집안은 마치 잔치를 하는 것처럼 북적거리면서 아가씨를 반갑게 맞이해 주었다. 감나무 가지에 까치도 노래했다. 그런데 서울에서 온 아가씨를 가까이서 보기는 처음이라고 신기 한 듯이 바라보았다. 저녁이 되자 사람들은 각자 집으로 돌아갔다. 시댁 식구들은 간단하게 식사를 마치고 잠을 청하였다. 칠 남매 중 제일 위 시누이만 결혼을 한 상태였다. 남자는 방으로 가자고 말했다. 남자는 먼 길을 오느라 고생이 많았다는 말을 하고 살짝 아가씨를 안아주었다. 얼굴이 화끈하게 달아오르고 부끄러웠다. 그 때 천장에 붙어 있는 전깃불에 남자의 눈이 별처럼 반짝였다.

아가씨는 "그러니까 여기가 남자의 방이냐고 물었다. 여기서 항상 혼자 지내면서 편지를 쓰곤 했군요. 그리고 무슨 생각을 하고 지내요?" 하고 아가씨는 다시 물어보았다. '바로 당신을 생각한답니다, 아가씨.' 대답은 그렇게 해서도 거짓말은 아니었을 것이다. 방은 작고 책상과 걸상이 놓여있었다. 남자가 잠깐 나간 뒤에 아가씨는 손때가 묻은 책상 앞에 앉았다. 손잡이가 덜렁거리는 책상 서랍 안이 궁금해졌다. 무심코 열어본 서랍, 정리가 깔끔하게 되어있었다. 그런데 네모로 반듯하게 접어둔 하얀 종이가 내 눈에 들어 왔다. 썩 좋지 않은 예감이 들어 슬쩍 집었다. 아니. 이게 뭐지! 떨리는 손으로 그것을 가만가만 펴보았다. 사진 속 여자는 리본과 레이스로 만든 흰 블라우스를 입고 있었으며, 긴 생머리에 검은 눈동자, 두꺼운 입술, 하얀 얼굴이 환하게 웃고 있었다. 아무리 쳐다봐도 예뻐 보이지는 않았다. 순간 손끝이 파르르 떨리고 사진 속 여자의 얼굴도 찌그러져 밉게 보였다. 나 아닌 다른 여자가 있다는 사실이 믿기지 않았다. 나는 남자에게 물어 보고 싶었다. 그러나 가슴이 뛰어서 한 마디도 할 수가 없었다. 그 남자는 눈치를 채고 일부러 짓궂은 질문만 하고 내가 웃어 주기를 바라겠지. 가끔은 여자 친구가 찾아오기도 하겠지? 틀림없이 그 여자 친구는 남자의 마음을 끌기 위해서 갖은 아양을 떨겠지.

방문을 열고 들어오는 남자의 멋진 모습은 어디에도 찾아볼 수가 없었다. 사진 속 여자의 얼굴이 자꾸만 떠올라서인지 남자를 보는 순간 몹시 당황했다.

내 마음을 들킬까 봐 안절부절 못하고 있었다. "4월이라서 밤이 짧습니다. 그만 자요."하고 나가려는 남자의 말에, 마음이 상한 아가씨는 두 눈에 커다란 눈물방울이 맺혀 울고만 싶었다. 책꽂이에 꽂아둔 사진을 보여 주었다. 남자는 아무것도 아니라고, 이미 결혼을 하고 남의 아내가 되었다는 등 변명만 늘어놓았다. 그 말을 듣는 순간 목구멍이 좁아지고, 입안은 타고, 가슴은 뻐근하였다. 남자는 뜻밖의 일에 얼굴이 돌처럼 굳었다. 재떨이를 앞에 놓고는, 기름이 다 빠져나간 라이터에 겨우 불을 붙여 사진을 태웠다. 남자 얼굴은 하회탈을 쓴 괴상한 모습으로 변하였다. 아가씨는 그래도 남자의 마음은 태울 수가 없지 않은가! 답답하고 괴로운 마음만 더했다. 매케한 냄새를 피해 방문을 열고 나와 아가씨는 마루 끝에 쪼그리고 앉아 반짝이는 별을 보고 있었다.

사랑의 불길로 활활 타는 것 같았지만 티끌만큼도 나쁜 마음을 품지 않았다는 걸 부처님께 맹세할 수가 있다. 밤하늘이 그렇게 높아 보이고 뭇별들이 그렇게 찬란해 보인 적은 일찍이 없었다. 그 때 남자가 밖으로 나왔다. 잠이 오지 않는 모양이다. 염소들이 꼼지락거리면서 깔아 놓은 짚단을 부스럭대고, "음매에 음매에" 울어대기도 하니 그럴 수밖에, 그래서 차라리 밖으로 나오는 게 낫겠다고 생각한 것이리라.

알퐁스 도데에 나오는 아가씨의 마음으로 돌아갔다. 남자는 바둑무늬 샤쓰를 벗어 내 어깨에 둘러주고, 그리고 아무말도 하지 않고 앉아 있었다.

별빛 아래서 밤을 새워 본 적이 있는 사람이라면 알고 있을 것이다. 주위는 풀벌레 소리, 또 하나의 신비로운 세계, 고요 속에서 눈을 뜬다는 사실을, 앞 냇물 소리는 더 맑은 소리로 노래하고, 작은 별들이 춤을 춘다. 들릴 듯 말 듯한 소리들이 귓가에 들려온다. 밤은 죽어 있는 것들의 세상이다. 나는 그런 밤이 익숙하지 않아서 무서움에 떨었다. 남자의 어깨에 살며시 기대니 슬픈 마음이 저 하늘 별빛에 묻어 멀어져 갔다. 나는 말이 없는 남자 곁에서 여전히 하늘만 쳐다보고 있었다. "참 별이 많기도 하지요? 어쩜 저렇게 아름다울까!" 저 별들만 보아도 자정이 넘었다는 것을 알 수가 있지요. 그러나 저 모든 별들 중에는 우리들의 별인 '연인의 별'도 반짝여요. 가녀린 눈으로 남자 눈 속에 박혀 있는 푸른 별 하나가 들어있는 것을 보았다. 하늘에는 별들이 염소 같은 모양으로 떠가는 듯하고… 아가씨는 이따금 생각했다. 그 별들 가운데서 가장 아름답고 빛나는 별 하나가 길을 잃고 내려와, 지금 마음이 아픈 나를 지켜주고 있는 것은 별이라고….

# 임헌영 선생님께

임헌영 선생님 안녕하세요. 오랜만에 안부를 전합니다. 잘 지내시지요. 2020년 경자년도 다 지나가고 있습니다. 온 세상이 코로나바이러스 감염 19 때문에 사람들의 일상이 완전 바뀌었습니다. 그동안 저는 양천문인협회 회장을 2019년~2020년 동안 맡아 행사도 하고 맡은 일을 잘 마무리하였습니다.

사람들이 집안에 머무는 시간이 많아 미루었던 일이며, 친척들 안부 묻기, 떨어져 있는 지인들과 전화로 또는 문자로 안부를 전하는 일상이 되었습니다. 저도 선생님을 생각하며 가르침의 고마움을 언제나 간직하고 살며 열심히 노력하고 있습니다. 지인들이 시간의 여유가 있다면서 저에게 받은 수필집 『아무 말도 하지 않았다』 1915년도에 출간한 책을 독자들이 꾸준하게 찾는 분들이 있는가 하면, 읽고 읽어도 좋다는 전화를 받고 용기와 힘을 얻어 더욱 열심히 글을 쓰고 있습니다.

어떤 독자는 머리맡에 두고 읽으며 글을 쓰는데 많은 도움이 되어 그 책으로 쓰기 공부를 한다는 소식도 들었습니다. 책을 보내 달라는 팬들이 계속 이어지고 있습니다.

어느 교회목사님도 저의 수필을 낭독하고 신도들에게 부모님에 대한 이야기를 들려주었다고 합니다. 가정의 달에 꼭 맞는 '단발머리 빗어 주시던 아버지'에 대한 말씀을 듣고 모두 눈시울이 붉어지고 부모님 생각에 눈물을 흘렸다고 했습니다. 그 후로 신도들이 주문한 수필집을 택배로 부쳐드렸어요. 독자들이 수필집을 읽고 전화나 문자로 소감을 전해오기도 했답니다. 제가 다니는 내과 병원원장님께도 선물해 드렸더니 무척 좋아하셨지요.

지금도 합천신문에 매월 한 편의 수필을 게재하고 있습니다. 어느 팬은 스크랩도 만들어 보관을 하는가 하면, 또 어떤 분은 스마트폰이 나온 후로는 신문에 실린 수필을 찍어 단체 카톡방에 올려주고 있습니다. 1999년부터 지금까지 21년째가 거의 되어갑니다. 전국으로 배달되는 합천신문을 보고 독자들이 먼저 알아보고 인사를 합니다. 어쩌다 고향 행사에 가면 "문 작가님~" 하고 달려와 글을 잘 읽고 있다는 말을 전합니다. 또 어느 독자는 손을 깨끗하게 손수건으로 손을 닦고 악수를 하여 웃음바다가 되었지요. 꼭 만나보고 싶었다며 안아주고 반겨주었습니다. 문준희 전 군수님은 저를 만나면 문 작가님 반갑고 고향을 찾아 주어 감사하다는 인사를 하여 주위 사람들을 어리둥절하게 했습니다.

이 모든 것이 있기까지는 임헌영 선생님 지도가 있었기에 가능했습니다. 큰 행운이었습니다. 2009년 11월 수필『한국산문』등단. 문우들을 초대하여 식사를 하는 자리에서 제가 소감을 말하는데 "인사말도 아주 잘한다." 하시며 환하게 웃어 주시던 모습이 아직도 눈에 선합니다.

『한국산문』문학 기행을 다녀오면서 버스 안에서 각 반 별로 노래자랑을 했지요. 그때 목동반의 대표로 제가 〈섬마을 선생님〉 노래를 부르는데 흐뭇하게 바라보셔서 부끄러웠습니다. 그날은 모두 노래를 잘한다고 칭찬을 했어요. 선생님께 감사하고 고마움을 전하려면 어떤 말로도 모자랍니다. 선생님의 가르침은 저에게 많은 힘과 용기를 주셨습니다. 임헌영 선생님께 지면을 통하여 감사를 드립니다. 어렵고 힘든 시기지만 건강하게 잘 지내시길 바랍니다. 선생님 은혜에 감사드리며 진심으로 고마운 마음을 전합니다.

2020년 5월 30일 오전 1시 30분

문경자 올림

# 이름만 걸었을 뿐인데

여름의 햇살이 마당에 내려와 부서진다. 시멘트 바닥이 아닌 흙으로 된 마당에는 잡초들과 어울려 피어 있는 노란 민들레와 흰 민들레꽃. 그 속에 벌레들은 여러 가지 놀이를 즐기며 곡예를 한다. 그것들을 보고 있으면 아이들이 탐정 놀이를 하는 것처럼 보여 동화 같은 그림을 떠올리게 한다. 어린 시절 자연과 함께 어울려 놀던 달콤한 시간들이 온 전신을 감싼다. 물장구치던 냇가와 뜨겁던 자갈밭, 대지를 스치는 바람결 이런 것들이 나를 자연과 한 몸이 되게 한다. 이럴 때 나는 글을 쓰지 않아도 되고 가만히 있어도 허전하지 않다. 자연의 명상이 마음의 풍요로움을 안겨준다. 그럴 때는 그리움을 실어 달달한 커피 향에 취해보고 사랑하는 맘을 갖는 것도 행복하다.

달콤함에 빠져드는 것, 그것은 이기적인 내 안의 갈등을 해소시키는 일이다. 현실 사이에 절망대신 긍정의 마음을 갖게 한다. 그 맛에 녹아서 나의 인생도 나의 삶도 달콤한 휴식이 된다. 그렇다. 때로는 험한 가시덤불 같아도 새벽이슬을 맞고 피어나는 들꽃을 보면 얼마나 아름다운가!

그들도 푸른 잎이 돋아나고 꽃을 피워 향기를 날린다. 그 길을 걷다 보면 아픔도 감미롭고 잔잔한 마음의 안식처가 된다. 나는 새벽시간에 맑은 정신을 집중시켜 고독의 시간에 글을 쓴다. 너무도 조용한 시간의 사이. 하얀 바닥에 자판기를 눌러 글자를 만든다. 수틀에 곱게 수를 놓듯이, 한곳에 집중하면 완전 다른 세상에서 살고 있는 무아지경에 빠져든다. 그 무엇도 나를 방해서는 안 된다. 글을 쓸 때 혼자 갇혀 있는 것이다.

혼잡한 생활 속에서 벗어나 차단된 공간 그 앞에 앉으면 스스로 무섭다는 느낌을 받는다. 그림을 그리듯 미(美)를 그린다. 나의 글을 통하여 내 안의 모든 것을 창조는 자연의 아름답고 고귀함이다. 하나의 작품이 완성될 때의 한 자 한 자 쓸 때마다 그 속에 글의 향기가 스며든다. 그래서 나는 내 글을 아낀다. 거기에는 나의 진솔함이 담겨있기 때문이다. 2016년 여름에 탄생한 나의 '문학당'이 있다. 내가 아직은 이곳에 와서 살지는 않는다. 가족 외에 친척들이 가끔 다녀갔다. 이들은 친척이지만 내 글을 좋아하고, 또 그 글을 쓴 나를 아껴준다. 그들은 친구이자 지극히 사랑스럽다. 나를 문 작가라 부른다. 가문의 영광이라 하면서 추켜세우기도 한다. 나에게 힘이 되어주는 버팀목이다. 내 주변에 글을 쓰는 작가들도 나의 '문학당'에 오고 싶어 한다. 글을 쓰는 집이 있다는 것에 대해 부럽다는 말을 했다.

어느 분이 거창에 부잣집으로 시집을 가서 그런 문학당이 생겼으니 시부모님께 감사해야 한다며 웃었다.

그들 역시 나를 좋아하고 사랑한다. 산골의 경치와 내 수필집 배경이 된 곳을 궁금해 하였다. 밤에는 마루에 걸터앉아 달빛 혹은 별들을 보는 것이 즐거움이라면서 마당에 나가 밤하늘을 보는 상상도 했다.

도시의 네온사인 보석집의 찬란한 불빛과는 사뭇 다른 이곳에서 소박한 작품을 쓰고 싶다. 수필집 『아무 말도 하지 않았다』에도 도시의 삶보다는 시골의 내 삶이 더 정답게 그려져 있다. 자연의 품안에서 그림처럼 미의 아름다움을 느낄 수가 있다는 것이 나를 더 이끌리게 하였다. 한편으로는 세월의 흐름과 사라져 가는 연민의 정을 더 느끼게 한다. 가족들과 내려가는 날이면 '문학당'이라는 이름 하나 걸었을 뿐인데 볼 때마다 그 집이 살아난 듯하다. 이름표를 달아 주니 어디에나 글들이 박혀서 내가 부르면 튀어나올 것 같았다.

마당 한 편에 있는 큰 바위는 우리 집의 명물이다. 유명 작가들의 문학관이 많다. 하지만 나의 작은 공간이 더 좋다. 꿈은 이루어진다 라는 말처럼 정말 우연하게 짓게 되어 기쁨이 컸다. 그 이름 하나로 만족하며 부자가 된 듯하다. 문학당에 대한 작은 보고를 써본다. 그 해 여름 나는 아무도 모르게 시부모님께서 물려주신 집을 리모델링하게 되었다. 옛날에 지은 집이지만 허물어 버리기엔 너무 아까웠다. 공사를 시작했다. 되도록이면 그대로 살려서 공사를 해 달라고 부탁했다. 서까래를 살리는 데는 많은 힘이 들었다. 인부들이 도망을 가서 다시 데려와 일을 시켰다고 공사 사장이 알려주었다.

부엌에 창문을 내는 것도 신경을 써주었다. 작가님의 배려를 위해서 북쪽으로 창을 냈다고 했다. 창을 열고 보면 저절로 글감이 떠오를 만큼 하늘과 산과 강이 훤하게 보였다. 액자 속 그림처럼 얼마나 예쁜지 한참을 보고 있었다. 나는 온 몸에 기쁨의 전율이 흘렀다. 이 집을 물려주신 시부모님께 감사드린다.

2017년 1월 19일 송하춘 교수님께서 보내온 문자를 받았다. 언젠가 새로 집 짓고 당 호를 지어 달라고 하셨지요? 그 동안 많이 생각을 해봤는데 '문학당'의 이름이 제일 좋겠습니다. 문선생이 워낙 문학을 좋아하고, 성씨가 문씨이고 문씨의 공부하는 집이라! 너무 독특하거나 억지스럽지 않고, 평범하게 낯익은 제목이면서 학문적인 이름이 어떤지요? 하시면서 보내 주셨어요. 이렇게 해서 '문학당'이 탄생되었다.

주인 없는 집에도 해가 뜨고 지고 저녁이면 노을이 마루에 걸터앉아 나 대신 글을 쓰고, 달빛 별빛들이 찾아와 적막한 자연과 대화를 나눌 것이다. 때로는 고양이도 와서 안부전하고 가겠지. 오늘도 그곳을 생각하며 나는 열심히 글을 쓸 것이다.

# 라면은 못 끓여요

맛있는 라면을 어떻게 끓일까! 고민을 한 적이 많았다. 내가 끓인 라면은 맛이 없다며 아무도 먹지 않았다. 손잡이가 달린 스테인리스 냄비에 눈짐작으로 물을 붓고 가스레인지를 켰다. 열라면 두 개를 분질러 놓고 스프도 뜯어서 준비를 끝냈다. 물이 펄펄 끓었다. 뚜껑을 열어보니 아무래도 물이 줄어든 것처럼 보였다. 국자로 수돗물을 받아 붓고 다시 물을 끓였다. 얼른 순서대로 라면과 스프를 넣고 뚜껑을 닫았다. 익는 냄새가 좋아 군침이 돌았다. 몇 분? 3분이 얼마나 지나야 되는지 모른다. 파란 대파 잎을 넣었다. 계란은 내가 싫어해서 넣지 않았다. 내가 봐도 대성공이었다. 파도 그림이 있는 그릇에 나누어 담았다. 공휴일이라 컴퓨터를 하고 있는 큰 아들에게 방문을 열고 라면을 먹자고 했다. 대뜸 하는 말 "어머니 잘 끓였어요?" 하고 못 믿겠다는 얼굴로 식탁에 앉았다. "얼른 먹어. 불기 전에 먹어야 맛있다." 아들은 대답 대신 한 젓가락 먹더니 "어머니 혼자 다 드세요."하고는 자기 방으로 들어갔다.

오늘도 실패작이었다. 라면을 어떻게 끓여야 맛이 있을까! 그래 다 먹자. 일자로 쭉 뻗은 라면을 먹다 보니 온몸에 열이 펄펄 났다. 그 후로 내가 끓인 라면은 사절이었다. 억지로 먹다 보니 배가 빵빵하게 불렀다. 오늘처럼 배 터지게 라면을 먹어 본 적이 없다.

라면이 귀하던 때 부스러기 하나 먹는 것도 행운이었다. 지금은 일상에서 빠질 수 없는 식품으로 자리 잡았다. 사람들은 라면 맛에 길들여져 있었다. 출출할 때 생각나는 간단요리는 라면이 최고다. 라면에 떡을 넣고, 만두 넣고, 라면 국물에 밥 말아먹고, 부대찌개라면 사리 넣고, 떡볶이에 붉은 옷 입고 라면은 팔방미인이다. 라면을 끓여 먹는 맛은 일품이다.

결혼 전 직장을 다니며 자취를 하던 친구가 있었다. 이웃에 살고 있는 친구 집에 가서 수다를 떨다 보면 배가 고팠다. 이럴 때 제일 생각나는 것은 라면이었다. 특식으로 친구가 라면을 끓여 준다고 했다. 나는 언제 라면을 끓여 오나 하고 콧노래를 불렀다. 드디어 김이 모락모락 나는 노란 냄비를 내 앞에 내려놓았다. 둘이 머리를 맞대고 나무젓가락으로 후후 불며 먹었던 맛은 지금도 잊을 수가 없다. 곱슬곱슬한 면발이 입안에 감기며 정말 맛있었다. 마지막 남은 국물과 몇 가닥의 라면은 누가 먹을까 하는 기 싸움을 하며, 속으로 나는 먹을 욕심을 내고 있었다. 친구는 내 눈치를 보더니 양보를 한다며 다 먹으라고 하였다. 곱슬머리 친구는 결혼을 하고 그 후로 만날 수가 없었다.

서울에서 시골로 시집을 오니 모든 것이 낯설었다. 열 명의 끼니를 준

비하는 일은 보통 어려운 일이 아니었다. 5일장이 서는 날이면 새벽닭이 울 때 일어나 장에 가시는 아버님의 밥상을 차렸다. 어머니는 생필품을 사오라며 여러 가지 주문을 하였다. 그 중에서 라면 한 박스를 사오라고 강조를 했다. 술을 좋아하는 아버님은 가끔 주문한 것을 잊고 오실 때가 있었다. 오랜만에 라면 먹을 생각에 침이 고였다.

해질녘에 장에서 돌아오신 아버님은 빠짐없이 다 사가지고 오셨다. 가족들은 모두 라면 박스에 눈독을 들였다. 어머님의 감시가 심해서 아무나 끓여 먹을 수가 없었다. 아침부터 비가 내리니 논밭에 나가 일을 할 수가 없다. 가족들이 집안에서 쉬고 있는 날이다. 점심은 라면을 삶아 먹기로 하였다. 대가족의 라면을 끓이는 일은 참 어려웠다. 라면 한 두 개 정도는 끓였지만 어떻게 해야 할지 난감했다. 어머니의 요리솜씨가 좋아, 라면을 끓이자 신경이 쓰였다. 벽시계는 재깍재깍 오늘따라 크게 들렸다. 드디어 점심을 준비하기 위해 양은솥에 물을 알맞게 부었다. 무쇠 솥보다는 양은솥에 끓이는 라면이 더 맛이 있을 거라는 가족들의 말에 따랐다. 어머니의 칭찬은 고사하고 맛있게 끓여야 하는 것이 문제였다. 라면 10개와 스프까지 넣을 물이 끓고 있는데 장작불을 때어 끓인다는 생각에 웃음이 나왔다. 수제비나 칼국수는 자신이 있는데 라면은 신경을 써야 했다. 제발 맛있는 라면이 되게 해 달라고 마음속으로 빌었다. 드디어 4등분하여 먼저 넣고, 스프까지 다 들어갔다. 면발이 퍼지거나 국물이 모자라거나, 싱거우면 완전 실패다. 많은 양을 한 번에 끓이다니 기가 찼다. 모두 라면 냄새를 맡으며 맛있게 먹을 생각에 웃음 띈 얼굴들. 반면에 나는 독한 연기에 눈물까지 나왔다. 급한 마음에 얼른 그릇에 라면을 차례대로 퍼서 샛문으로 들여보냈다. 그런데 국물이 줄어들고 라면 밥이 되었다. 마지막에는 아예 면발도 없고 솥 밑바닥에 눌어붙었다. 가족들이 라면을 먹으면서 아무 말이 없었다. 젓가락질하는 소리도 들리지 않았다. 숟가락으로 국물을 떠먹는 소리도 나지 않았다. 말은 안 해도 속으로, '우째 이래 라면도 하나 못 끓이노' 하는 분위기였다. 나는 그마저도 먹지 못하고 찬밥 한 덩이 물에 말아 배추김치를 길게 찢어서 먹었다.

라면은 절대로 많이 삶는 것은 아니다. 다음에는 각자 석유곤로에 삶아 먹자는 어머님의 말씀에 모두 웃음꽃이 훨훨 피어났다. 라면은 각자 입맛에 맞추어 끓여 먹었다. 지금도 라면을 먹으면 그때 일이 떠올라 입가에 잔잔한 웃음이 번진다.

친정 식구들은 내가 끓인 라면을 맛있다며 경자는 시집을 가도 라면 하나는 잘 끓여 주겠다며 아버지는 맛있게 드셨다. 연탄불에 끓이니 시간을 제대로 맞추어서 곱슬곱슬하게 잘 끓였나 보다. 글을 쓰다 보니 라면 드시는 아버지의 모습이 떠올랐다. 라면을 끓이다 보면 어느 때는 잘 되고, 어떤 때는 형편없는 맛이었다. 매일 하는 밥도 질거나 된밥이 되기도 한다. 주부들은 평생 밥을 한다. 기분에 따라 신경을 쓰지 않고 대충 할 때가 있다. 나는 아무리 정성을 다해 라면을 끓여도 맛이 나지 않았다.

언제 라면을 맛있게 끓일까 혼자 고민하며 열 라면을 먹는다. 아들은 내가 먹고 있는 것을 보더니 맛없게 보이네요 했다. 다음에는 제가 맛있게 끓여 드릴 테니 말씀만 해주세요 하고 자기 방으로 들어갔다. 또 실패작이었다. 라면은 정말 못 끓여요. 그래도 또 끓여야지 아니 삶아먹자 하고 웃었다.

# 밀밭

배우 원빈과 이나영 씨가 밀밭에서 결혼식을 하기 위해 걸어나오는 모습은 영화 속 한 장면 같았다. 이색적인 결혼식에 사람들의 많은 관심을 끌었다.

신랑 신부도 멋지지만 내 눈에 들어오는 것은 푸른 들판 밀밭이었다. 나는 그 장면을 보는 순간 곧장 고향으로 달려가 바람결에 일렁이는 밀밭을 보고 싶었다. 유난히 그 장면은 지금도 잊혀지지 않았다. 낭만적인 면도 있었지만 한편으로 가난 때문에 살아가는 일이 어렵고 먹는 것도 풍족하지 못했다. 산천은 푸르고 빈 농지에 씨앗을 뿌려야 하는 시기가 오면 동네가 떠들썩하였다.

밀 씨앗을 구하는 일도 쉽지 않았다.

농부들은 열심히 씨를 뿌리고 가꾸었다. 밀밭을 오가며 서로에게 밀의 안부를 묻곤 하였다. 요즈음은 농사일에 대한 정보도 자세하게 알아볼 수가 있지만 그때는 경험을 통하여 농사를 지었다.

밀밭이 온통 푸른 바다처럼 펼쳐졌다.

바람에 넘어졌다 일어서고 하는 장면은 어느 누구도 흉내를 낼 수가 없었다. 얼굴이 까무잡잡하게 그을린 아이들은 그 흉내를 낸다고 허리를 뒤로 앞으로 젖히는 모습에 웃음이 밀밭을 휘젓고 다녔다.

밤이면 희뿌연 달빛이 내려와 밀밭에 앉아 노닐 때는 나도 몰래 홀려서 밀밭으로 달려가곤 했다. 친구들과 술래잡기도 하고 '나 잡아 봐라' 하는 말을 하고는 밀밭에 납작하게 엎드리면 찾기가 어려웠다. 달이 내가 숨어있는 곳을 구름으로 가려주었다. 전기가 들어오지 않았다. 달이 뜨면 밤이 대낮처럼 환하게 밝아 놀기에 안성맞춤이었다. 이제는 작은 마을에도 가로등이 서 있어 달빛에 고마움과 낭만적인 밤의 향연도 없다.

푸른 밀은 풋내가 났다. 농부의 땀 냄새가 베어 있는 밀밭을 사람들은 좋아했다. 오갈데 없는 연인들의 데이트 장소로도 그만이었다. 다음 날 쓰러져 있는 밀밭은 사람들의 표적이 되기도 하였다. 달빛은 왜 안개 같은 사연을 남겼을까! 살구꽃, 복숭아꽃, 진달래꽃이 아무리 아름답다 한들 밀이 피어나는 것만은 못했다. 밀알이 자라고 나도 따라 커갔다.

밀알이 토실해지면 검불에다 불을 지펴서 그 위에 밀을 베어 올려놓는다. 끝을 잡고 골고루 뒤집어 구우면 밀 겨가 탄다. 그것을 양손바닥으로 비벼서 입 안에 털어 넣는다.

그 맛이 고소하고 쫄깃하여 씹는 맛이 그만이다. 밀 사리도 마음대로 할 수가 없다. 그만큼 밀 수확이 줄어들기 때문이다. 연기가 나는 곳을 보고 키가 작달막한 주인이 달려오면서 고래고래 소리를 질렀다.

우리는 무서워 도망을 쳤다. 땀이 난 발이 미끄러워 고무신이 벗겨져 애를 먹었다. 들키지 않은 논배미 언덕 아래 숨었다. 밀 사리를 먹어서 입 주위가 시커멓게 수염처럼 변하였다. 서로 마주보면서 웃던 그리운 시간도 이제는 한 조각의 구름이 되어 흘러갔다.

산골의 봄은 보리밥 한 덩이 찬물에 말아 목구멍 채우는 것조차 어려운 시절이었다. 그때 어머니는 변변치 못한 살림에 대가족 식사를 매끼니마다 챙겨야 했다. 힘든 내색이나 얼굴 한번 찡그리지 않고 참고 견디었다. 때로는 먼 산에 뻐꾸기 우는 소리에 슬픔이 묻어나는 표정을 짓기도 하였다.

하루는 어머님이 아껴 두었던 묵은 밀가루로 수제비를 해주었다. 물을 많이 붓고 밀가루 반죽을 최대한으로 늘려서 펄펄 끓고 있는 물에 던졌다. 그것을 보니 낚시를 하는 선수 같았다. 어머니는 이마에 땀을 닦고는 구수한 수제비 한 그릇을 퍼서 내 앞에 내밀었다. 나는 얼룩이 진 숟가락으로 멀건 국물을 휘휘 저었다. 몇 개의 수제비가 그릇 바닥에 잠수를 하고 있었다. 그나마 어머니는 그것조차 차례가 가지 않았다. 수제비는 묵은 냄새가 나지만 우리에겐 한 끼의 식사로 훌륭하였다. 하루 중에 두 끼는 밥을, 한 끼는 가루음식을 먹었다.

지금도 수제비를 먹을 때마다 어머니 생각이 난다. 우리 아이들에게도 수제비를 만들어 주었다. 아이들이 맛있게 먹는 모습은 보기만 하여도 흐뭇했다. 그때 어머니도 그렇게 나를 쳐다보고 있었다.

내가 뛰어놀던 밀밭은 흔적도 없이 사라졌고 밀 서리한다고 소리를 지르던 주인도 이제 다 익은 밀같이 빳빳하고 얼굴이 누렇게 변하였다. 고향의 푸른 밀밭이 그리운 계절이다.

# 가을 들녘 억새를 보며

누렇게 익은 벼들은 농부들의 부지런한 손길로 가을걷이가 끝나고, 빈 들판에는 드문드문 이삭들이 널려 있었다. 막 아침밥을 짓고 구수한 된장찌개가 끓고 있는 부엌처럼 온기가 남았다. 논 두둑에는 억새가 군락을 이루고 참새들이 지저귀는 듯하였다. 아무리 베어내고 베어도 뿌리와 줄기들이 기어나와 억센 손을 마주 잡고 영역을 넓혀 가는 대단한 가족이다. 억새는 조용한 분위기에 쓸쓸함도 잊고 푸른 날의 시절을 그리며 은빛갈의 꽃을 피운다. 억새꽃은 해질 무렵 노을을 받을 때가 가장 아름답다.

억새는 볏과에 속하며 꽃이 피는 시기는 9월이다. 큰 무리를 이루고 사는 여러해살이 풀이다. 산야에서 자라며, 바람센 언덕배기, 메마른 흙더미 위, 무덤 많은 야산 발치, 밭뙈기 두둑, 저 너머 동네로 가는 길섶, 강가의 모래언덕 같은 곳에서 억세게 잘 자란다. 쓸모없는 땅을 독차지하는 성격이 좋은 억새다. 한편으로는 강건하고 뾰족하고, 쌀쌀맞은 성격 때문에 사람들에게 미움을 받을 때가 많지만, 절대로 기죽지 않고 나름 대세를 이루고 지금까지 살아남았다. 파란 풀잎 줄기에서 탄생하는 억새는 핑크빛을 띠고, 점점 자라서 줄기가 볼록하여 화살모양으로 튀어나와 활짝 피어난다.

코스모스, 구절초, 각시취, 투구꽃, 한란, 분꽃, 핑크뮬리니 하는 가을꽃이 예쁘다지만 억새꽃이 제일이다. 이맘때면 고향의 가을 들판에 그림 같은 기억이 스멀스멀 기어나온다.

산골의 밭떼기나 논은 높이가 일정하지 않다. 논둑 밭둑 그 언저리에 늦가을이면 이곳저곳에 모여 피는 억새꽃은 빈 들판을 환하게 만들었다. 시퍼렇게 날이 선 낫질에도 쉽게 잘려질 몸 아니다. 가을바람이 불면 나약하게 보이려고 그냥 살랑살랑 봄바람에 바람난 여자처럼 애교를 부려보는 거야. 섣불리 낫을 갖다 대면 번뜩이는 낫의 날보다 더 강하게 나오거든. 들길이나 산길을 걷다가 나도모르게 그 자태에 반해서 손으로 쓰윽 하고 한번 훑어보곤 했지. 가위가 종이를 오려내는 느낌이 왔다면 분명 일자로 그어진 손가락에 붉은 선이 생겼을 게다. 가끔 경험을 해보는 것이라 예사로운 일이었다.

농사철이 되면 들판에도 농부들이 부지런하게 움직이는 모습을 볼 수가 있었다. 이웃집 돌이 아버지는 깡마르고 광대뼈가 남보다 튀어나왔다. 눈썹은 몇 개가 허옇게 길었다. 조상이 물려준 눈썹이라 함부로 자를 수가 없다며 억세게 거짓말을 잘했다. 입술은 약간 얇게 생겼다. 턱수염은 면도를 하지 않아 너저분하였다. 돌이 아버지는 그래도 열심히 일을 하는 모범적인 농부였다. 어쩌다가 마음이 내키면 게으른 돌이 엄마도 양심은 있는지 논에 새참을 날라 주기도 하였다. 멀찌감치 보이는 돌이 엄마를 발견하고 웃음을 짓는 돌이 아빠는 성격이 좋아 동네 사람들에게 미움은 사지 않았다. 억새가 있는 곳에 자리를 잡았다.

돌이 엄마는 찌그러진 노랑 주전자를 들어 사발에 막걸리를 따랐다. 안주는 된장에 끝물인 풋고추였다. 돌이 엄마는 풋고추에 된장을 찍어 돌이 아버지 입에 넣어 주었다. 이런 횡재가 어디 있노! 오늘은 참으로 억세게 운이 좋은 날이었다. 지나가는 참새 떼가 들판을 떠나지 않고 짹짹거렸다. 억새도 막걸리 냄새에 취해서 노래했다.

막걸리 하면 생각나는 사람이 있다. 농사일을 하며 하루도 빠짐없이 술을 좋아하는 시아버지다. 성격이 온화하고 말이 없는 분이다. 어느 해 가을걷이가 한창이었다. 나는 고구마를 삶고 주전자에는 아버님이 좋아하는 막걸리를 들고 논으로 향했다. 가는 길이 멀기만 했다. 내가 자랄 때 고향에서의 가을은 먹을 것이 많고 마냥 신나는 계절이었지만 어른이 되어 맞는 가을은 너무 낯설었다. 신작로 길을 따라 가는 길은 눈에 익지 않았다. 언덕배기에 자리 잡은 억새는 어느새 한 무리를 지어 꽃을 피웠다. 나를 향해서 손을 흔들어 반기는 듯하였다. 힘을 내자. 한 고개를 넘어서니 논이 보였다. 논둑마다 피어 있는 억새는 꽃무리를 이루었다. 아버님은 며느리를 보고 웃음꽃을 피웠고, 어머님은 한아름 볏단을 묶고 있었다. 그 광경이 얼마나 아름다운지 나는 기쁨에 벅찼다.

막걸리를 한 사발 따라서 아버님께 드렸다. 논둑의 가을 풍경은 참으로 아름다운 한 폭의 그림 같았다. 일을 끝내고 돌아오는 길에 하얀 무명옷을 입은 시부모님은 앞서거니 뒤서거니 아무 말도 없이 그저 걷는다. 억새가 옷깃을 스치고 꽃잎이 옷자락에 붙기도 하였다. 며느리에게 자상하고 웃음으로 표현해주는 아버님의 모습은 지금도 억새꽃이 필 때면 생각난다. 이렇게 가을걷이를 했던 때도 있었다.

지금은 골짜기 논을 제외하면 논둑이 잘 정리되어 기계를 이용하여 농사를 쉽게 짓고 있다. 농번기에 시골 들녘을 차를 타고 지나가다 보면 모심기도, 벼를 베는 일도 사람은 보이지 않고 기계만 움직였다. 일을 하다가 손을 흔들어 주던 농부들의 얼굴이 그리워졌다. 가을 빈 들판에는 하얀 뭉치들이 군데군데 놓여 있었다. 이색적인 풍경이 눈에 들어왔다. 지나가는 한 농민에게 물어봤더니 "공룡 알" 이라고 했다. 소 사료로 팔기 위해 추수 후에 남은 볏짚을 모아 압축한 볏짚들이다. 벼농사에 비해 "공룡알" 수익률이 엄청나게 좋은 편이라 했다.

이웃들과 오순도순 나누어 먹던 막걸리 한 사발, 참새 떼 포르르 날고, 억새가 무리 지어 피어 있는 가을 들녘을 생각하며 웃어본다.

# 거름 무더기

지난해 오래된 시골집을 리모델링하였다. 시집가서 오래 살지는 않았지만 시부모님이 남겨준 집이라 애착이 갔다. 옛날 모습을 그대로 살려 놓아 더 좋은 느낌이 들었다. 공사하는 사람들이 허물어 버린 거름 자리에는 잡풀들이 수북하게 자라서 일가를 이루고 있었다. 아버님은 부지런하여 거름을 만드는 일에 정성을 쏟았다. 농사를 짓기 위해서 거름은 필수였다. 그 자리에 서서 생각을 하니 아버님의 모습이 선명하게 떠올랐다. 거름이 뭐 그리 대단하냐고 하겠지만 그 때만 해도 거름자리는 보물섬처럼 보였다.

농사밖에 모르는 아버님은 눈만 뜨면 거름 무더기를 만들기 위해서 풀베기 일을 쉬지 않고 하였다. 사람의 비만은 병을 가져오지만 거름 무더기는 비만 해져야 볼품이 있었다. 얼기설기 지은 양철지붕 아래 자리잡은 거름 무더기. 이슬이 내리면 습기가 차고 비가 내려 축축하게 젖어 들기도 하였다. 냄새가 독하긴 해도 자주 맡다보면 잡곡밥을 지을 때 나는 구수함이 코로 느껴진다. 그곳에 적당한 햇빛과 바람이 있어 거름은 막걸리가 익듯이 잘 익어갔다. 그 안에는 땅 속의 온기가 배어있어 더 좋은 거름으로 태어난다.

돼지우리에서 퍼낸 오물들, 귀여운 닭 똥, 길가에서 주운 쇠똥, 먹다 남은 음식 찌꺼기들이 곰삭아 농사를 짓는 데는 일등공신이었다. 요즘처럼 음식물 버리기에 골머리를 앓지 않아도 저절로 해결이 되었다. 농사를 짓는 사람에게는 고마운 비타민이었다. 하루도 쉴 사이 없이 때를 맞추어 풀을 베야 하는 일도 수월하지는 않았다.

들에 나가면 초록의 싱싱한 풀들이 바람에 살랑거리면서 어떤 것들은 하얀 꽃망울을 안고 서 있었다. 그 위를 날아다니는 나비들, 여치가 찌르르 찌르르, 이름 모를 작은 풀벌레 울음소리가 조용한 한 낮을 깨운다. 물을 대기 위해 막아 놓은 논둑에서 개구리들 개굴개굴 우는 소리, 저 쪽 건너편에서 우는 방울벌레, 그 소리는 땅 속 깊은 곳에서 울려 퍼지는 기타의 진동이었다. 그 위에서 풀을 베는 낫질의 단조로운 소리는 아버님의 힘든 숨소리도 함께 들어 있었다. 풀을 베는 동안 계속하여 낫을 돌에다 문지르는 소리. 그 소리에 익어가는 저녁. 금방 몰려오는 구름에 강한 폭풍 폭우가 금방이라도 몰려올 것 같았다. 지게에 높이 쌓은 풀들이 발걸음을 옮길 때마다 풀 향기가 사방으로 퍼져 나갔다. 수북하게 올라간 거름 무더기는 풍부한 자원이었다.

어떤 날은 어미 닭이 거름더미를 발로 파헤쳐 가녀린 지렁이를 물고 달아난다. 몸이 동글고 게으른 굼벵이의 뒤뚱거림. 은빛 날개를 펴고 거름 더미 주위를 맴도는 고추잠자리, 말라붙은 풀줄기에 왕거미가 거미줄로 길을 만들어 기어가다 땅으로 떨어졌다. 마침 거름 더미를 헤집고 있는 장 닭의 먹이가 될까봐 줄행랑을 치는 모습도 보였다.

어머니가 막걸리를 걸러내고 남은 술 찌개미도 거름을 만드는데 한 몫을 하였다. 아버님은 막걸리 한 사발과 멸치를 안주삼아 마신 후 거름을 뒤집는다. 거름은 파내어 뒤지고 뒤집어도 끝이 없었다. 쇠스랑이 움직일 때마다 거름은 더 부드럽게 말을 잘 들었다. 거름 무더기를 보기만 하여도 흐뭇했다. 어머니는 아버님이 편찮아 누워 있을 때 거름 무더기 속에 살고 있는 굼벵이를 약용으로 다려서 아버님께 드렸다는 말도 들었다. 두 분이 잔치국수로 식사를 마치고 거름 더미를 물끄러미 바라보는 모습도 눈에 선하였다. 그 반면에 게으름만 피우는 똘이 네는 풀 보다는 자질구레한 옥수수 껍질 아니면 어젯밤에 먹은 수박 껍질이며 고구마 줄기 같은 영양가 없는 것뿐이었다. 곡식을 잘 키우려면 거름을 잘 만들어 주어야 반질반질 윤이 나는 잎이며 단단한 열매가 맺는다.

아버님 면바지에 묻었던 풀잎들 수를 놓아주었다. 자연이 물 들은 메리야스에 푸른 산도 있고, 들도 있고, 파란 하늘, 물이 맑은 시냇가도 있었다. 여치가 날아와 앉은 자리, 잠자리가 어깨 위에 앉았던 자리 모두가 거름더미의 흔적이었다. 그 안에는 헤아릴 수 없을 만큼 많은 풀들이 모여 바닥을 다지고 기둥을 세우고 벽을 만들어 자기들만의 공간에서 붙어 살면서 해와 달처럼 둥글게 익어갔다.

요즈음이야 풀을 베는 사람이 어디 있겠나 싶다. 시골에 내려가서 보아도 거름자리는 사라지고 자동차가 서 있었다. 마당에 흙이 있는 집도 드물었다. 그때 거름 무더기에서 피어나던 꽃들이 산꼭대기 정원처럼 아름다웠다. 아버님의 냄새가 스며있는 거름 무더기 옆에 쪼그리고 앉아 별을 헤던 여름밤을 되새기면서.

# 모기

모기는 여름에 동물의 피를 빨아먹고 사는 작은 벌레다. 지구상에는 3,500여 종의 모기가 살고 있다는 설도 있다. 그 작은 벌레가 여름이면 사람들을 공포에 떨게 한다. 다른 곤충과 같이 머리 가슴 배 3부분으로 되어 있다. 사람과 친숙하며 어디서나 공격을 가한다. 머리에는 한 쌍의 더듬이, 한 쌍의 겹눈, 한 개의 아랫입술(대롱 모양의 주둥이), 한 쌍의 아랫입술수염이 있으며, 몸 전체가 많은 비늘로 덮여 있다. 오래전부터 사람들과 친숙하다 보니 이웃사촌처럼 느껴지는 듯하다. 여름철에 어김없이 찾아오는 모기가 나타나지 않으면 안부가 궁금하다. 어쩌다 남의 피를 빠는 벌레로 태어났는지! 완전 변태 곤충으로 알, 유충, 번데기, 성충의 생활환(生活環)을 거친다. 집모기는 알 덩이를 물에 띄운다. 물이 괸 하수구나 방화용수. 계곡의 바위 움푹한 곳에 괸 물속. 바다와 민물이 섞인 물 등에서 주로 발생원이 된다.

모기는 말라리아 일본뇌염, 뎅기열 등의 질병을 매개한다. 유독 사람들에게 더 독하게 달라붙는 모기는 한 여름 밤의 달콤한 잠을 방해하는 얄미운 벌레다.

어른이나 아이나 모기한테 물렸을 때는 그리 심각하게 생각을 하지 않는다. 앵앵하고 날아다니며 약을 올리고 잡으려 해도 잡히지 않는 첫 사랑처럼 사람의 애를 태우기도 한다. 더군다나 시력이 나쁜 사람에게는 더더욱 신경이 곤두선다. 벼룩 한 마리 잡는다고 초가삼간 다 태운다는 말이 생각난다. 여름모기 잡는 것도 순발력이 뛰어나야 한다. 그 중에서도 손으로 모기를 때려잡으면 그 통쾌함은 이루 말할 수가 없다. 모기 한 마리 잡으려고 자다가 일어나 꾸겨진 러닝 샤스 바람으로 쫓아다니는 남편은 취미생활처럼 즐겼다. 보통 키에 갸름한 얼굴에 참을성이 많지만 단지 여름철 나타나는 모기에게만은 아주 지독하게 군다. 날씨가 흐리고 후덥지근한 여름밤은 모기들이 왈츠를 추며 윙윙 노래한다. 그 소리가 내 귓가에 와서 탐색을 즐긴다.

꼭 왜 귓가에서 맴돌까! 앵앵 하는 모기소리가 들렸다. 나는 손바닥으로 찰싹 때렸다. 모기는 잡히지 않고 내 귀만 아프고 멍했다. 내 곁에서 자고 있던 남편은 벌떡 일어나 LED방 등 조명을 켰다. 그날 밤도 예외는 아니었다. 맨손으로 때려잡겠다고 눈에 불을 켜고 다녔다. 그 모습은 절간에서 두 손을 모으고 부처님 앞에서 합장하는 모습과도 같았다. 나는 밤중에 코믹 쇼를 보여주는 모습에 웃음만 나왔다. 박수치는 소리에 좋은 일이 있나 싶어 자고 있던 아들 둘도 일어나 눈을 비비고 안방으로 들어왔다. 어릴 때부터 봐온 터라 그리 놀라지는 않았다. 드디어 방문 손잡이에 붙어 있는 모기를 본 순간이었다. 손바닥을 일자로 펴서 딱 하고 잡았다. 시체가 된 모기를 보여주었다.

손바닥에 착 달라붙은 모기를 보면서 우리는 감탄사를 보냈다. 너희 아빠는 영웅이야 하고 모기 퇴치를 한 남편을 추켜세웠다. 으쓱으쓱 어깨에 힘을 주면서 이제 잡시다 했다. 다시 나타나면 깨우라는 말을 하였다. 여름밤의 웃음이 귀에 걸렸다.

아이들이 어렸을 때 모기에게 물리면 난감했다. 젖 냄새가 나고 아기들의 피부는 얼마나 보드라운가! 모기는 아기들의 발가락이나 발바닥 눈두덩이 같은 곳을 공격한다. 가려워도 말을 못하는 아기는 그저 울기만 했다. 물린 곳을 살살 문지르다 보면 딸기같이 부풀어 오른다. 하다못해 급하면 새끼손가락에 침을 묻혀 발랐다. 그래도 부은 살은 가라앉지 않았다. 밤잠도 제대로 못 자고 부채질로 날밤을 새웠다. 어른아이 모두 여름밤은 모기와의 전쟁이었다. 특히 시아버지는 막걸리를 좋아했다. 하루의 피곤함도 얼큰한 콩나물국에 한 잔하고, 시원한 사랑채 마루에서 잠을 자는 것은 최상의 안식처였다. 그래도 모기한테 물리지도 않았다. 시어머니는 혼자 말로 술을 먹고 자니 모기들도 막걸리에 취해서 모두 꼬꾸라져 죽었나 보다 했다. 막걸리의 효능도 한 몫을 했다는 생각이 들었다.

내가 시집을 오기 전 일이었다. 여름이면 나는 친정 고모가 살고 있는 계성부락에 가서 휴가를 보냈다. 서울에서 아가씨가 왔다고 동네 분들이 놀다가 갔다. 저녁을 먹는데 모기들이 야단법석을 떨었다. 아들만 셋을 키우는 고모가 힘들어 보여 잠깐이나마 돌봐주기로 했다. 세 아들은 아직 어렸다.

발등, 볼, 다리에도 모기에게 물린 자국이 선명했다. 단련이 되었는지 웃으며 별미로 만든 수제비를 맛있게 먹었다. 고모는 밤이 되자 아이들은 밖에다 재웠다. 아가씨는 모기한테 물리면 안 된다고 했다. 하늘색 모기장 네 귀퉁이를 잡고 줄을 당겨 대못에 걸었다. 나는 너무 좋아 모기장을 살짝 들치고 들어갔다. 바닷가에서 텐트를 치고 즐기는 기분이 들었다. 삼베 홑이불을 덮었다. 뺏뺏하고 엉성해서 모기가 대롱 같은 주둥이로 물까 봐 잠도 들지 못했다. 바깥에서 앵앵 울며불며 먹잇감을 찾아 불을 켜고 날아다녔다. 모기장이 얼멍얼멍해서 모기가 마구 기어들어올 것 같았다. 잠한테는 장사가 없다는 말처럼 꿈나라로 빠져 들었다. 이튿날 아침 눈을 떴다. 모기에 물려 팔 다리가 빨갛게 산딸기처럼 매달렸다. 밖에서 잔 아기보다 모기장 속 네가 더 물렸다며 모기도 아가씨를 좋아하나 보다 하고는 웃었다.

모기는 사람들에게 피해를 주지만 저마다 하나씩 추억을 만들어 주기도 한다. 저녁이면 멍석을 깔고 옥수수 하모니카 불면서 즐거웠던 생각들이 하나 둘 되살아난다. 고향의 여름밤 그 많던 모기님들은 어디 있을까! 고향의 향수를 그려본다. 아버지가 피워 놓은 모깃불. 풀잎 타는 냄새와 쑥이 타는 향기는 그저 맡기만 해도 기분이 좋았다. 시원한 밤바람이 불면 불꽃들은 하늘에서 내려온 별처럼 반짝거렸다. 날아가는 모기 꽁무니에도….

# 제비

푸른빛이 도는 제비. 검정색 윗도리와 흰색 바지에 정장을 입은 신사다. 우리나라에서는 흔하게 볼 수 있는 여름새지만 요즈음 도심에서는 보기 힘들다. 암수가 함께 살다가 번식이 끝나면 가족과 함께 무리를 짓는다. 해가 질 무렵 빠른 속도로 날아 전선줄에 앉아 지저귄다. 제비합창단이라 해도 과언이 아니다. 둥지 재료를 얻기 위해서가 아니라면 땅에 내리지 않는다. 그래서 제비를 비둘기처럼 가까이서 볼 수가 없다. 신속하게 날개를 퍼덕이며 급강하와 급선회를 반복하여 원을 그리듯 날아오를 때도 있다. 날면서 파리, 딱정벌레, 매미, 하루살이, 벌, 잠자리 등 곤충을 잡아먹는다. 높은 건물이나 교량의 틈새에 둥지를 튼다. 삼짇날에 돌아오는데 길조로 여겨왔다.

어릴 때 산골 고향집 초가지붕 안에 제비가 집을 짓는 것을 보았다. 논에서 물고 온 흙과 지푸라기를 나란히 얹어 놓았다. 집을 짓는 끈기는 대단하였다. 까치집은 나뭇가지로만 짓는데 제비는 그보다 섬세하게 둥지를 만들었다. 제비가 새끼를 치면 똥이 마루에 떨어지기도 하였다. 새끼를 많이 낳으면 풍년이 든다고 믿어서 사람들은 제비에게서 친밀감을 느꼈다.

우리도 제비를 보면 반갑고 한 가족처럼 좋아하였다. 어미가 새끼에게 먹이를 날라다 주는 모습은 엄마가 우리에게 젖을 주는 것과 같았다. 엄마는 하루 종일 밭일을 끝내고 돌아와 동생에게 젖을 주었다. 봄에는 양식이 부족하고 마을사람들은 누렇게 지는 해를 보면서 한숨을 쉬었다.

제비가 지지배배 울면 우리도 들에 나간 엄마 생각나 눈물이 나왔다. 야윈 얼굴에 봄을 타는 엄마는 더 말라보였다. 밭일에 논일을 하며 부지런하게 일을 해도 양식은 부족하였다. 아버지는 공무원 생활을 해도 그때는 가난하게 살았던 것 같다. 제비가 금 나와라 뚝딱 해주면 부자가 될 텐데 하고 어린 마음에 제비에게 빌었다. 그러면 엄마의 환한 미소가 박꽃같이 예쁠 텐데 혹시라도 기다리면 행운이 올 수 있을까! 옆집에 사는 영수네 집에서 제비 새끼가 떨어졌다. 영수 엄마는 새끼가 죽었다며 좋은 곳으로 가라고 땅에 묻어 주었다. 영수도 슬퍼하며 코가 묻은 옷소매 끝자락으로 눈물을 닦았다. 개구쟁이같이 보여도 마음은 순했다.

어른이 되어서 봄이 오면 산골의 고향 생각이 난다. 나의 살던 고향은 꽃피는 산골을 노래하며 즐겁게 뛰어놀던 동산의 기억들이 동심을 불러일으킨다. 봄이면 진달래 만발하고 우리들은 배고픔을 달래기 위해 진달래꽃을 한 움큼 따서 먹었다. 쌉쌀한 맛도 달달하게 느껴졌다. 동산에서 보는 마을은 그림 같다. 기와집보다는 초가집이 많았다. 그 뒤로는 생명이 강한 대나무가 울창하였다. 냇가에는 버들강아지 눈을 뜨고, 고기들은 꼬리를 흔들며 노는 모습도 볼 수가 있다. 제비가 날아다니는 것을 보면 비행기가 날아가는 것 같았다.

놀다가 집에 돌아오면 제비새끼가 엄마에게 먹이를 달라며 입을 쫑긋 벌리고 운다. 나도 엄마에게 밥을 달라며 제비처럼 입을 쫑긋 내밀었다. 내 모습을 보더니 웃으시며 맛있는 밥을 먹여주었다. 뭐든지 다 해주던 엄마가 보고 싶을 때도 있었다. 꿈속에서 어쩌다 만나지만 만질 수가 없는 엄마가 그립다. 고향을 떠나와 살다 보니 산소에도 한번 가지 못하는 도심의 생활은 늘 바쁘기만 하였다.

삭막한 도심에서 살다 보면 사계절이 언제 지나가는지 뉴스나 봐야 실감을 한다. 벌써 봄이네, 여름이네, 가을이네, 겨울이다 하는 식으로 그냥 무덤덤하였다. 제비가 언제 왔다 가는지 하는 것조차 잊은 지 오래다. 지금 아이들은 그런 것들을 눈여겨 볼 여지도 없다. 바쁜 학교생활에 과외까지 다니다보니 자연스레 멀어져 간다.

하기야 산골마을도 우리가 살던 옛 모습은 거의 찾아볼 수가 없다. 집들은 화려하게 현대식으로 변했다. 사람들도 바쁘게 달리며 살다 보니 잊고 지내는 일들이 많다. 고향에 가서 제비집을 찾는 것은 불가능할 뿐만 아니라 그런 말조차 꺼내기도 부끄러운 일이다. 제비가 집을 지으면 지저분하다고 쫓아 버릴 것이다. 창문을 닫아 놓고 있어 얼씬도 못한다. 만일에 창문에 똥이라도 싸면 제비는 꾸중을 들을 것이다. 새끼도 못 키우고, 제비를 좋아하는 아이들도 보기 힘든 세상이다. 지지배배 우는 소리를 듣고 싶다. 마루에 앉아 우는 소리를 듣고 있으면 자장가처럼 들렸다. 어느새 마루에 누워 잠이 들 때도 있었다. 제비도 엄마도 볼 수가 없지만 내 맘속 어딘가 그리움과 기다림이 있는 무지개 같은 꿈을 꾼다.

# 참외

노랗게 핀 개나리가 산골동네를 훤하게 비추어 주었다. 그저께 시집온 영달이 각시도 노란색 저고리에 진달래색 치마를 입고 샘물을 길러 간다. 꼬맹이들은 그런 모습을 보고 쫄랑쫄랑 뒤따라간다. 옆집에 살고 있는 할머니는 민들레가 노랗게 핀 담장 아래서 해바라기를 하고 있다. 지나가는 누렁이도 꼬리를 흔들고, 노랑나비 한 마리가 동네 소식이 궁금하여 부지런하게 날아다닌다.

피었다 졌다 하는 봄꽃들 잔치가 거의 끝나가면 동네사람들은 분주하다. 아이들도 덩달아 바쁘다. 탱자나무 사이로 짹짹거리는 참새 가족도 시끌시끌하다. 암송아지도 엄마 젖을 물고 장난을 친다. 노랗게 난 털이 반짝거린다. 소 주인은 횡재를 하였다면서 황금빛 털을 쓰다듬었다. 어른들은 밭갈이에 한창 열을 올리고, 우리는 씩씩하게 놀면서 몸을 다져 훌륭한 일꾼이 되겠다는 각오를 했다. 노랑 저고리 입은 첫돌 지낸 아기도 아장아장 걸음마, 황금빛 해바라기 키 자랑하는 동네 작은 소문이 돌았다. 어저께도 피지 않았던 참외꽃이 무진장 많이 피었다는 말들이 담장 너머 안방까지 짝 퍼졌다.

동네가 들썩들썩하였다. 참외꽃을 피워 열매를 맺었다.

참외의 노랗던 얼굴들이 겁을 먹었는지 푸르스름하게 변해갔다. 밭주인들은 동네 서리꾼들이 여기저기서 참외 줄기처럼 뻗칠 생각에 걱정이 태산 같다. 동글동글한 자식을 간수하는 것도 버겁다. 물끄러미 바라보니 새끼들이 아무것도 모르고 쑥쑥 잘 자란다. 달, 해, 바람들이 잘 안아주고 보듬어서 키운 것들이다. 주인은 하루가 멀다 하고 잎새 뒤에 숨어 있는 참외 얼굴을 햇빛 잘 보이는 쪽으로 고개를 돌려주었다. 노랗게 익으면 주인이야 좋겠지만, 빨리 따서 내다 팔까 걱정이 되었다.

읍내 5일장이 다가오나 보다. 도매금으로 넘어갈 참외들은 몸을 부들부들 떨며 진정시키려고 애를 태웠다. 밭고랑에서 둥글둥글 몸집을 키운 죄 밖에 없다. 예상한 대로 주인에게 눈도장을 찍히고 말았다. 주인은 지게를 받혀 두고는 슬금슬금 발걸음을 하여 허리를 굽혀 살핀다. 눈동자도 빛나고 입꼬리에 웃음도 미세하게 번진다. 누렇게 뜬 손이 노란 몸통을 더듬었다. 순간 '요놈 잘 익었구나' 하고 계속 뚝 따다가 바자리에 담았다. 바자리는 기분이 좋아 금방 노란 산을 만들었다. 웃음 띤 주인장 얼굴은 금이빨을 드러내고 웃었다. 들길을 지나 냇물을 건너 정자나무 아래 지게를 벗어 놓고, 담배를 뻐끔뻐끔 피웠다. 노란 연기가 지게를 지나 참외 밭으로 달아났다.

감나무가 있는 집 안 마당에 지게를 받쳐놓았다. 그것을 보고 있던 부인은, 내일 장날에 내다 팔 때깔이 고운 참외만 보아도 기분이 좋았다. 구수한 된장국을 끓여 배부르게 밥을 먹고 쉬었다. 달이 뜨기를 기다렸다. 달빛 아래서 지게에 담긴 참외를 하나 둘, 세다 보니 신났다. 1접을 만들어 바자리에 다시 담아 모셨다.

이튿날 참외가 담긴 지게를 지고 정자나무를 지나, 옆 동네 우사를 지나, 신작로를 걸었다. 울퉁불퉁한 도로도 힘들지 않았다. 주인이 지고 가는 잘 익은 참외가 황금빛을 발하여 다른 사람들의 이목을 사로잡았다. 합천 장에 가려고 황강 물을 건넜다. 읍으로 가는 길목에 아주머니들이 두 눈을 부릅뜨고 주인을 황금 보듯이 쳐다보았다. 참외 주인은 깍쟁이 아줌마들 한테는 절대 팔지 않았다. 시장 중앙통에 자리 잡았다. 주인은 싱글벙글 웃었다. 단숨에 도매금으로 넘겼다. 돈을 세는 장사꾼도 얼굴빛이 햇살을 받아 좋아보였다. 주인 손에 돈이 한 움큼 쥐어졌다.

곧장 뒤돌아 앉아 머리를 숙이고 오른쪽 손가락에 침을 발라 돈을 세는데, 금빛에 두 눈이 부셨다. 주인은 늙은 어미를 위해 소고기 반근을 끊고, 참외농사 짓는다고 고생하는 부인에게 겨자 색 무명치마, 늦둥이 딸 노랑 고무신 한 켤레, 맨날 말썽을 부리는 외동아들 노란색 고무줄 팬티, 자신은 그것을 사는 기쁨에 그저 행복했다.

집으로 돌아오는 길모퉁이 작은 밭고랑에 이웃집 참외가 우울하게 쳐다본다. 지나가는 동네 사람들 표정도 그렇다. 주인은 참외 장사 잘 했다는 표정을 감추었다. 효자 노릇하는 것이 여간 기쁨이 아니었다. 돌아가신 아버지 고기 반 근도 못 드시고, 약 한 첩 지어 드리지 못한 한이 지금도 누렇게 떠 있는 가슴에 응어리져 남아있다. 저녁은 구수한 고깃국이 담장을 넘고 이웃집까지 달려가서 자랑을 하였다.

냄새는 잡을 수도 없고 한 치의 거짓도 더하지 않았다. 오랜만에 어머니는 주름살을 펴고 편히 주무신다. 부인과 아이들의 웃음꽃이 집안 가득하였다.

참외가 익기 시작하면 밥 대신 먹는 양식이 되기도 하였다. 아까운 참외를 통째로 먹었다. 껍질이 얇고 겉 표면에 까슬까슬한 솜털이 있는 것도 무시했다. 육질이 아삭아삭 침감이 있어 단물이 목줄을 타고 넘어갔다. 한방에서 참외는 진해, 거담작용을 하는 성분이 들어있어 할머니는 참외를 숟가락으로 긁어 드셨다. 약이 된다는 것을 알고 있는지, 달콤함에 반해서인지 무척 좋아했다.

그런 반면에 참외를 먹으면 의외로 배탈이 나기도 하고, 씨를 싫어해서 꺼리는 사람도 많다. 우리 아들도 씨 때문에 잘 먹지를 않는다. 시중에는 비싼 과일도 많다. 하지만 참외를 먹을 때의 단맛과 아삭함에 더 이끌렸다. 제철을 맞은 참외가 노란 옷을 입고 앉아있다. 수박처럼 손으로 두들겨 보았을 때 둔탁한 소리가 나면 안에 물이 찼을 가능성이 많다. 한편 물에 살짝 띄워 골이 3개 이상 뜨면 좋은 참외다. 간식용으로도 훌륭하고 참외장아찌도 담아 두면 오랫동안 먹을 수가 있다. 아이들이 싫어할 때는 샐러드로 만들어 주면 잘 먹을 수 있다.

고향 산골 마을에는 이제 참외, 수박, 오이 등 과일 농사를 짓는 사람들은 드물고, 그 어르신들은 고향을 지키며 편안하게 살고 있다. 지금은 하우스 재배로 거의 사계절 참외를 먹을 수 있다 해도 과언이 아니다. 그 때만 해도 참외 농사를 잘 짓는 일도 수월하지가 않았다.

올 여름은 유난히도 향긋한 참외가 당긴다. 어제 사다 놓은 참외를 깎아 한 입 베어 먹었다. 입 안 향기와 더불어 참외에 대한 기억들이 그 줄기처럼 뻗어 나왔다.

# 3

# 쪽파

텃밭에 겨를 덮어 둔 쪽파는 겨울을 이겨 내고 파릇파릇한 새순을 내민다. 윤기가 나고 통통하게 자란다. 잘 자란 쪽파는 5일장에 내다팔면 가정에 필요한 생활용품을 구입하는 데 도움이 되었다. 집 가까운 곳에 심어 언제나 먹을 수가 있었다. 달큰하고 요리하기도 쉬워 누구나 해먹을 수 있다. 새순이 나온 쪽파는 껍질을 벗겨내고 생으로 그냥 먹어도 맛있었다. 특히 양념장을 만들 때 감초 노릇을 한다. 대파보다는 쪽파가 정이 가고 다정다감하게 다가온다. 대파는 키도 크지만 몸집도 뚱뚱하다. 쪽파 옆에 붙어 자라면서 잘난 척 내려다 보는 습성이 있어 얕보는 경향도 없지 않다. 그렇다고 기가 죽을 쪽파도 아니다.

동네 마트를 갔다. 입구에 들어서니 마스크를 쓴 사람들이 분주하게 물건을 고르는 모습이 눈에 들어왔다. 과일 코너를 지나 채소코너에서 열무 1단을 2,500원에 사고, 쪽파 가격이 4,500원. 엉성하게 묶어 놓은 것을 들고 이리 저리 봐도 내키지 않았다. 그 옆에 대파는 2,500원 값이 오히려 내렸다. 아무리 생각을 해도 너무 비싼 편이었다. 명절 때는 이보다 몸값이 더 비싸게 팔렸다. 쪽파 1단을 사는데 이렇게 머리를 굴려본 적은 처음이었다. 다른 날은 따지지 않고 금방 샀는데 오늘따라 꼼꼼하게 따져보았다. 머리가 나빠 더하기 빼기도 잘 못하는 내가 쪽파 1단 값을 신중하게 생각하다니 놀라운 사실을 발견하였다.

어떻게 할까! 그냥 갈 수도 없었다. 그사이 사람들이 더 많아졌다.

파마머리 아줌마도 쪽파가 비싸다며 혼자 중얼거렸다. 내가 고른 것을 보고는 비싸게 사지 말고 여기에 있는 것을 사요 하면서 내 바구니에 담아주었다. 잎이 누렇기는 해도 잘 다듬으면 김치 담을 때 양념으로 쓰는 것은 지장이 없다고 했다. 나를 잘 알지도 못하는 아줌마가 자기 생각대로 하는 것이 못마땅했지만 그대로 가만히 있었다. 누렇게 뜬 것은 반값이었다. 그래도 그렇지 가족이 먹을 건데 좋은 것으로 담가야 맛도 있지. 여기 저기 둘러본 아줌마는 또 나에게 와서 차라리 깐 파를 사라고 일러주었다. 귀가 얇아 또 맘이 바뀌었다. 싱싱하기는 마찬가지였다. 눈물을 흘리며 파를 깐다는 것은 생각만 해도 엄두가 나지 않았다. 눈이 나빠져 더 신경이 쓰였다. 결국 깐 파를 한 단 샀다. 이러다가 언제 김치를 담글까 혼자 신호등을 건너 빠른 걸음으로 걸었다.

파는 깨끗하게 씻기만 하니 일거리도 줄어드는 일석이조가 된 셈이다. 쪽파를 손질할 때는 눈물 콧물 범벅이 되어 아이들은 엄마 울지마 하고 눈물을 닦아주었다. 그렇게 하는 아이를 보니 괜히 더 슬펐다. 내가 어릴 적에 어머니는 부엌에 쭈그리고 앉아 쪽파를 다듬었다. 매운지 훌쩍훌쩍

울어서 같이 울었던 기억이 나서 더 울었다. 내가 시집을 가서는 매운 시집살이가 서러워 울었다. 시어머니는 도시에서 시집을 온 큰며느리가 눈에 차지 않았다.

어머니가 텃밭에서 뽑아온 싱싱한 열무와 쪽파는 부드럽고 손에 닿는 감촉이 살아있었다.

잘 키운 쪽파는 떼어낼 것도 없는데 뚝뚝 떼어낸 쪽파 잎을 보고 놀라서 한마디 했다. 파 다듬는 것을 보니 살림을 알뜰하게 할 수가 있겠나 했다. 쪽파 다듬는 일만 그러하겠는가! 열무 물김치를 담그는데 마늘이 귀한 때라서 쪽파의 알뿌리를 마늘 대신 부엌칼 등으로 으깨어 담았다. 시원한 물김치가 맛있다며 칭찬을 해주었다. 고된 시집살이였지만 지금 생각해보니 그때가 좋았다.

열무를 정성껏 다듬으며 콧노래도 불렀다. 밀가루와 굵은 소금을 넣어 끓인 물을 식혀 두었다. 고춧가루에 멸치액젓을 넣고, 파란 청양고추와 붉은 고추를 알맞게 썰었다. 마늘도 넣고 쪽파도 열무 길이 만큼 썰었다. 모든 재료를 넣고 살짝 버무려 김치 통에 담아 간을 보니 딱 맞았다. 이럴 때 귓가에 들리는 소리가 있었다. 여보 물김치 맛있어요. 최고예요. 칭찬을 해주던 남편의 목소리가 뚜껑 닫을 때 들리는 듯하다. 마늘을 빻아 주고, 쪽파를 다듬으며 매운 눈물을 참고 잘해 주었다. 아이들에게 엄마가 아주 맛있게 담갔다며 같이 밥을 비벼 먹던 생전의 남편 모습이 떠올랐다. 그때 가족이 오순도순 먹는 맛은 꿀맛이었다.

요맘때 물김치 국물이 톡 쏘는 사이다처럼 맛있다. 혼자서 보글보글 끓인 된장, 고추장, 참기름, 열무를 넣고 비볐다. 시원한 물김치 국물을 먹어보았다. 대박이라며 호들갑을 떨었다. 혼자 먹기에 너무 아까워 단체방에 사진을 찍어 올렸다. 너무 맛있겠다, 침 넘어 간다, 나누어 먹자 등 댓글을 달아 주었다. 열무 물김치와 쪽파의 궁합이 잘 맞았다. 쓱쓱 비빈 밥을 먹으며 웃음이 입꼬리에 붙었다.

# 미나리꽝

컴퓨터를 켰다. 글 제목을 「미나리꽝」으로 정했다. 자판기를 두드리니 「미나리 밭」으로 변했다. 손가락을 움직일 때마다 파란 싹이 자랐다. 내 글도 이렇게 자라서 푸르게 채웠으면 좋겠다. 글자들이 푸른색으로 변하고 몸체는 기둥이 되어 중심을 잡아주었다. 내가 쓰고 있는 글도 청청하고 푸름이 더했으면 하는 바람을 가져본다.

얼어붙은 미나리꽝에 뿌리를 내리고 있는 작은 몸집이 가냘프게 보였다. 유리창에 얼굴을 바짝 붙였을 때 코와 입이 눌려 있는 모습과도 흡사하였다. 두껍게 얼음이 얼면 얼음지치기도 하였다. 미끄러워 자빠져도 깔깔 웃는 아이들 웃음소리에 미나리도 심심하지는 않았을 것이다. 날씨가 차츰 풀리면 잠을 깨고 푸른 목을 내민다. 아이들도 그렇게 파란 하늘을 보고 새순같이 자란다. 겨울옷을 벗고 묵은 때도 벗겨내니 산골아이들도 윤기가 났지만, 미나리 새순만큼은 예쁘지 않았다. 봄이 오면 크고 작은 새싹이 수북하게 올라오는 것을 볼 수가 있었다. 송이네 미나리꽝은 도시의 명당자리에 있는 미나리 식당보다 인기가 많았다. 송이 아버지는 미나리에 대한 정성이 대단하였다.

진흙탕 속이나 척박한 땅에서도 꿋꿋한 삶을 사는 미나리는 사람들에게 희망을 준다.

나무와 곡식들이 가뭄에 메말라도 미나리는 끝까지 살아남는 근성이 있다. 봄 미나리는 향기가 좋았다. 경사가 있는 날이면 미나리는 다른 나물에 비해 인기를 한 몸에 받았다. 윤기가 흐르고 이파리는 참기름을 바른 듯하고, 줄기는 통통하여 탐스러웠다. 송이아버지는 인심도 후하여 저렴한 가격에 다 들고 갈 수가 없을 만큼 미나리를 베어주었다. 장날이면 지게에 지고 가서 몸값을 톡톡히 받아 효자 노릇도 하였다. 송이는 아버지가 사다 준 왕사탕을 가지고 나와 자랑을 하였다. 아이들은 병아리가 엄마를 따라가듯 꽁무니를 촐랑거리며 따라다녔다. 눈치 빠른 송이는 차돌로 비닐봉지에 든 사탕을 부쉈다. 햇빛에 반짝이는 사탕은 보석 같았다. 아이들은 사탕을 실컷 먹은 후에도 송이에게 친한 척하며 종일 붙어 다녔다.

미나리를 베어낸 자리에 또 미나리가 자라 바람에 한들한들 춤을 추었다. 지나가는 아낙들의 가슴도 살랑거린다. 농번기가 오기 전에 아낙들이 일 년에 딱 한번 자연과 더불어 봄바람을 피운다. 마을 행사가 있는 날이면 동네 이장은 정자나무에 달린 스피커를 통하여 알려준다. 그 소식을 듣는 순간 마을을 들썩이게 만들었다. 농사철을 앞두고 아낙들이 뭉쳐 단합을 하여 즐기는 날이다. 아무리 엄격한 어른들도 이날만큼은 시집살이에서 해방을 시켜주었다. 남편들은 집에 남아 부모님들의 시중을 들어야했다. 한마디 불평을 하다가 어른들께 잔소리만 듣게 되어 내심 화를 꾹꾹 눌렀다. 장롱 속에 잠자고 있는 한복을 꺼내 곱게 차려 입은 아낙들은 장구를 메고 미나리꽝을 지나 육모정 정각에 모여들었다. 해마다 열리는 봄놀이였다. 정순이 엄마는 장구를 잘 쳤다.

장구소리에 맞추어 아리랑을 부르며 춤을 추었다. 춤을 추는 모습은 정각 뜰에 늘어져 한들거리는 버들가지처럼 예뻤다. 우리 엄마도 예외는 아니었다. 쪽진 머리는 윤기가 흐르고, 입가에 미소 가득하고, 춤을 추는 모습은 나비 같았다. 행복해하는 엄마 얼굴은 복사꽃을 닮았다.

아낙들은 장만해온 음식을 멍석 위에 즐비하게 늘어놓았다. 집에서 만든 막걸리와 미나리무침과 무채 등 갖가지 나물로 훌륭한 밥상이 탄생했다. 아이들도 엄마 곁에 앉아 미나리비빔밥을 기다렸다. 커다란 대접에 담긴 밥은 보기만 해도 침이 꼴깍 넘어갔다. 비빔밥에 들어가는 미나리 나물은 무채보다 백배나 맛있었다. 잠깐의 휴식을 취하고 보니 소나무 뒤로 뉘엿뉘엿 해가 넘어간다. 아이들은 엄마 손을 잡고 즐거운 마음으로 미나리꽝을 지나 집에 왔다. 엄마는 환한 얼굴로 고운 한복을 벗어 안방에 걸어 두었다. 저고리와 치마가 춤을 추는 듯 보였다. 엄마 이마에 있던 깊은 주름살도 가늘게 보였다.

그때만큼 미나리나물을 맛있게 먹어본 기억이 없다. 내가 살았던 동네에 들어서면 미나리꽝은 없고 시멘트로 만든 집이 서 있었다. 미나리나물을 무쳐서 고추장을 넣고 비벼 먹을 때면 생각이 난다. 글을 쓰다 보니 컴퓨터에 나의 미나리꽝이 하나 생겼다. 글이 새순처럼 부드러워 덜 자란 것 같다. 끈질기게 물고 늘어지는 근성 때문에 글을 채우고 보니 할 수 있다는 용기가 생겼다. 글쓰기는 계속될 것이다. 끝맺음을 하고 컴퓨터를 껐다.

# 봄비는 무죄

가뭄에 목말랐던 대지가 촉촉이 젖었다. 타일이 깔린 길도 반질반질 생기를 찾았다. 그 위를 걷는 다는 것은 늘 조심스러웠다. 아차 하다가 미끄럼 타는 일도 생기곤 한다. 외출을 할 때는 안전한 신발을 신는 것도 한 방법이다.

신정네거리역 근처에 있는 신발 가게에 들어갔다. 여러 가지 모양과 색상들이 예쁘고 가격이 있는 만큼 품질이 좋았다. 내가 생각하는 운동화는 검정색인데 아무 옷에나 잘 어울릴 것 같다. 치수를 골라 신어보니 역시 편안하고 안전감이 있었다. 가게 점원이 자세하게 설명을 해주면서 미끄럼방지는 장담을 할 수가 없다고 했다. 아무래도 비가 자주 내리는 봄여름은 위험이 뒤따른다. 새 운동화라 조금은 안전하지 않을까!

굽이 있는 구두는 이제 신을 엄두도 못낸다. 발의 모양도 세월 따라 많이 바뀌었다. 구두를 신지 못할 그런 날이 오리라고는 상상도 못했다. 한번은 검정색 구두를 신어 보겠다고 작심하고 발을 집어넣었다. 그런데 아주 유연하게 잘 들어가 기분이 좋았다. 현관문을 열고 나갔다. 똑똑 구두소리가 듣기 좋았다.

몇 발자국을 떼어 보니 아프지도 않고 편안하였다. 초등학교 후문을 지나 장미, 감나무, 앵두나무, 목련나무가 즐비하게 늘어선 길을 걸었다. 걸을 때마다 발의 근육이 굳어오는 느낌이 들었다. 멋 내기는 이제 다 틀렸다. 발이 아프면 하루 일과는 다 망친다는 생각에 다시 돌아와서 운동화로 바꿔 신고 나갔다.

동네 슈퍼에 가는 길. 새로 산 운동화를 신고 가니 폭신하고 가벼워 착용감이 좋았다. 거리에 물기가 많아 작은 실수를 할까봐 조심하면서 걸었다. 앞에 가는 아가씨는 굽이 높은 구두를 신고 예쁘게 걸어간다. 반면에 할머니는 꾸부정한 허리를 하고 조심조심 발을 떼어 놓았다. 지나가는 자동차는 빗물에 미끄러지듯 빨리도 달린다. 옷 가게와 문방구를 지났다. 김밥 집에서 나오는 구수한 참기름 냄새가 유혹을 했다. 걸어오는 동안 한두 번 작은 미끄럼을 조심하라는 신호를 보냈다. 자주 다니는 길인데 오늘따라 낯설게 느껴졌다. 작은 내리막길을 편편한 줄을 알고 딛는 순간 눈앞에 번개가 지나갔다. 팔 뒤꿈치가 부서지는 소리가 들렸다. 때마침 지나가는 아저씨가 많이 아프겠네요. 하는 소리에 얼른 일어났다. 엉덩이에 묻은 물기를 털어 내려고 해도 팔이 말을 듣지 않았다. 이런 날은 괜히 봄비가 오지 않았으면 미끄러지지 않았을 텐데 하고 투덜거렸다.

바로 동네신경외과 전문병원을 찾아갔다. 병원 안은 휠체어를 탄 할아버지, 오른 팔에 붕대를 감은 아저씨, 바글바글 베토벤 머리에 등이 굽은 할머니, 많은 분들이 순서를 기다리고 있었다. 장애가 와서 핸드폰도 마음대로 움직일 수가 없었다. 집에서 나올 때 멀쩡하던 팔이 이렇게 될 줄은 몰랐다.

내 이름을 언제 부를까 하고 진찰실을 쳐다보았다. 간호사는 문경자씨 하고 불렀다. 혹시 팔 뒤꿈치에 금이 가지 않았을까 하는 생각이 불현듯 스쳤다. 의사는 "어디가 아파서 왔어요?" 하며 안경너머로 물어본다. 그때 상황을 그대로 말을 해주었더니 고개를 끄덕였다. 언젠가 한번 오른쪽 팔을 다쳐 6개월 치료를 받았는데 또 다쳐서 회복이 늦어질 수가 있어요. 그래도 그만하기가 다행이라는 말에 안심이 되었다. 처방전을 받아 주사실로 갔다. 간호사는 인정사정없이 주사 두 대를 놓아주면서 많이 아프니 잘 문질러 주라는 말을 하고 나갔다. 물리 치료를 받기 위해 지하실로 내려가니 환자들이 앉아 있었다. 소독 냄새와 물리치료실의 기계소리가 들렸다. 15번방에 들어가 치료를 받았다. 찜질을 하고 난 후에 이상하게 생긴 장난감 같은 것을 어깨에 부착시켜주었다. 동그란 플라스틱으로 만든 것인데, 사람도 아니고 손도 없는 것이 조물조물 만져주니 시원했다. 폈다 오므렸다 하는 손놀림은 신기하기도 하고 치료효과도 주었다. 하나 구입을 하여 집에서 해도 좋을 것 같다. 병원을 나와 우산을 펴려고 하는데 손이 말을 듣지 않아 화가 났다. 계속 내리는 비를 보면서 봄비 조심조심 하면서 걸었다.

다친 팔을 치료 한지도 3개월. 옷을 입고 벗을 때나 화장을 할 때 젓가락질이 서툴러 불편하다. 잘못 움직일 때는 눈물이 날 정도로 아팠다. 운동화를 신었기에 그만큼만 다쳤지 만일에 구두를 신고 넘어졌다면 엄청나게 아프게 다쳤을 가능성도 있었다. 내일은 비가 많이 내린다고 한다. 젊었을 때는 그저 아름답고, 빗소리만 들어도 가슴이 뛰었던 때 있었다. 이제는 그런 감정은 눈곱만큼도 없고, 그저 빗길을 걸어도 미끄러질까 걱정만 앞서간다. 봄비는 무죄다.

# 할미꽃 단상

동네 삽살개도 따듯한 햇살 아래 낮잠을 잔다. 허리를 동그랗게 만들어 자는 모양이 귀엽다. 사랑채 마구간 누런 황소도 게으름을 피우고 있다. 마당 한쪽에 심어 놓은 난초가 삐죽이 얼굴을 내밀다가 퍼렇게 질렸다. 할머니가 널어놓은 호박 오가리에도 햇살이 살살 기어다닌다. 고향의 봄은 이렇게 가벼운 걸음을 한다. 섬돌 위에 벗어놓은 할머니 흰 고무신 코에 봄이 머문다. 할머니의 쪽진 하얀 머리는 무덤가에 피어나는 할미꽃을 닮았다. 할머니는 허리를 펴고 봄볕이 내려 앉은 마당을 바라본다.

지금은 할머니가 바라보던 마당도 시멘트로 변하고 봄이 되어도 풀 한 포기 구경하기 어렵다. 봄이 되면 시골의 야산이나 논둑에 피어나던 할미꽃도 예쁘지만 무덤가에 피어나는 할미꽃이 더 애처롭다. 패랭이꽃 제비꽃도 피지만 할미꽃은 더 친근감을 준다. 집에서 부르는 할머니란 단어가 익숙해서다. 어린아이들도 다 아는 흔한 꽃.

사람들은 봄에 피어나는 화려하고 향기나는 꽃을 좋아한다. 매화나 벚꽃 동백 장미 개나리 진달래가 봄 꽃 잔치에 이름이 오른다. 작은 할미꽃은 앉으나 서나 별반 차이가 없을뿐더러 사람들 눈에 잘 띄지 않는다. 그래서 나를 닮은 키 작은 할미꽃을 더 좋아한다.

고개를 숙이고 있는 할미꽃을 보면 우리 어머니가 슬픔에 잠겨서 고개 숙인 채 울고 있는 모습도 떠오른다. 나도 나이가 들면 등이 굽은 할미꽃처럼 살아가겠지 하는 생각이 문득 스친다. 괜스레 마음이 찡하고 슬픔이 내 몸을 휘감는다.

토종인 할미꽃은 이른 봄에 하얀 꽃대를 올리고 3월 중순부터 꽃봉오리를 볼록하게 내민다. 작은 꽃봉오리는 만지면 툭 하고 필 것 같다. 꽃자루 끝에 한 송이의 적자색 꽃이 아래를 향해 핀다. 아래를 내려다 보면 무엇을 볼 수가 있을까. 땅에 기어다니는 개미는 그 꽃 아래서 놀고 친구가 되어줄는지 도대체 무슨 사연이 있어 그렇게 평생을 땅만 보고 있는지 궁금하기도 하다. 따사로운 햇살에 피어난 할미꽃은 봄바람이 간지러운지 얼굴이 붉다. 슬픈 추억이라는 꽃말을 가진 할미꽃. 할미꽃을 보면 내 어릴 적 생각이 되살아나곤 한다.

슬픔이 묻어있는 할미꽃.

단발머리 친구들과 봄나물을 캐기 위해 잔설이 남은 길을 따라간다. 개울가에 있는 버들강아지도 긴 잠에서 깨어나 보송보송한 솜털을 자랑한다. 봄이 오는 길목에서 피어나는 향기가 더 좋았다. 나물도 나물이지만 동산에 올라 잔디밭에서 놀이 하는 것도 재미있었다. 양지바른 무덤가에는 햇볕이 따사롭게 놀고 있었다. 누렇게 변한 잔디도 약간의 푸른빛이 느껴지기도 하였다. 잔디를 쓰다듬어 보니 찬기가 돌았다. 사람이 죽으면 이렇게 땅속에서 잠을 자나보다.

옆에는 소나무가 푸르고 아늑한 분위기는 안방 같았다. 우리들의 재잘거림은 산새들 노래 같다. 무덤이 있는 곳은 햇볕이 따듯하고 폭신한 잔디가 있어 할머니 품속같이 포근하였다. 모질게 춥던 겨울도 견디고 세상구경 나온 할미꽃은 우리 할머니 같은 모습을 하고 있었다. 우리를 반겨주는 할미꽃이 있어 더 즐거웠다. 나에게 유난히 정을 주었던 할머니가 보고 싶다. 무덤이 멀어서 찾아가기는 어렵지만 맘은 항상 할머니 생각이다. 여기에 피어있는 할미꽃은 우리 조상이 아닐까 하는 생각이 들어 정중하게 절을 했다.

혹시 우리 할머니 넋이 아닌가 혼자 중얼거렸다. '할머니 겨울에 많이 춥지예' 하고 말하였다. 개구쟁이들은 무덤가에 왔으니 상여 놀이 하자고 했다. 우리는 두 손을 모으고 동시에 '아이고 우리 오메 인제 가면 언제 오노 아이고 흑흑' 하는데 까마귀도 슬피 울며 하늘 높이 날아갔다. 웃음 반 울음 반 소리가 멀리 흩어졌다. 우리는 고개 숙인 할미꽃에게 큰 절을 올렸다. 무덤가에는 슬픔도 사라지고 아지랑이 같은 웃음이 묻었다.

서로 마주보며 무덤가 잔디에 누웠다.

봄빛이 푸른 하늘에 그림을 그렸는지 들꽃들이 활짝 피었다. 하늘은 너무도 맑고 깨끗했다. 흰 구름은 여러 가지 그림을 그리며 둥둥 떠간다. 우리도 같이 떠가는 기분이 들었다. 누워서 보는 할미꽃은 색다르게 보였다.

노란색 꽃술에 적자주색 벨벳으로 치장을 한 멋쟁이 할머니로 보였다. 하얀 나비 노랑나비 날아와 살포시 입맞춤하고 날아갔다. 할미꽃은 생기를 찾고 자태도 고왔다. 할미꽃은 허리가 얼마나 아플까! 나는 고사리 같은 손으로 할미꽃 허리를 펴주었다. 아이구 고마워라 이렇게 허리를 쭉 펴주니 온 세상이 참 밝고 좋구나 하는 무언의 소리가 먼 산 너머로 퍼져갔다. 해지는 줄 모르고 놀다 보니 출출한 배가 바람 빠진 하얀 풍선처럼 되었다. 어머니에게 혼날 생각을 하니 저절로 할미꽃같이 허리가 굽고 머리가 숙여졌다. 무덤가에 피어있는 할미꽃처럼.

이 봄에는 할미꽃을 사다가 창가에 두고 볼 것이다.

## 할아버지가 부르시던 심청이 노래가사 귓가에 맴돕니다

—하늘나라로 보내는 편지

할아버지 안녕하세요. 큰 손녀가 안부를 전합니다. 엄마를 일찍 여읜 두 손녀를 위해서 사셨던 할아버지 항상 걱정이 많으셨지요. 지금도 할아버지를 생각하면 눈물이 납니다. 어린것들을 데리고 할아버지께서 돌봐야 하는 일이 얼마나 막막했을까요? 말씀은 안 하셨지만 언제나 우리를 불쌍하게 바라보셨습니다. 산골마을에 겨울이 찾아오면 산에 가서 땔감나무를 해 오셨는데 아카시아 나무였어요. 한쪽다리가 불편하신 것도 무릅쓰고 산길을 오르내리는 일이 정말 힘드셨지요. 아궁이에 불을 때면 가시에 찔려 갈퀴 같은 손등에 피가 맺혔지요. 매운 연기에 눈물을 닦으시며, 꺼져가는 불을 입으로 불어 불꽃을 살렸어요. 따듯하게 방을 데워주셨던 할아버지. 동생과 내가 무명 솜이불을 덮고 아랫목에 누워있었지요. 기침을 하시며 방이 따듯하냐고 묻곤 했어요. 이어서 무쇠 솥 여는 소리가 들리면 우리는 할아버지께서 밥을 하나 보다 하고 기다렸어요. 삶은 보리쌀과 쌀 반 주먹을 넣고 지은 밥. 한 가지 반찬을 담아 방으로 들여 다 주시면 우리는 맛있게 먹으며 즐거워했습니다.

여름밤이면 동천에 나가 별과 희뿌연 달빛을 보며 한이 서린 목소리로 부르시던 심청가가 지금도 귓가를 맴돕니다. 심봉사가 심청이를 안고 젖동냥을 다니던 대목에서 울먹이는 목소리로 타령을 하셨지요.

밤마다 읽어 주시던 옛날이야기 책에 어려운 글자가 있으면 '웅~웅' 하다 다시 소리 내어 읽어 주실 때는 셋이 함께 웃던 웃음소리도 잊을 수 없는 기억입니다. 사람은 항상 남에게 피해가 안 가게 잘해야 된다고 하셨답니다. 할아버지께서는 멀리 떨어져 사시는 아버지에게 꼭 안부 편지를 쓰게 하셨지요. '아버님 전 상서' 하고 문장을 만들어 불러 주시면 나는 열심히 받아 적었습니다. 할아버지께서 그렇게 지극 정성으로 잘 키워 주신 덕분으로 두 손녀가 결혼을 할 때 누구보다 기뻐하셨지요. 남편도 아이들도 모두 잘 있습니다.

할아버지 그곳에서 잘 지내고 계시겠지요? 항상 주름진 입가에 함박웃음을 지으시던 모습 기억이 생생하게 떠오릅니다. 이제 봄이 오면 꽃들이 만발하겠지요. 할아버지께서 좋아하시던 예쁜 꽃 많이 보내겠습니다. 밀짚모자에 꽃을 꽂고 나들이하시던 모습, 호탕하게 웃으시던 할아버지. 아프지 않고 편안하고 걱정 없이 잘 지내시기를 빕니다. 할아버지 사랑합니다. 내가 세상을 떠날 때 가지고 갈 단 하나의 기억은 할아버지와 함께 살았던 삶이지요.

「하늘나라로 보내는 편지 – "할아버지 심청가 귓가에 맴돕니다"」

(2004년 3월 4일 한국일보 오피니언 면에 실린 글 제목)

# 외갓집

생각만 해도 가고 싶은 집.

봄이면 딸기꽃이 피어나고 여름에는 멍석을 깔고 누워 옥수수 알 만큼 촘촘한 별을 헤던 집. 가을이면 곡식이 가득한 집. 겨울에는 온돌방에 군불을 지피던 집. 늘 내 마음속에 자리하고 있는 집.

지금이야 마음만 먹으면 갈 수 있는 집. 걸어가는 거리도 차를 타고 가는 집. 시집간 딸이 언제든지 와서 쉬는 집. 큰 티브이가 있어 춤도 추고 만화도 볼 수 있는 집. 베란다에 꽃이 피어 있는 집. 먹고 싶은 것이 있으면 꺼내 먹을 수 있는 큰 냉장고가 있는 집. 무엇이던 뚝딱 마술사가 나와 해결을 하는 집.

이런 집보다 외갓집이 더 좋았다.

어머니가 열일곱 해를 살았던 집. 외갓집은 우리 동네와 가까운 마을이었다.

언젠가 어머니는 손수 만든 옥색의 한복을 입고 친정나들이에 나섰다. 마음만 먹으면 갈수 있는 거리지만 힘든 시집살이에 친정 가는 일은 어려웠다. 모든 어머니들이 참고 사는 것이 몸에 베어있던 시절이었다. 나는 외갓집 간다는 것이 큰 기쁨이었다. 동네 아이들도 외갓집에 갔다 오면 자랑이 대단하였다. 어떤 아이는 자기가 외갓집에 갔는데 밤이 되니까 그곳에 둥근 달이 밝게 떠 있는데 달은 분명 두 개라고 손가락을 브이자로 만들었다. 나도 달이 두 개인 줄 알았다.

어머니의 까슬까슬한 손을 잡고 흔들며 기분이 좋아 콧노래도 불렀다. 어머니는 웃으며 나를 업고 외갓집에 가면서 외할아버지 외할머니에게 인사하는 법도 가르쳐주었다. 외갓집에 가는 일은 신나고 즐거웠다. 어머니의 웃음 띤 얼굴이 하늘에서 내려온 천사 같았다. 동네 아낙들은 친정 가는 어머니를 부러운 눈으로 쳐다보았다.

외갓집에 가면 내가 어머니보다 더 인기가 많았다. 외할머니는 아무도 없는 틈을 노려 사랑채 마루에 걸터앉게 하였다. 큰 황소가 눈을 돌려 쳐다보고는 여물을 먹었다. 조금은 무섭기도 했다. 외할머니는 주먹을 쥔 내 손을 펴서는 뭔가 손에 꼭 쥐어 주었다. 나는 그 느낌이 좋았다. 살짝 보이는 종이 귀퉁이를 보면서 보조개를 만들었다. 다리를 지그재그로 만들며 외할머니를 따라갔다. 외할머니 어머니는 오랜만에 만나 작은 소리로 이야기를 하면서 내가 있는 쪽을 보고 웃곤 하였다. 어머니의 행복한 꽃이 온 얼굴에 피어났다. 외동딸 시집보내고 얼마나 걱정을 했을까! 가까운 거리라 해도 하룻밤을 자고 가는 것은 엄두도 내지 못하고 되돌아가야 했다. 딸을 보내며 외할머니는 치마를 들어 얼굴을 가렸다.

해거름에 친정집을 나선 어머니는 발걸음이 잘 떼어지지 않아 느릿하게 걸었다. 나도 입을 꼭 다물고 외할머니에게 인사하고 돌아섰다. 어머니 어깨가 들썩거렸다. 그때 나는 어머니도 울보구나 하고 눈물이 조르르 흘러서 주먹으로 훔쳤다.

어머니는 외할머니 보고 싶다고 조르는 나에게 혼자 갈 수 있겠나 하고 물어보았다. 우리 동네만 벗어나면 외갓집이 보이니까.

어머니가 싸준 보자기를 머리에 이고 삽작을 나섰다. 걱정이 되는지 몇 번이고 주의할 점을 일러주었다. 그 말은 귓전까지 오지도 않았다. 우리 동네 지킴이 큰 은행나무를 지나가는 나를 내려다 보았다. 바람에 잎이 팔랑거렸다. 그 곳을 지나면 합천읍 가는 길이 보였다. 뱀처럼 꾸불꾸불하게 혼자서 기어다니고 있었다. 지금은 그 길이 없어졌다. 읍을 가는 반대방향을 돌아간다. 들길을 따라가다 보면 들일을 하고 돌아오는 이웃들도 만난다. "깅자야. 밍가(문림) 외갓집에 가나?" 하고 엉덩이에 쇠똥이 묻은 황소를 몰고 지나간다. 길가에 매어 둔 깡마른 염소는 음매 하고 울었다. 염소도 외갓집에 가고 싶은가 보다.

이 길은 들판에 눈이 쌓여 하얀 광목을 늘어놓았으며, 봄에는 살구꽃 복숭아꽃들이 살랑살랑 불어오는 바람결에 날리어 꽃길을 만들었다. 먼데서는 아지랑이가 가물거렸다. 앞서가는 사람도 가물거렸다. 참새들도 찔레나무 숲에서 놀이를 하고 있었다.

뱀이 겨울잠을 자고 간 자리에는 허물이 걸려있었다. 장마가 지면 홍수가 나기도 한다. 가을이면 누런 벌판에 황금물결이 춤을 추고 우리들은 뚱뚱하게 배가 불렀다. 외갓집 가는 길은 동무가 되어주는 것들이 있어 심심하지 않았다.

큰 신작로를 지나 전방이 있는 길을 지나서 걸어가면 작은 골목이 나오고 길모퉁이를 돌아가며 탱자나무울타리가 있는 큰 마당이 눈에 들어온다. 기와집이 보였다. 집 처마 끝이 낮아 비가 오면 빗방울이 홈을 만드는 집.

외갓집은 작은 정원이었다.
봄이면 집 뒤안에 꽃들이 피어난다. 감나무, 석류나무, 모과나무, 딸기꽃, 봉숭아, 맨드라미, 돌미나리, 돌나물 등 이름 모를 잡초들까지 꽃이 피고, 담장 아래로는 맑은 물이 흘렀다. 물을 내려다보면 파란 하늘 하얀 구름이 흘러간다. 바람이 불어 물이 일렁이면 움직이는 화면과도 같았다.

외할머니는 아침 해가 솟아오르면 하얀 고무신을 신고 뒤안으로 가서 딸기를 딴다. 딸기는 모양이 비정상이다. 예쁜 것을 골라서 맑은 물에 헹구어 복자가 새겨진 그릇에 담았다. 마루 끝에 앉아 다리를 흔들고 있는 나에게 딸기를 내밀었다. 푸릇푸릇하고 누렇게 생긴 것 반쪽만 익은 것 등 색이 참 다양했다. 보기는 그래도 맛은 달고 달았다. 아직도 그런 달디 단 딸기는 먹어보지 못했다.

외할머니의 얼굴은 달처럼 둥글다. 동백기름을 바른 외할머니의 쪽진 머리는 햇빛에 반짝였다. 볼은 통통하고 귀여운 여인상이었다. 내 어머니 모습과 닮았다.

나를 예뻐해 준 외할머니. 내가 외갓집에 가면 버선발로 마루 끝에 나와 포근하게 안아주던 집. 외삼촌 내외분의 따듯한 마음도 같이 살아가던 외갓집. 옥수수, 참외, 수박을 오일장에 내다 팔려고 지게에 담아 놓으면 밤사이 달님 별님이 지켜주던 집, 저녁 연기가 하얗게 올라가는 집, 외할머니 벗어 놓은 고무신 안에 말이 뛰노는 집.

외갓집은 어머니와 같은 집,
지금은 없는 집.

# 탱자나무가 있는 집

어느 날 험상궂은 남자가 집 안으로 들어왔다. 보기만 하여도 기분이 나빴다. 그 남자는 빨간 딱지에 '압류'라는 글자가 새겨진 것을 여기 저기 부쳤다.

어머니는 솥 안에 붙은 딱지를 보고 한숨을 쉬었다. 철없는 나는 그저 어머니 얼굴만 쳐다보고 있었다. 밥도 지을 수가 없었다. 할아버지와 아버지는 서로 책임을 물었다. 큰 소리로 주고받는 말을 듣고 걱정이 되었다. 할아버지와 아버지 사이가 별로 좋지 않아 어머니가 얼마나 힘이 들었을까! 착한 어머니는 등을 돌려 앞치마로 눈을 가렸다. 결국 집은 남의 손에 넘어갔다.

그때 어머니는 입이 굳어 있었고 얼굴은 얼음 같았다. 부엌에 쭈그리고 앉아 부지깽이로 잿불을 마구 파헤쳤다. 얼굴은 하회탈 같았다. 날이 갈

수록 기울어 가는 집안은 어린 내 눈에도 보였다. 어머니는 하루가 멀다 하고 돈이 되는 것을 장에 내다 팔곤 하였다.

누구의 힘으로도 어려운 난간을 피할 수가 없었다. 아버지는 별로 집안에 대해 신경을 쓰지 않았다.

당장에 집을 구하기도 어렵고 모아둔 돈도 없으니 속이 타들어갔다. 그때만 해도 집세를 내고 산다는 것은 꿈에도 생각하지 못했다. 다행히 빈집을 구하는 것은 그리 어렵지 않았다. 친척이 사랑채를 내주어 쉽게 들어가 살 수 있었다. 이사를 온 후 어머니 얼굴엔 목화송이 같은 미소가 피어났다. 고급스러운 아파트도 아니고 대궐 같은 집은 더더욱 아니었다. 작은 기와집이었다. 좁은 마루가 있었으며 방은 2칸 작은 부엌이 딸려 있었다. 집안을 깨끗하게 치웠다. 부뚜막은 흙으로 만들어져 있었고, 무쇠 솥에서 구수한 밥 냄새가 폴폴 났다. 아궁이에 있는 불을 꺼내 석쇠에 얹어 굽는 간 갈치를 보고 나는 군침을 흘리며, 갈치의 튀어나온 눈을 보고 있었다. 갈치 눈을 먹으면 눈이 밝아진다고 하여 그것을 달라고 어머니를 조르기도 하였다. 보글보글 끓인 된장에 겉절이와 밥을 맛있게 먹었다. 볼이 터지게 먹는 나를 보고 어머니는 손가락으로 내 볼을 튕겼다. 나는 볼에 힘을 주어 탱자처럼 탱탱하게 만들었다. 명절에는 고구마를 푹 고와 조청과 달콤한 식혜도 만들었다. 내가 먹고 싶다는 것은 척척 만들어주었다. 부엌은 어머니가 마술을 하는 것처럼 보였다.

마루에는 햇빛들이 찾아와 놀고 있었다. 나는 마루 끝에 나와 앉았다. 집 주변에는 작은 감나무, 매화나무, 벚나무가 심어져 있었다. 그때 키 큰 탱자나무 한 그루가 내 눈에 들어왔다. 탱자나무는 마당을 들어서는 입구에 서 있었다. 우리 집 문패 역할도 했다. 다른 집은 큰 탱자나무가 아예 없었다. 친척집은 탱자나무 울타리만 있었다. 음력 이월 초하루 영등할머니가 내려올 때 할머니는 정화수를 떠놓고 자식들이 잘 되길 빌었다. 액운을 물리친다는 의미로 색실과 화려한 헝겊을 탱자나무에 매달아 놓았다. 우리는 신기하여 그것을 손으로 풀어서 소꿉놀이에 쓰기도 했다.

삭막한 도시에는 철조망 울타리가 대부분이다. 오랫동안 그 역할을 하다 보면 녹이 슬어 흉하게 보였다. 하지만 꽃이 피고 새가 우는 탱자나무 울타리는 운치가 있었다. 동네 과수원도 탱자나무 생 울타리를 만들어 도둑이 근접할 수 없게 하였으며, 과수원 주인은 탱자나무를 파수꾼으로 여겨 그 가치가 높았다. 탱자나무 너머로 과일이 익는지 궁금하여 나무 사이로 눈을 돌려 보았지만 보이는 것은 뾰족한 가시가 찌를 태세를 하였다.

탱자나무는 5~6월이면 하얀 꽃이 핀다. 잎이 돋아나기 전 꽃이 먼저 피어 더 화려하게 보였다. 꽃이 피고 진 자리에는 푸른 탱자가 동글동글한 얼굴을 내밀었다. 그 모양이 방울토마토가 익기 전의 모양과 비슷했다.

그것을 따서 공놀이도 하였다. 단단하게 만들어 놓은 땅에 톡톡 튕기면 용수철이 튀는 힘을 느낄 수 있었다. 손바닥에 닿으면 간지럽기도 하다. 또한 탱자나무 가시는 냇가에서 잡아온 다슬기를 빼먹는데 안성맞춤이었다. 작은 탱자나무는 울타리를 만들지만 우리 집 탱자나무와는 비교가 되지 않았다. 그러니 동네서도 알아주는 명품이었다. 돌담 사이에 뿌리를 내리고 서 있는 그 자체가 명품나무다. 탱자나무에 참새들이 찾아와 노래도 불렀다. 나도 그 소리에 맞추어 콧노래가 절로 나왔다. 참새들은 가시가 많은 나무 사이를 잘도 피해 다녔다. 살금살금 걸어가서 나무 아래 서면 눈치 빠른 참새가족들은 조용하였다. 노랗게 햇살이 물들었다. 가을에 익은 탱자는 귤을 연상케 하였다. 귤나무와 비슷한 점이 많다. 천생에 사촌형제가 아니었을까 하는 생각이 들기도 하였다.

어머니는 노랗게 익은 탱자가 탐스럽다며 소쿠리에 담아 말렸다. 새콤한 향기가 입에 침을 고이게 했다. 잘 말린 것을 한약방에 가서 팔기도 했다. 노란 탱자는 어머니 향기와 같았다.

겨울이 오면 앙상한 탱자나무는 참새들 놀이터였다. 조잘조잘 지저귐도 더 요란하다. 그 사이에 가족들을 많이 늘렸나 보다. 코흘리개 남자아이들은 참새를 잡기 위해 고무줄로 새총까지 만들었다. 개구쟁이들은 탱자나무를 향해 쏜다. 키가 큰 탱자나무를 쳐다보면서 새총을 겨누기란 여간 어려운 일이 아니었다. 그때는 고기도 구경하기 어려웠던 시절이었다. 잡아서 구워먹겠다고 난리를 피웠다. 어디 먹을 게 있다고 그것을 잡는지 이해가 되지 않았다. 도시에 포장마차 메뉴로 구워 파는 가게들이 있었는데 진짜인지 가짜인지 모르지만 꽤 비싸게 팔려 나갔다는 소문도 들렸다. 참새가족은 더 크게 재잘거렸다. 가시가 박혀 있는 사이를 왔다 갔다 하는 것이 곡예사 같았다. 한 마리도 잡지 못하고 허탕만 쳤다. 위에서 보고 있던 가족들이 짹짹 웃었다.

몇 년 전에 둘러본 그 집은 아직도 남아있었다. 마루는 빛을 잃었고 작은 방은 자질구레한 잡동사니가 자리하고 문풍지는 너덜거렸다. 부엌에는 농기구가 자리잡고 있었다. 어머니의 하얀 무명치마가 까맣게 변한 모습으로 그려졌다. 언젠가는 이 집도 헐리겠지. 명품이라 여겼던 탱자나무도 베어지고 없었다. 순간 가슴이 짠하고 어머니에 대한 그리움이 구름을 타고 흘러갔다. 베어진 자리에는 시멘트를 바르고 경운기가 자리를 잡고 있었다. 담장도 사라지고 이제는 시골도 많이 변하였다. 철 대문이 자리하고, 울타리도 쇠막대기로 만들어졌다.

쇠막대로 만든 담장은 꽃나무를 심어야 하지만 탱자나무는 세월이 흘러도 꽃이 피고 새잎이 돋고 참새가 찾아와 놀이를 하였다.

가시가 수없이 많지만 꽃잎 하나 잎 하나 다치지 않는다. 나에게 어머니는 가시 같은 말을 하지 않았다. 공부도 하지 않고 게으름만 피우는 나에게 탱자탱자 논다고 하였다. 어머니에게 위안이 되었던 탱자나무가 있는 그 집은 추억과 행복을 주었다. 구름은 내 맘을 아는지 하늘나라 어머니에게 흘러가고 있었다.

탱자 꽃말은 추억이다.

# 빈집에 들면

시골에는 빈집이 많다.

사람이 살지 않는 집들은 우선 겉으로 보기만 하여도 음산하다. 우리 집도 비워둔지가 오래다. 시어머니마저 세상을 뜨니 그 집도 생기를 잃었다. 도시에서 고향에 온 사람들은 우리 집을 팔겠느냐고 물어본다. 집을 팔아버리면 벌초 때나 묘사를 지내러 갈 때는 쉬고 가야하니 팔 수도 없으며 부모님들이 남겨준 값비싼 유산이다. 값을 따질 만큼 비싼 것은 아니다. 하지만 부모님의 손때가 묻어 있으며 일곱 명의 자식들을 재우고 보살핀 보물 같은 집. 서울의 고층 아파트도 부럽지 않다. 지금도 벌초 때 내려가서 구석구석을 점검해본다. 사람이 사는 집도 빈 집이지만 가축을 키우던 집도 다 비어 있다.

사랑채에 소를 키우던 외양간, 돌담을 뼈대로 하여 만든 염소 집, 다람쥐가 쳇바퀴를 돌리며 알밤을 까먹던 집, 퇴비를 모아둔 곳에 있는 높은 닭 집, 그 옆에는 토끼집, 삽작 입구에 지어둔 화장실도 호박 넝쿨만 무성하게 자라 다 덮어 버렸다. 마당 한쪽에 서 있는 대봉 감나무 꼭대기에 지어진 까치집도 빈집이다. 어머니는 까치가 울면 좋은 소식이 있다 하며 바라보던 얼굴에 미소가 번졌다.

어머니와 이웃집에 살던 친척은 맛있는 음식을 만들어 서로 나누어 먹기도 하였다 심지어 제사를 지내는 날이면 제사 밥도 담장너머로 넘겨받았다. 어머니는 제사 밥을 비벼 먹으며 그 집안의 내력이며 사람들의 됨됨이를 재미있게 들려주었다. 제사 밥보다는 어머니 말솜씨가 더 맛있게 들렸다. 그렇게 주고받던 인정도 어느새 사라지고 주인 없는 집만 덩그러니 남았다. 그 집은 봄이면 감나무, 석류나무가 잎을 달고 나온다. 여름에는 장독대 옆 맨드라미 봉선화 채송화가 피어 장독대 꽃 잔치가 열렸다. 지나가는 사람들 그 집을 쳐다보며 주인을 떠올리기도 한다.

우리 집도 자식들이 멀리 떨어져 살다 보니 집에 대한 관리도 소홀해졌다. 우리가 살고 있을 때는 이웃사람들이 집에 들러 마루에 앉아 쉬기도 하고 목이 마르면 시원한 샘물도 마시고 세상 돌아가는 이야기 나누며 웃음꽃이 피었다.

어머니는 날이면 날마다 마루를 쓸고 걸레질을 하였다. 요즈음은 시골도 주택개량으로 옛날 마루가 그대로 보존하는 집은 드물었다. 마루와 똑 같은 모양과 색을 골라 장판을 깔아 놓았다. 마루는 방과 방을 연결해주며 쉬는 곳으로 쓰이지만 시골에서는 다양한 용도로도 쓰임새가 많았다. 이제는 우리 집 마루도 세월에 밀려 반짝이던 마루가 얼굴에 시커먼 버짐이 피었다. 하지만 아궁이에 장작을 넣고 불을 떼면 마루 틈 사이로 하얀 연기가 올라와서는 집안을 소독해주었다. 집안에는 온기가 돌아서 따듯하였다.

부모님의 따듯함도 사라진지 오래지만 빈집에 들면 귀에 익은 가족들 목소리가 집안 곳곳에 스며들어 있다.

안방에 들어서면 서랍장 위에 부모님 사진이 우리를 반겨 주는 듯하다. 어머니가 쓰다 남은 물건들이 몇 가지 있다. 닳아 빠진 노랑 주전자는 하얀 먼지를 뒤집어쓰고 부엌 찬장 위에 걸려있다. 술을 좋아하는 시아버지 얼굴이 그려졌다. 막걸리 한 잔하고 그 기운으로 쉴틈 없이 농사일을 하였다. 여름 해가 질 무렵이면 지게에 풀을 베어 들어오고 풀 냄새가 소의 코를 벌름거리게 했다. 소는 긴 혀를 내둘러 풀을 맛있게 먹는다. 토끼와 염소가 먹을 풀도 베어서 먹여주곤 하였다.

초원으로 변해버린 빈집.

손을 쓰지 못한 마당에는 온갖 풀들이 자라서 내 키만 하다. 그 속에 묻혀 있는 빈집은 여러 가족들이 살고 있었다. 길게 누워있는 뱀 허물이며 푸른 옷을 입은 청개구리 부드러운 흙으로 통로를 만들어 들락거리는 개미집, 고양이들도 그곳에 새끼를 데리고 와서 쉬는 곳이다. 호박꽃이 피면 노랑나비 벌들이 날아와 드나드는 곳 밤이면 풀벌레들이 연주를 하고 몹쓸 모기도 앵앵 소리를 내며 끼어든다. 무성하게 자란 풀들은 제초제를 뿌려도 끈질기게 올라온다. 사람의 생명도 이렇게 다시 살아나는 풀잎이라면 하는 부질없는 생각을 해본다. 언젠가 시아버지는 '저기 저 풀은 죽으면 내년 봄에 다시 피지만 사람은 한 번가면 못 온다.'는 노래를 구성지게 부르던 모습이 눈에 선하다.

나무로 된 기둥은 아직도 송진이 나오고 어머니가 매어 둔 나일론 빨랫줄이 거미들의 놀이터가 되어 먹이를 잡는데 한 몫을 하고 창호지로 바른 문은 누렇게 변하였다.

삶에 무게만큼 빈집도 나이를 먹어서 몸이 상한 곳이 많다. 불을 지피는 아궁이도 조금은 망가져 내리고 내가 쪼그리고 앉아 시집살이 힘겨워 부지깽이로 휘젓던 곳. 독한 연기가 내 얼굴을 지나가고 나는 매워서 눈물 콧물을 흘렸다. 그런 집이 있어 좋다.

사람도 늙고 병들면 치료를 하듯이 빈집도 정성을 들여 다듬고 가꾸며 생기를 찾아 숨쉬는 곳이 되겠지. 빈집을 수리할 구상을 하고 있다. 작은 나의 집을 꾸며서 은하수가 놀러 오고 달님 별들이 내려와 앉아 함께 하고 싶은 집을 지어 볼 일이다.

# 장미꽃 이불

길가에 흐드러지게 핀 장미꽃. 손으로 만져보니 아가의 살결처럼 보드라운 감촉이 느껴졌다. 노랑나비 한 마리가 사뿐히 앉았다 날아갔다. 벌도 윙윙거렸다. 그들은 한 가족처럼 서로에게 아무 피해를 주지 않았다. 향기에 빠져 들었나 보다. 유모차 밀면서 지나가는 젊은 엄마, 아기는 곤히 잠자고 있었다. 가리개에 비친 아기 볼이 장미꽃처럼 볼그레하다. 내가 첫 아기 낳고 키우던 일들이 떨어지는 장미꽃잎 사이에서 웃었다. 고된 시집살이에도 아기는 가족들에게 행복을 안겨주었지만 힘이 들었다.

신혼의 단꿈도 두부가 뭉개지듯이 엉망이었고, 벼랑 끝에 서 있는 그 자체였다. 산골마을이라 삼시 세끼 아궁이에 불을 지펴야 했다. 열 식구 밥하고 반찬 만드는 고된 날들이 이어졌다. 내속은 숯덩이처럼 까맣게 탔다. 혼자 끙끙 앓았다. 그럴때는 밤하늘 달이 위로를 해주었다. 참고 살자, 웃자 웃어야 모든 일이 잘 될 거야 하는 심정으로 살았다. 사람 사는 일이 다 그렇지. 어디 슬픔만 있겠는가!

어느 해 봄날이었다.

새댁은 묵은지를 씻어 꼭 짜서 밥상 아래 숨겨놓고 혼자 먹었다. 수상하게 여긴 가족들이 눈동자를 굴렸다. 나는 슬그머니 밥상 위에 올려놓았다. 도련님이 "별것도 아닌데, 형수는 숨겨 놓고 드셨네." 하는 말끝에 어머니는 "아가 나 좀 보자." 라는 말에 새댁은 겁먹은 얼굴을 하고 작은 방으로 뒤따라갔다. 앞서가는 어머니 모습이 나비같이 가벼웠다. 방에 앉더니 풀잎에 물들은 손가락으로 숫자를 세었다. 나는 무슨 뜻인지 잘 몰랐다. "맞다. 아기를 가졌구나." 하며 어머니는 내 두 손을 잡아 꼭 잡아주었다. 눈물이 핑 돌았다. 가족들에게 말했다. 경사가 났다면서 온 가족이 모두 축하해 주었다.

봄날 아버님은 나뭇짐에 꺾어서 온 진달래꽃을 한아름 안겨주었다. 그때 그 인자하신 모습을 잊을 수가 없다. 첫째 시동생은 산딸기를 칡잎에 싸서 선물로 주었다. 햇빛 아래 산딸기는 귀한 보석처럼 반짝거려 눈이 부셨다. 둘째 시동생은 어머니 몰래 쌀독에서 쌀을 퍼내어 달빛이 비치는 골목을 빠져나갔다. 이튿날 아침이었다. 자루에 담긴 빨갛게 익은 자두를 본 어머니는 네 시동생이 형수 생각해서 사왔으니 많이 먹어보라며 맑은 샘물에 씻어서 갖다 주어 고마웠다. 가족들의 사랑 속에 새댁은 행복의 순간을 느꼈다.

눈코 뜰 새 없이 바쁜 가을걷이도 거의 끝나고 팔 월 보름달 밤에 태어난 누런 송아지도 인물이 훤했다. 조석으로 제법 싸늘한 바람이 불어 겨울이 왔다는 것을 실감하였다. 아기가 태어나기 전 여러 가지 준비를 했다. 용주에 살고 있던 친정 고모가 마련해준 배냇저고리며 기저귀 감을 삶아 햇빛에 말렸다. 빨래 줄이 훤하게 빛을 발했다.

아기가 태어날 날이 가까워지자 가족들은 더 많은 관심을 가져 주었다. 잘 먹고 휴식을 취했다. 바쁘지만 며느리에게는 조심하라며 심한 일은 시키지 않았다. 드디어 배가 아파 왔다. 어머니는 산모를 위해 30여 리나 되는 읍으로 가서 의사를 데리고 오라는 당부를 시동생에게 하였다. 추운 날씨에 왕진을 오면 돈이 많이 나올 텐데 하는 걱정이 되었다. 의사와 간호사는 산모가 건강하니 염려하지 않아도 된다는 말로 안심시켰다. 아기가 큰 소리로 울자 모두 기쁨에 싱글벙글하였다. 몇 십 년 만에 아기 울음소리였다.

아기는 눈이 크고, 얼굴이 하얗고, 남자 아기인데 예뻤다. 의사는 참 똑똑하게 생겼다는 말을 남기고 읍으로 돌아갔다. 시동생은 살얼음이 흐르는 강물을 건너다 살이 베어 아파 죽는 줄 알았는데, 조카를 보니 아픔도 사라졌다고 해 모두 웃었다. 손실 댁 큰 며느리는 의사가 왕진을 해서 아기를 낳았다는 소문이 퍼졌다. 부자 집 며느리라 다르긴 다르다고 웅성거렸다. 그 시대 왕진을 온 것은 처음 있는 일이었다. 그 후 어머니는 진료비가 송아지 한 마리 판돈이 다 들어갔다는 말을 심심하면 하였다.

아궁이에 넣은 장작불이 방 온도를 오래 지탱해 주지 못했다. 밤에 잠을 잘 때 위풍이 너무 세어서 어른들도 추위를 느낄 정도였다. 그해 추위는 더 심했다. 낮에 빨래 줄에 널어놓은 기저귀는 동태처럼 얼었다. 방안에서 말리면 녹은 상태라 다시 마르기까지는 시간이 많이 걸렸다. 그런데다가 얇은 이불로 추위를 막아 주기에는 아기에게 부족하였다.

두꺼운 아기 이불을 하나 장만해야 하는데 걱정이 되었다. 하루는 앞집에 살고 있는 최씨 네 집 큰 딸이 시집을 가서 낳은 아기를 데리고 친정에 왔다. 도시로 시집 간 딸은 아기 이불과 예쁜 옷을 빨아 빨래 줄에 널어놓았다. 순간 내 눈이 번쩍했다. 그 때 그 이불이 얼마나 부러웠는지 지금도 잊혀지지 않았다. 아기 이불을 꼭 하나 장만하자고 단단히 마음먹었다. 내일이 마침 5일 장날이다. 남편에게 오늘 읍에 나가서 이불 하나 사오라고 했다. 다니던 직장을 그만두고 쉬고 있는 중이라 돈이 없어도 부모님께 말 할 처지가 못 되었다. 남편이 옷을 챙겨 입고 있는 등 뒤에서 아기 이불을 꼭 사 와야 된다고 신신당부하였다. 말이 없는 남편은 눈인사 하고 사립문을 열고 나섰다. 의심스럽게 바라보는 부모마음 아들의 성격을 아는 터라 그냥 눈치만 보다가 나에게 무엇 때문에 장에 가냐고 물었다. 모른다고 시침을 뚝 뗐다.

처음 아빠가 된 기념으로 아기 이불을 사러 갔다는 생각에 기쁨이 벅찼다. 말이 없고 무뚝뚝한 남편의 얼굴이 오늘은 장미꽃 같은 얼굴이었다. 약혼시절 봄꽃들이 핀 산길을 따라 걸으면서 꽃잎을 따다가 머리에 꽂아주며 함박 같은 미소로 즐거워했던 그리움도 겹쳐오고, 둘이서 걷던 남산의 야경도 눈앞에 떠올랐다. 나는 보라색 바바리에 긴 머리, 빨간 구두, 장미꽃 머플러를 목에 두르고 팔각정 앞에서 그와 팔짱을 끼고 즉석 사진을 찍었다. 사진기사는 아주 잘 어울리는 연인들이라며 사진을 보여주었다. 우리는 사진을 보는 순간 깜짝 놀랐다. 완전 흑백 사진이었다.

두 연인의 얼굴이 밤의 어둠 속에서 웃고 있어 무서웠다. 무서워하면서도 한 참을 웃었다. 남산을 뒤로 하고 내려오면서 따듯하게 손을 잡고 하늘을 올려다보던 그 눈빛을 오늘 보았다. 즐거워하는 얼굴에 나는 행복하였다.

아기도 방긋 웃었다. 해가 서산에 질 무렵부터 저녁준비 하고 된장국 끓이고 김치도 썰어 놓고 멸치 볶음도 했다. 혹시나 남편이 오는가 싶어 밖을 살폈다. 멀리 신작로에 희미한 불빛이 보였다. 시골이라 버스도 하루에 두 세 번꼴로 다녔다. 아무래도 막차를 타고 올 것 같다. 아기가 이불을 덮고 쌔근쌔근 잠자는 모습만 그려 보아도 입가에 웃음꽃이 가득하고. 산길을 지나가는 버스의 불빛이 뱀처럼 기어갔다. 나는 웃음이 나왔다. 빨리 와야 하는데… 집이 높아서 신작로를 지나가는 차들이 가물가물 보였다. 드디어 골목에 사람들이 웅성거리는 소리가 들렸다. 남편이 기침을 하면서 들어왔다. 손에 묻은 물기를 행주치마에 닦고 남편이 들고 있는 누런 포장지에 눈이 멈췄다. 오랜만에 웃음이 피어났다.

나는 손에 들고 있는 포장지를 빨리 풀어 보고 싶었다. 신발을 마당으로 날리고 작은 방에 들어갔다. 문을 꼭 닫았다. 종이를 차례대로 풀면서 둘이 웃음이 나왔다. 가슴이 설레었다. 남편과 첫 선을 볼 때 보다 가슴이 더 뛰었다. 누런 종이를 펴는 순간 장미꽃이 그려진 이불, 파란 잎사귀가 꽃을 더 잘 살렸다. 이불을 사가지고 온 남편에게 고맙다고 했다.

무슨 돈으로 샀을까! 용돈도 받는 것 아니고 그렇다고 부모님께 돈을 달라고 할 만큼 배짱이 두둑하지 않다는 것을 나는 알고 있기 때문이다. 얼굴을 가만히 쳐다보았다. 수수께끼다. 그렇다고 돈을 어떻게 마련했는지 물어보면 기분을 깰 것 같아 꾹 참았다. 여자란 참 별 걸 다 신경 쓰네.

그냥 사다 주면 고맙다고 하지. 더 이상 물어보는 것은 그만 두었다.

그러면 혹시나 해서 경찰의 눈으로 왼쪽 손가락을 살폈다. 손가락에 반지가 눌린 자국만 남았다. 가슴이 철렁하였다. 눈물이 핑 돌았다. 결혼할 때 낀 금반지가 사라졌다. 가슴이 저려왔다. 이렇게 아픈 마음인데 본인은 오죽했을까! 나는 입을 다물었다. 알반지가 하나 더 있어 그래도 다행이었다. 쉬고 있는 주제에 부모에게 손을 내밀 수도 없고, 동생들 보기에도 부끄러웠다. 나에게 반지 팔아서 아기 이불 샀다고 했다. 그 말을 하는 입술이 살짝 경련을 일으켰다. 남편은 웃고 있는 아기에게 이불을 덮어주었다. 아기가 웃을 때 장미꽃도 웃었다. 어머니께는 외할머니가 보내준 돈으로 사왔다고 하니, 내가 사주어야 하는데 사돈이 이렇게 손주 생각을 해주니 고맙다는 말을 하였다. 아기는 벌써 자라서 결혼할 나이가 되었고, 어머니는 손주가 군 입대 할 즈음 떠나셨다. 남편도 하늘나라로 떠났다. 큰 아들에게 이런 이야기를 아버지 살았을 때 들려주었으면 얼마나 좋아했을까! 하는 생각에 그리움만 가득했다. 그 이불은 이제 낡아서 세월의 녹이 슬었다.

장미꽃 이불, 청춘일 때는 아기 이불이 되었고, 노년에는 시골집 수도를 얼지 않게 덮어주는 보온막 역할에 충실하고 있다.

남편이 장미꽃잎 속으로 살짝 숨어 나를 보는 듯하다. 흐린 하늘을 올려다보니 빗방울 하나 내 눈가에 뚝….

# 벌집

벌집처럼 다닥다닥 붙어사는 도심이 답답하여 가끔 시골집에 내려가 쉬고 올 때가 있었다. 시부모가 떠나고 난 후에 집을 비워 두었다. 사람이 살지 않으니 볼품없이 변하였다. 손때 묻은 곳곳에 벌레들의 흔적들 탓에 더 심란했다. 안방의 구들장도 기울고 부엌의 아궁이가 무너져 무쇠 솥이 주저앉았다. 주위에는 거미가 줄을 쳐서 잡은 먹이들이 볼품없는 몸으로 걸려있었다. 그들의 왕국처럼 보였다. 대가족을 이루며 삼시세끼 밥을 지었다는 것이 믿기지 않았다. 안방도 잠을 자기에는 적절하지 않았다. 내가 시집와서 쓰던 작은방은 그대로 잘 보존이 되었다. 빗자루로 쓸고 몇 번 걸레로 닦았다. 방문을 열고 환기를 시키니 잠을 자는 데는 별 지장이 없었다.

기둥에는 벌들이 구멍을 뚫어 상처를 내기도 한다. 머리 위로 벌들이 윙윙거렸다. 우선 몸을 낮추고 피하는 것이 안전하다. 벌 소리는 무섭기도 하지만 날아다니는 모습은 신기했다. 시골에서는 어디서나 흔하게 볼 수 있는 벌집을 보면서 자랐다. 어릴 때 내가 살던 집근처에서 벌에게 쏘였던 기억이 아직도 남아 있다. 노랗게 핀 호박꽃 속에 들어가 꿀을 따는 벌을 보았다. 그 속에 빠져든 벌을 잡으려고 꽃잎을 오므린 다음 꽃의 줄기를 땄다.

벌은 그 안에서 쉬지 않고 윙윙거리다가 벌침을 밖으로 내어 손가락을 쏘았다. 아야! 하고 나는 호박꽃을 놓쳤다. 꽃 속에 있던 벌은 순식간에 날아갔다. 아픈 손가락이 발갛게 부었다. 어머니는 벌 독이 무섭다며 우리 깅자 죽는다고 내 손가락에 침을 발라 문질렀다. 어머니 손가락도 벌벌 떨었다. 비상약이 없던 때라 급할 때 쓰이는 민간요법이었다. 어머니의 정성이 통했는지 아픔이 거의 사라졌다.

어른이 되어도 벌을 보면 겁부터 났다. 풀을 베다가 벌집까지 날려버리면 벌떼에 생명을 위협받는 일이 종종 있었다. 실제로 주위에서 당한 사람들도 많았다. 조상의 묘에 난 풀을 베다가 벌집을 잘못 건드려 사고를 당한 사람들도 있다. 우리도 예외는 아니었다. 형제들이 모여 벌초를 하는 날은 벌 퇴치제를 준비하고 만일에 벌집을 건드려 날아오면 무조건 도망을 쳐야 한다는 말도 잊지 않았다. 이웃동네에서 사과 따는 일을 하다가 목 부위를 벌에게 쏘여 응급실을 가기도 전에 젊은 남자가 운명을 달리하였다. 벌은 벌벌 떠는 사람들에게 더 공격을 하여 자기들의 활동 영역을 펼치기 위해서 물불을 가리지 않았다.

한편으로는 달콤한 꿀을 선물해주니 고맙다. 작은 집 할머니는 벌통을 하나 마련했다. 수시로 벌통에 설탕을 넣어 주었다. 꽃이 없으니 그렇게 한다고 했다. 햇빛이 따듯한 날 마루에 앉아 있는 우리에게 꿀을 따서 물에 타주었다. "할머니 이거 설탕물이제." 하고는 먹지 않았다. 아까운 것을 먹지 않는다며 할머니는 다 마시고 안방에 들어가 꿀잠을 잤다. 할머니가 벌을 손수 키웠다는 사실이 지금 생각하면 대단한 일이었다.

그때 꿀물이 아직도 효과가 있는지 구순이 넘은 할머니는 건강하게 잘 지내고 있다. 어쩌다가 여름철에 소를 몰고 풀밭을 지나가다가 소가 발로 벌집을 툭 치거나 하면 어느새 벌들이 내 주위에서 빙빙 윙윙 원을 그렸다. 소 고삐를 놓고 걸음아 나 살려라 하고 도망을 쳐도 꼭 땡벌 한 마리는 따라붙었다. 어찌나 놀라고 무서운지 자다가 일어나곤 했다. 우리 아들이 네 살 때였다. 서울 근교 가까운 산에서 놀다가 벌집을 살짝 건드려 이마에 쏘였다. 머리통이 얼마나 많이 부었는지 무서울 정도였다. 뇌에 손상이 가면 큰일인데 걱정이 되었다. 가까운 약국에 갔다. 여자 약사는 치명적인 곳을 공략하지 않아 천만다행이라고 했다. 좋은 약이 있어 먹고 바르고 해서 나았지만 아찔한 경험을 했다. 무서운 것은 벌이나 사람이나 똑같다.

시골집 곳곳에 벌들이 집을 짓고 살았다. 마당에 올라온 풀을 뽑을 때도 조심스러웠다. 한 무더기 풀을 힘껏 잡아서 뽑았다. 그 순간 벌들이 윙윙거리며 나에게 돌진을 하였다. 풀뿌리까지 들고 너무 놀라 도망도 가지 못하고 뒤로 나자빠졌다. 놀란 벌들도 하늘 높이 날아 도망을 쳤다. 하늘이 노랗게 보였다. 집 뒤란에 있는 낡은 멍석에도 벌집이 달려있고, 두지 귀퉁이에도 달렸다. 곳곳에 크고 작은 것들이 있어 조심을 해야 했다. 그 뿐만 아니었다. 시어머니가 쓰시던 오래된 찬장이 있었다. 그 속에는 예쁜 꽃무늬 접시가 진열되어 있었다. 그것들도 어머니가 계시지 않아 다 정리를 해서 비워둔 상태였다. 닫혀 있던 찬장 문이 조금 열려 있어 문틈으로 벌이 들락거리는 것을 보았다. 한 마리의 벌이 소리를 냈다. 시동생이 찬장 문을 살짝 열었다.

그 안에서 벌떼들이 윙윙 소리를 냈다. 무서워 벌이 다 날아가기를 기다렸다. 조용한 틈을 타서 그 안을 살폈다. 시동생은 큰 벌집을 발견하고 놀라는 표정을 지었다. 우리는 함성을 질렀다. 찬장 안에다 머리통보다 더 큰 벌집을 지어 놓았다. 아직까지 벌집을 떼기에는 무리가 있었다. 좀 더 꿀이 채워지면 따야 한다고 했다. 벌은 추울 때는 집을 떠나 산다고 벌 박사처럼 여러 가지 조언을 해주었다. 시동생은 다이아몬드를 발견한 듯이 만면에 미소를 띠었다. 우리는 그냥 지켜보자고 했다. 그날 밤은 벌에 대한 이야기로 달콤한 밤을 지냈다. 빈집은 사방이 트여 있어 언제나 사람들이 들락거릴 수가 있었다. 인심 좋은 동네라 집을 비워 두어도 마당에 난 풀도 뽑아주고 마루도 물걸레질 해주니 안심하고 그냥 지내는 중이었다. 마루에 고추를 말리느라 어쩌다가 벌레가 기어 다녀도 참았다. 마룻바닥이 꺼뭇하고 매운 냄새를 맡은 마루의 얼굴은 얼얼해 보였다.

그 이듬해 음력 시월에 시제를 지내기 위해 고향 친척집으로 갔다. 마당에 펴 놓은 멍석에 둘러앉아 서로 안부를 물으며 각자 어릴 적 고향에 살던 이야기를 풀어놓았다. 이야기의 주제는 벌에 대한 이야기가 제일 많았다. 벌집을 건드려서 눈탱이 밤탱이 되고, 눈을 감았는지 떴는지 구별을 못할 정도로 쏘였고, 화장실에 앉아 있으면 벌 두 마리가 달려들어 일도 제대로 못 보고, 입술에 쏘이면 쌍 나팔이 되었다며 웃음이 넘쳐났다. 그러던 와중에 벌 한 마리가 날아와 아이들에게 공격을 시도했다. 모두 벌을 잡는다고 집안을 벌집을 만들었다. 결국 벌을 잡지도 못하고 야단법석만 떨었다.

시제를 끝내고 우리 집으로 돌아와 벌집이 잘 있는지 열어보자고 했다. 모두 긴장을 하였다.

제일 관심이 많은 시동생이 문고리를 살짝 잡고 당겼다. 만일에 벌이 나오면 각자 흩어진다. 문을 열었다. 찬장 바닥은 윤이 날 만큼 깨끗하고 벌집은 흔적도 없이 사라졌다. 우리는 허탈감에 빠졌다. 누군가가 노리고 있었던 게 분명해. 우리보다 한수 위가 있다는 것을 알지 못했다. 모두 다 짐작이 가는 데가 있다는 듯 묵묵부답으로 입을 다물었다. 때맞추어 수확을 하는 것은 어려운 일이다. 그때 땄어야 했는데 모두 아깝다는 표정을 지었다.

마루 천장에 세 개의 벌집이 있었다. 옆집 아저씨가 사다리를 놓고 떼었는데 아무것도 없는 빈집이었다. 벌집은 그대로 마당에 던져졌다. 서운한 생각이 들었다. 오랫동안 집을 빌려 살았으면 월세 대신 꿀이라도 한 종지 남겨두었으면 하는 욕심이 들었다.

집을 수리한 후에는 벌집도 벌들의 윙윙거림도 들을 수가 없었다. 집안에 벌이 날아다니며 무서워 온몸이 오싹하여 더위도 순간 잊곤 했다. 또 언제 벌집을 지을지 모르지만 벌들의 윙윙거림을 기다려 본다.

# 4

# 코로나19 백신 예방 접종

온 세상이 신종 코로나바이러스 감염증(코로나19)으로 인하여 큰 고통을 겪고 있다. 누구도 피해갈 수 없는 현실이다. 최근에는 전국적으로 중소 규모의 집단 감염도 잇따르고 있어 사람들을 불안에 떨게 했다. 지금은 코로나보다 예방접종을 했는지 궁금하여 서로 안부를 주고받는다. 주위 사람들에 의하면 안 좋은 소문 때문에 망설여진다고 했다. 나도 그중 한 사람으로 불안하다. 만일의 경우에 나에게 약 알레르기가 나타나면 치명적일 수도 있다. 예약도 못하고 걱정만 앞섰다.

몇 년 전 여름. 감기기운이 있어 동네 약국에서 조제한 약을 먹었다. 그날 밤에 잠을 자고 있는데 가려웠다. 모기에 물린 줄 알았다. 아침에 눈을 떴다. 가족들이 놀라 거울을 보라고 했다. 입술 주위가 보라색 연필로 그린 듯 선명하였다. 팔 다리에도 동글동글 오백 원 동전 크기만 한 것이 여기 저기 자리를 잡았다. 엄청나게 가려웠다. 동시에 좁쌀만 한 물집들이 생겼다. 계속 가려워 밤에는 잠을 못잘 지경이었다. 오래 지속되어 먹는 약을 가지고 유명한 피부과 의사를 찾아가 성분을 알고부터 증상이 덜했다. 세 가지 성분은 설파제, 마이신, 피린 등이다. 어느 고등학교 선생은 체육시간에 쓰러졌는데 바로 병원에 가서 약물치료를 받다가 그대로 사망했다는 보도도 있었다.

약 알레르기 환자였는데 파악할 길이 없었다. 가족들도 알레르기라는 것을 알고 있어야 한다. 외국병원은 이런 환자가 갑작스러운 상황이 오면 목에 걸린 메달을 보고 응급처치실로 간다고 했다. 나도 그런 사건들을 듣다 보니 백신예방 접종이 정말 무서웠다. 진료를 받기 위해 병원을 찾을 때마다 그 말을 하고 진찰을 받고 약을 먹어도 어떤 때는 무서울 정도로 부작용에 시달려야 했다. 의사들이 약처방을 잘 못해 고생을 많이 하였다. 알레르기 치료를 잘 받고, 조심을 해서 그런지, 증상이 없어졌다. 다행이지만 백신예방에 대한 잘 못 된 정보가 넘쳐 마음이 편치 않다.

미리 동네 내과 의사를 찾아가 상담을 받았다. 약 알레르기와는 상관이 없다고 해서 안심이 되었다. 내과는 예약이 찼다고 해서 다른 병원을 찾아가 예약을 했다. 2021년 6월 1일 오전 11시로 잡혔다. 예약을 해놓고도 걱정이 되었고, 의사의 말도 믿기지 않았다. 뉴스에서 예방 접종을 하고 부작용이 난 사례들을 보니 무서운 생각이 들었다. 내가 주사를 맞기 전에 혹시라도 모르니 가족에게 마지막 말이라도 해야 하나 밤낮으로 신경이 쓰였다. 사망일 경우는 몇 억(?)이 나온다는 말들이 들렸다. 어쨌든 간에 내가 죽고 나면 돈이 무슨 의미가 있나 생각을 하다가 혼자 깜짝 놀랐다. 아직 오지도 않은 일을 걱정하며 머리만 아프다. 뉴스를 보면 예방 접종을 하러 갈 때는 편안한 마음으로 임하면 부작용도 덜 생긴다고 했다. 이미 예약은 해 놓은 상태라 기운을 차려야 한다. 주변 사람들은 접종을 하기 전에 힘을 길러야 한다며 고기도 구워 먹고 영양보충을 한다고 했다. 코로나와 예방접종이 정말 무섭기는 무섭다는 생각이 들었다.

눈에 보이지도 않고 손에 잡히지 않는 것이 얼마나 위력이 세면 전 세계 사람들을 죽음으로 몰고 갈까 생각하면 예방 접종을 해야 되겠다는 마음이 굳어졌다. 진해 사는 숙이가 전화를 했다. 예약을 언제 했냐고 물었다. 6월 1일 11시라 했더니 숙이는 2일 예약을 했다며 무섭다고 했다. 내가 먼저 맞으니 어떤 증상이 있는지 문자나 전화로 연락을 하라고 하였다. 당일 예약된 병원을 찾아 가기 전에 마음을 단단히 먹고, 거울 앞에서 웃음도 지어 보고, 문경자는 잘 할 수가 있어 편안하게 마음을 먹고 집을 나섰다. 혼자 걸으며 '그래 괜찮아. 그냥 주사 맞는 건데' 하고 스스로 위로를 하였다. 그래도 한편으로는 걱정이 되어 마음속으로 나를 또 위로 했다.

예약된 병원에서 본인임을 확인하고 순서를 기다렸다. 그 순간 약간의 겁은 났지만 잘 할 수 있어! 웃어 보니 편했다. "문경자 님 들어오세요." 담당 의사는 여러 가지 질문을 하였다. 간호실 앞에서 기다렸다. 내 앞에 예약된 아저씨가 주사를 맞고 나온 후 내가 들어갔다. 간호사는 몇 번이나 본인이 맞는지 확인한 후에 아스트라제네카 라는 약을 넣은 주사 바늘로 "어느 팔을 쓰세요?" "오른 팔을 쓰는데요." "그럼 왼쪽 팔에 놓을 게요." 쿡 찔렀다. 눈 깜짝할 사이에 예방 접종이 끝났다. 아무것도 아니네. 괜히 겁먹었네. 주사 놓은 자리에 작은 살색 밴드를 붙여 주었다. 20분

정도 기다렸다가 아무런 반응이 없으면 가세요. 하며 손목에 시간이 적힌 종이를 붙여 주어 간호실에서 나와 기다렸다. 기다리는 동안 겁이 나서 슬쩍 손거울을 꺼내, 사람들이 못 보게 돌아앉아 마스크를 벗어보았다. 제일 먼저 반응을 보이는 입술을 보니 이상이 없었다.

마스크를 쓰고 미소를 지었다. 천만다행이다. 아들에게 문자를 넣었다. 부작용 없음.

주사를 맞고 흐뭇한 마음이 든 것도 평생 처음이었다. 주사는 보기만 해도 무서웠다. 초등학교에서 예방 주사를 맞는 날은 결석을 하고 싶어 꾀병을 부렸다. 눈치 빠른 어머니는 착하다며 안아주고 머리도 쓰다듬어 주었다. 어머니의 냄새는 포근하고 좋았다. 담임선생님은 하나 둘 앞으로 나가 주사를 맞게 했다. 내 앞에 순이는 무서워서 울상을 지었다. 눈을 꼭 감고 입을 꼭 다물고 겨우 주사를 맞았다. 나는 용기를 내어 잘 맞고 어머니께 자랑하고 싶었다. 웃으며 팔을 걷어 올리자 순간 주삿바늘이 콕 찔렀다. 아야! 하고 눈물이 핑 돌았다. 겉으로 아프지 않다는 표정을 지으며 집으로 달려와 어머니 품에 안겨 응석을 부렸다. 주사는 어른이 되어서도 무섭기는 마찬가지였다. 집에 와서 갑자기 환자가 된 듯 침대에 누워 친구들 카톡방에 예방 접종했다는 소식을 알렸다. 댓글에는 장하다 문경자, 애국자 문경자! 우리 겁쟁이들만 버티고 있나~ 대단하다, 용감하다, 잘했다 등 전화도 오고 응원이 대단했다. 큰일을 했구나. 역시 잘했다.

오후에 손발이 약간 저리고 찌릿했다. 점심을 든든하게 먹었다. 설거지를 하고 있는데 자꾸만 환자라는 생각이 들어 웃음이 나왔다. 저녁이 되자 신경을 많이 썼는지 하품이 나오고 몸이 추워서 긴 옷으로 갈아입었다. 나른하여 일찍 잠자리에 들었다. 자다가 일어나니 열이 나고 온몸이 뜨거웠다.

그래도 괜찮을거야 하고 불을 끄고 잠을 청하는데 현관문 여는 소리에 놀랐다. 이 밤중에 누가 올 사람도 없는데 갑자기 "어머니 괜찮아요." 하고 작은 아들이 방으로 들어왔다. 또 "어머니 괜찮아요?" 아들은 불을 켜고 내 얼굴을 보더니, 얼굴은 괜찮은데 어머니 손 좀 줘 봐요. 하더니 열이 엄청나요. 내 손보다 많이 뜨거워요. 빨리 해열제 드세요. 한 알만 드세요. 하며 약을 주었다. 생수로 약을 먹고 나니 열이 내렸다. 아들은 안심이 되는지 내일 출근 때문에 인천 집으로 갔다. 갑자기 의사처럼 나타나 진맥도 하고, 얼굴도 보고, 붓지는 않아서 다행이라며 안심을 하고 돌아가는 아들을 보니 웃음이 나왔다. 아버지가 계시지 않으니 두 아들이 보호자 노릇을 톡톡히 했다. 혼자 있다가 무슨 일이라도 생겼으면 큰일 날 뻔했다. 생각만 해도 끔찍했다. 계속 자다가 깨고 하다 보니 잠을 제대로 못자고 날이 밝았다.

몸은 가볍고 기분도 좋았다. 아침밥을 챙겨 먹고 나니 정신이 맑아졌다. 2일 오전 9시 22분에 진해 사는 숙이가 전화를 했다. 대뜸 한다는 말이 "경자야! 네가 어제 주사 맞고 죽은 줄 알았다. 아무리 전화를 해도 받지 않아 가슴이 심장이 쿵 했다. 살았으니 다행이다. 친구들에게 네가 예방 접종하고 죽었다는 소식을 전할 뻔했다." 며 "내가 너를 무척 아끼나 보다. 내가 이렇게 놀란 적은 처음이다. 나도 오늘 예방 접종하고 왔다."

며 웃었다. 숙이는 니가 죽은 줄 알았다 그 말만 해서 둘이 한참을 웃었는데 웃을 일인지. 평소에는 통화가 잘 되었는데 오늘따라 자꾸만 받을 수가 없는 번호라고 해서 엄청나게 놀랐다고 했다. 전화가 진동으로 되어있어 받지를 못했다고 나는 친구에게 말했다.

예방접종 때문에 이런 일도 겪다 보니, 사람들이 왜 무서워하는지도 알게 되었다. 그 다음 날은 내가 숙이에게 전화해서 "증상이 어때?" 하고 물어보았다. 약간 열은 났지만 무사히 잘 넘겼다고 해서 안심이 되었다. 1차 백신 예방접종은 잘 끝나고 2차 접종도 무사히 마쳤으면 한다.

# 사람들과 붙어살아요

조간신문을 식탁 위에 펼쳤다. 잉크 냄새를 맡으며 하나하나 꼼꼼하게 읽어가는 재미도 쏠쏠하다. 옛날 아버지가 신문을 읽던 그 모습과도 닮았다. 1면에 이런 기사가 눈에 들어왔다. '활기 되찾은 을지로 골목' 소제목에 사회적 거리두기가 전면 해제된 그날 밤 서울 중구 을지로 '노가리 골목 집'에 술을 마시기 위해 몰려든 시민들로 북적이고 있다. 빈자리가 없어 술집마다 대기자들이 보일 정도로 밤새도록 손님들이 끊이지 않았다.'라는 내용이었다. 빽빽하게 붙어 앉은 사람들 사진도 크게 실려 있었다. 사진을 보니 기분이 덩달아 좋았다. 아침부터 기쁜 소식인지 아닌지는 모르겠지만 어쨌든 반가운 소식임에 틀림이 없었다. 나는 술을 먹을 줄 몰라 거리가 멀지만 술에 목말라하던 사람들 마음을 읽을 수가 있었다. 문득 스치는 일이 떠올랐다. 코로나가 오기 전 시 포럼 회원들이 선생님을 모시고 을지로 노가리 골목집에 갔다. 오랜만에 오니 사람들이 너무 많이 붙어 앉아 있었다. 젊은이들이 모여서 술잔을 기울였다. 활기가 넘쳤다. 겨우 자리를 잡고 앉아 있는데 사람과 사람 사이가 붙어 있는 듯했다. 우리도 노가리를 구워 맥주를 한잔 했다. 먹지도 못하는 술잔을 앞에 놓고 노가리를 마요네즈에 찍어 먹었다. 그때 선생님은 "이렇게 확 트인 공간에서, 별을 보고 먹는 맛은 어디에 비할 수가 있겠냐?"

"시도 술술 잘 나오겠고, 그런 의미로 자아 모두 건배를 하자." 서로 부딪히며 하하 웃던 때가 있었다. 우리는 붙어다니며 봄나들이도 하고 때로는 맛있는 밥도 먹으며 계속 강의를 듣고 있다.

붙어살려고 하는 코로나로 인해 제대로 숨 한번 쉬지 못하고 살았다. 지금까지 잘 버티어 온 것도 다행이다. 어디를 가든지 밥 한 끼, 술 한 잔 먹는 것도 조심스러웠다. 찻집도 마찬가지였다. 시간을 정해 주며 얼른 먹고 나가라고 하였다. 봄꽃이 피어도 좋은 줄 모르겠다. 꽃이 피는 것도 좋지만 어느 곳이나 마음대로 가서 구경할 수가 있을지, 또 친구를 불러 같이 가자고 해도 괜찮을지, 생각하면 머리가 아팠다. 뉴스를 보면 계속 마스크는 써야 하고 사람들이 많이 모인 자리는 피해야 한다고 한다. 사람끼리 붙어 앉아 얼굴을 맞대고 웃어 본 일도 오래되고 보니 웃는 근육도 사라졌다. 어느 때는 마스크를 벗고 거울을 보며 웃어보았다. 낯선 모습이다. 어색하고 스스로 늙어버린 듯 서글픈 생각도 들었다. 하하 호호 하면서 열심히 근육을 살려 보려고 했다. 하지만 눈가에 주름이 더 크게 살아나 줄을 그었다. 얼굴에 생기는 것은 꽃이 아니고 줄이었다.

서로 알면서도 모르는 척 지나가는 일이 알게 모르게 생겨났다. 힐끔힐끔 눈만 보이는 모습을 보고 인사를 하기에는 겸연쩍었다. 돌아서서 생각을 해도 누구인지 모르겠다. 혼자 중얼거리며 길을 간다. 그 사람이 그 사람 같아 차라리 신경을 쓰지 말고 가자고 하며 시선을 돌렸다. 한번은 내 옆을 지나가는 아줌마가 내 친구 같아 내가 먼저 "어디가?" 하며 말을 걸었다.

그녀는 쳐다보기만 하고 그냥 지나갔다. 뒷모습을 보고는 '내 친구 아니네.' 하고 걸어가는데 시비를 걸어올까 봐 신경이 쓰였다. 양천문인협회 회장을 맡고 있을 때였다. 사무국장과 함께 양천구 의회에 볼일이 있어 의장실을 찾아갔다. 구의회 의장은 오래전부터 알고 있는 사이라 별 생각 없이 들어갔다. 직원에게 연락을 받고 들어온 구의회 의장은 "문경자 회장님이 어디 계시냐?" 했다. 사무국장과 나는 모른 척하고 서 있었다. 정말 모르는 것 같아 사무국장이 회장님 여기 계세요, 하는 소리에 한바탕 웃음이 터졌다. 머리 스타일이 변하고 마스크를 쓰고 있으니 몰랐다며 주먹인사를 하였다. 사무적인 일을 마치고 나와 마스크와 붙어사니 이런 일도 생기는구나 하고 웃었다.

사람들은 핸드폰에 붙어산다. 길을 가다가 전봇대에 부딪히고 발을 헛디디는 일도 종종 일어났다. 젊은이들이 앞에서 오면 슬그머니 피해주어야 한다. 잘못하다가 약간 몸이 닿은 기분이 들면 대들까 무서웠다. 우리가 잘못했다고 먼저 말을 해야 한다는 우스갯소리도 있다. 마스크와 붙어살면서 재미있는 일도 겪었다. 어떤 날은 외출을 하기 위해 급하게 나가거나, 쓰레기 분리수거를 할 때나, 가까운 슈퍼를 갈 때는 마스크 쓰는 것을 잘 잊어버린다. 그때의 그 시원한 공기가 얼굴에 와닿아 상쾌한 기분이었다. 마스크 벗을 날이 언제 올까 하고 모두들 걱정이 태산 같다. 친구들 가족들 고령자들 안면만 있던 사람들이 세상을 떠났다는 소식을 접할 때면 무서운 생각이 들었다. 뉴스에 나오는 사망자의 숫자가 더 무서웠다. 마스크를 다시 쓴다.

붙어사는 일은 서로에게 사랑과 행복, 기쁨과 웃음을 얼마나 많이 주는가! 이제 마스크와 전쟁을 끝내려 하지만 아직은 서로 간에 배려하는 마음을 가져야 한다. 밥을 먹고, 술 한 잔하고, 커피도 마시며 사람끼리 붙어사는 이유가 있어 더 즐거운 세상. 손전화기와 살며, 멋진 찻집에 앉아 사람 사는 이야기꽃을 피우고 싶다. 마스크가 우리에게서 떨어져 나갈 날을 기다려 본다. 퇴직한 남편이 집에만 있고, 취직이 되지 않아 함께 사는 자식이 밉다고 하지만 떨어지면 못살 것을 알기에 미우나 고우나 붙어산다.

오늘 아침도 마스크와 붙어살지 않아도 된다는 기사를 찾아본다. 신문을 넘기며 세상이 변해가는 글들을 읽는다. 기사에 실리는 사람들 얼굴에 마스크가 붙어 있다. 보기만 해도 답답하고 숨이 막히다 기분전환을 위해 사람들과 마주앉아 마시던 달달한 커피 한 잔을 탄다.

# 귀한 귀

언젠가 이런 일이 있었다. 오전에 한통의 전화를 받았다. 보험사라며 환급금을 준다고 하였다. 남자의 목소리는 업무에 열중이라는 믿음이 갔다. 은행에 빨리 가서 확인을 하라고 했다. 귀를 의심하며 공짜 돈이 생긴다는데, 머리를 대충 감고 물이 마르기 전에 동네 슈퍼를 지나 엄청 빠르게 달려갔다. 상대는 전화로 나에게 안정된 목소리를 하고 지시를 하였다. 자동기계 앞에 서서 시키는 대로 하라며, 사람들이 없는 곳을 택하라고 했다. 사람이 없다고 하자 빨리 기계 앞에 다가서라고 했다.

이렇게 돈을 쉽게 돌려준다는 보험회사는 들어보지 못했다. 전화를 잠시 끊고 머뭇거리다 그때 '아차 사기전화다.' 생각하는 그 순간 전화벨이 또 울렸다. 어쩐지 겁이 나고 이상하였다. 은행안내원 아저씨를 바꾸어 주었다. "여보세요. 경찰입니다." 하는 순간 상대는 큰소리로 욕설을 하고 끊었다. 아저씨는 욕을 먹어 귀가 가려운지 손가락으로 귀를 살살 문질렀다. “오늘 정말 큰일을 당할 뻔했다.” 며 “많이 놀랐지요.” 하고 위로를 해주었다. 돌아오는 길에 다리가 후들거렸다. 통장에 모아둔 돈을 한 방에 날릴 뻔하였다.

여러 사람들의 사기전화 경험담을 들었다. 설마 그럴까! 조금은 과장된 이야기로 들렸다. 한참 사기전화가 서울시, 구 마다 전염이 되었다. 그런 날은 집중적으로 동네마다 사기 전화가 판을 쳤다. 내 친구는 집전화가 울려 받았더니 “당신 아들이 지금 교통사고로 입원을 했으니 빨리 돈을 송금하라” 고 하며 아들의 앓는 목소리까지 들려주었다는 말을 했다. 이상하게 생각한 친구는 상대방 남자에게 “우리 아들은 지금 방에서 자고 있다.” 고 하자 괴상한 욕을 해서 얼른 끊었다는 말도 들었다.

우리 집도 예외는 아니었다. 그날따라 전화벨소리가 요란하게 울렸다. “여보세요?” 하고 전화를 받았다. 상대방은 중년의 남자 목소리였다. 검찰청이라며 빠른 목소리로 통장에 있는 돈을 보호해 준다고 하였다. “그렇게 안 하면 어떻게 돼요?” 하고 물어보았다. 안 그러면 통장에 있는 돈이 다 날아간다며 똑부러지게 설명을 해주었다. 그쪽에서 쓰는 용어를 잘 알아듣지 못해, 컴퓨터 게임을 하고 있는 아들에게 한번 받아 보라며 전화기를 건네주었다. 아들이 “누구세요?” 하고 묻는 순간에 욕을 얼마나 많이 하는지 입에도 담지 못할 만큼 상스러웠다. 아들은 엄마가 전화를 바꾸어 주어 욕만 얻어먹었다며 휑하니 방을 나갔다. 그 사기꾼 때문에 아들의 귀가 얼마나 괴로웠을까 듣는 귀도 한심하다는 생각을 했을 것이다.

연애를 할 때 귓속말로 '사랑해요' 하면 달콤했다. 남편은 언제나 말소리가 작았다. 귀를 쫑긋 세우고 들어야했다.

한번은 아이들이 듣는다고 방으로 들어오라며 손짓을 하였다. "내일 저녁에 공원에서 만나요." 했다. 이런 약속을 하고 나는 귀를 의심하며 잠을 잤다. 퇴근길에 동네공원으로 나갔다. 밤벌레 소리가 귀에 들렸다. 간간이 모기도 귓가에 와서 윙윙거렸다. 남편은 별말도 없이 모기가 붙었다며 귀를 손바닥으로 눌렀다. 잡지는 못했다. 웃음이 나왔다. 남편은 겨우 말을 꺼냈다. 내가 시집와서 집안의 대소사를 잘 챙겨주어 고맙다는 말을 하였다. 손이라도 잡아 주면서 그런 말을 하면 좋을 텐데 싱거운 남편의 말에 귀가 간지러웠다. 친구들과 있을 때 꼭 옆친구와 귓속말을 한다. 손으로 귀를 모으고 듣는 친구의 얼굴 표정을 보면, 좋은 말인지 흉을 보는 말인지 눈동자와 얼굴표정만 보아도 짐작이 갔다.

귀가 가려우면 누군가 내 말을 하거나 욕을 한다며 귀에 손가락을 살짝 문지른다. 거짓말을 할 때나 부끄러울 때도 귀가 빨개지는 사람들도 많다. 어릴 때 학교에서 벌을 받을 때 귀를 잡고 토끼뜀을 했다. 그러다가 옆으로 넘어지면 선생님은 다시 그 자세를 하고 뜀박질을 시켰다. 여자아이들은 싸움을 할 때 머리카락을 잡지만 남자애들은 귀를 잡아당겨 빨갛게 되었다. 남의 물건을 훔친 사람의 귀가 움직인다며 겁을 주기도 하였다.

아기들이 태어나면 귀가 훤하게 잘 생겼다고 장군감이라며 좋아했다. 귀가 크고, 귓밥이 도톰하면 남자답게 보인다며 장래를 점치기도 하였다. 여자들 귀보다는 남자들의 귀를 중요시 여겼다. 여자들에게 귀가 잘 생겼다는 말을 들어 본 기억이 별로 없다.

그 반면에 남자들은 귀가 얇아 남의 말에 잘 넘어가는 사례도 많았다. 사기꾼에게 당하거나 귀가 솔깃하여 당장에 이득을 취한다며 계약서를 쓴다. 또 빚보증을 서서 집안을 풍비박산으로 만든 경우도 많다. 기쁠 때나 슬플 때나 입이 하는 말을 듣고, 귀도 하고 싶은 말이 많을 것이다. 새소리, 물소리, 바람소리 들으며 귀도 노래를 한다. 사랑스러운 귀는 얼마나 많은 역할을 하는지 모른다. 마스크를 쓰고 다니다 보면 귀가 줄에 눌려 아프기도 하다. 귀를 부드럽게 만지며 마사지도 해준다.

마스크도 지금은 패션으로 한몫을 하는 추세다. 여러 가지 색상과 무늬가 있는 마스크는 시중에 나와 불티나게 팔린다. 귀걸이 대신해서 멋스럽게 보이고 싶은 사람들 심리가 작용 한 탓인지, 마스크를 벗는 시간은 귀도 해방이다. 아무런 불평 없이 걸거나 벗거나 참아준 예쁜 귀를 거울에 비추어 보고, 따듯한 물로 깨끗하게 씻어 주었다. 귀한 귀는 우리의 생명줄을 위해 기꺼이 내어 주니 그저 고마울 뿐이다. 오늘도 마스크를 귀에 걸고 외출을 한다. 앞에서 뒤에서 그림처럼 똑같은 사람들이 서로 부대끼며 삶을 위해 달려간다. 사람들의 귀가 하루빨리 마스크 고리를 벗고, 본래의 모습으로 돌아가는 날이 오기를 바라는 마음이 간절하다.

# 우리 집 남자들

집안에 문제가 생긴다면 우선 귀찮아진다.

기술자를 불러서 빨리 고치면 되는데 이래저래 미루다 보면 사건이 터지게 마련이다. 집안에 무슨 일이 생기면 골머리가 아프다. 어디가 막히거나 고장이 나면 병원에 가서 진찰을 받을 수도 없는 노릇이었다. 딱히 병명도 모르니 난감하였다.

집안에 남자들이 있어도 하수구를 뚫어볼 생각은 않고 물이 내려가지 않는다고 투덜대기만 한다. 집안의 일은 크던 작던 간에 내가 알아서 해야 한다는 것도 큰 부담이었다. 간단하게 벽에 못질을 하는 것도 소홀히 하니 뭐 하나 제대로 하는 것은 더 어려운 일이다. 작은 일이라도 미루기가 일쑤였다.

속이 부글부글 끓을 때는 열꽃이 얼굴에 피어났다. 속도 모르는 남자들은 한 잔 했나 하고 웃지만 속을 내보일 수도 없어 답답할 때도 있었다.

화장실이나 거실 안방에 전구가 나가도 신경을 쓰지 않았다. 그러니 다른 일은 아예 기대도 하지 않은 편이 낫다. 남의 손을 빌려서 하려면 우선 낯선 사람을 불러서 보여주어야 하기 때문에 걱정이 앞섰다.

며칠 전부터 욕조에 물이 고였다.

집안에 물이 새거나 고이면 마음부터 편치 않았다. 괜히 무슨 나쁜 일이 생기려나 아니면 하는 일이 막혀 버릴까 하는 방정스런 생각에 잠기기도 한다. 옛 어른들은 무엇이던지 뻥뻥 뚫어서 길이 확 트이게 해야 한다고 말했다.

그 말을 떠올리며 하루 빨리 욕조를 고쳐야 한다고 걱정만 하고 있었다. 남자들은 무관심 속에서 샤워만 하였다. 나는 속으로 무관심한 남자들을 향해서 미움의 화살을 쏘았다.

한번 시도는 해봐야 하는 남자들을 믿었다가는 집에 물난리가 나겠다는 생각이 들었다. 하수구 뚫은 액체를 두 번 사다 부었더니 거짓말같이 물이 빠졌다. 이것들도 약을 먹이니까 효과를 보게 되리라는 생각에 쾌재를 불렀다. 여보, 물이 빠졌어요. 이젠 괜찮아지겠지요. 그날 밤은 편안하게 잠을 잤다. 나는 하루에도 몇 번이나 욕조를 살펴보았다. 다행히 물은 잘 빠지고 있었다.

큰아들이 샤워를 하고 나오더니 물이 잘 안 빠진다고 하면서 “내 탓은 아니어요.” 한다. 남자들은 아주 발뺌을 잘하는데 하고 생각하니 말문이 막혔다.

휴일 아침에 누군가 느닷없이 벨을 누르는 소리가 들렸다. 아랫집에 사는 여자였다. 그날따라 안경을 쓰고 머리를 묶은 눈빛이 얼음 같았다.

내가 세상에서 제일 무서워하는 것이 다툼이다. 몇 번인가 부딪힌 일이 있어 성격을 대충 알고 있었다. 싸움을 하는 것은 불리하기 때문이다.

"아줌마. 우리 집 작은 방에 물방울이 맺힌다고 가족들에게 몇 번이나 말했는데 아직도 모르고 계신가 봐요. 아니 미안 하지도 않아요." 하는 말에 나는 기어들어가는 목소리로 미세 먼지가 날아가듯이 말했다. "미안해요." 그 말에 여자는 풀이 죽어 있었다. "잘 좀 살펴주세요." 하고는 슬리퍼를 끌고 갔다. 내 코가 갑자기 막혀 버렸다. 여자의 슬리퍼 소리만 들어도 머리가 아프고 가슴이 두근거렸다.

이러다 아랫집에서 물이 샌다고 올라와 또 시비를 걸면서 삿대질이라도 하면 어떡하나 이런 저런 생각을 하니 아찔했다. 요즘 이웃 간 소음 때문에 크고 작은 사건들이 많이 일어난다. 얼른 정신을 차리고 어디에다 전화를 걸어 상담을 할까 나 혼자 고민에 빠졌다.

갑자기 생각이 나지 않았다. 남자들은 아예 방안에서 나오지도 않았다. 한심한 생각이 들었다. 오늘은 그냥 넘어가서는 안 되겠다.

시장을 왔다 갔다 하면서 본 광고가 생각났다. '집수리'라고 씌어져 있었다. 한 마디로 말하면 종합병원 같은 곳이었다. 가까운 곳이라 단숨에 달려가는데 바람이 너무 쌩 하게 불었다. 한 손으로 코를 막고 숨을 고르게 쉬면서 걸었다. 앞에서 오는 아저씨가 재채기를 하면서 지나갔다. 아저씨는 시원하겠다. 우리 집 욕조도 시원하게 뻥 뚫어야 하는데 마음이 다급했다.

광고가 붙은 가게 문을 두드렸다. 아무 소리가 나지 않았다. 전화를 걸었다. 목소리가 별로 좋게 들리지 않았다. 코맹맹이 같았다. 가게주인은 점심을 먹고 온다고 하니 나도 밥 한술을 먹었다. 밥이 그냥 꿀꺽 넘어 갔다. 이러다가 내 목구멍도 뻥 뚫어야 되지 않을까 걱정이 되었다.

약속된 시간에 도착한 아저씨는 화장실 문을 열고 들어가서 무조건 물을 틀어 진찰을 했다. 욕조에 물은 내려가지 않고 방해를 하였다. 희뿌연 물이 빙빙 돌면서 술래잡기를 하였다. 아저씨 얼굴이 굳어 있었다. 욕조에 물을 뚫으면 5만원을 주어야 한다는 말부터 했다. 다시 밖을 나가 큰 기계를 들고 와서 힘이 든다고 했다. 한숨을 크게 쉬었다. 욕조는 아무 일 없이 그대로 물을 안고 내보내지 않았다. 기계에 전기를 연결했다. 소리가 얼마나 큰지 시끄러웠다. 빨리 뚫어야 할 텐데 걱정을 하면서 지켜보고 있었다.

압력을 가하고 기계를 다시 돌렸다. 갑자기 무엇이 퍽하고 뚫리는 소리와 함께 물이 퍽하고 흘렀다. 순간 진찰의 한 의사는 얼굴에 미소를 지었다. 대단한 의사가 욕조의 막힌 코를 확 뚫었다.

성공을 한 남자의 여유를 보았다. "이리 와보세요. 이것을 오늘 뚫지 못했으면 욕조를 들어내야 하고, 아니면 아랫집에 물이 새니까 큰 싸움이 날지도 몰라요." 나는 그 말을 듣는 순간 맞아 하고 중얼거렸다. 아저씨는 친절하게도 어떻게 막혔는지 하는 설명을 듣고 나니 의사가 환자에게 약을 먹이는 방법을 가르쳐주는 것과 같았다.

아저씨가 가고 난 후에 남자들을 불렀다. 만일에 또 막히면 저기를 뚫으면 된다고 가르쳐 주었다. 그제야 그걸 왜 몰랐을까 하는 안타까운 표정을 지었다. 보송보송한 욕조바닥이 반짝 빛을 내고 있었다. 우리 집 남자들 얼굴에 신사임당이 겹쳐 떠나지 않았다.

# 뼈 두 개요

코로나로 인하여 많은 가게들이 문을 닫았다. 옛날 단골집들이 거의 사라진 상태였다. 찾아간 식당들은 찢어진 광고지가 바람에 펄럭거렸으며, 텅 비어 있는 가게 안이 캄캄하였다. 자주 간판이 바뀌니 식당에 대한 기억도 가물가물하였다. 우리 동네 뼈해장국집도 재건축 때문에 밀려났다. 길 건너 사거리에 해장국집을 개업하는 날 가봤더니 옛날 같지 않았나. 국물 맛노 그날따라 따뜬하지 않고 맛이 없었다. 간이 맞아야 하고, 무엇보다 뼈가 잘 분리되어야 살을 많이 떼어먹을 수 있다. 뼈의 생김새에 따라 조금씩 다르기는 하다. 식당 주인아주머니를 보니 파마머리에 작은 키와 동그란 얼굴이 돌아가신 어머니를 생각나게 하였다. 다른 곳에서도 많이 볼 수 있는 모습인데 오늘 따라 유난히 닮았다는 느낌이 들었다.

내가 자랄 때는 동네서 잔치하는 날이나 명절이 다가오면 돼지가 큰 소리로 울었다. 우물가에는 한복 입은 아저씨들이 빙 둘러서서 구경하느라 정신이 없었다. 아이들은 돼지 잡는 것을 보면 안 된다고 쫓아냈다. 개구쟁이들이 그렇다고 순순히 물러날 수는 없었다. 어른들 틈을 비집고 들어가 사이사이에 끼여 얼굴을 내밀고 보았다.

벌써 흔적도 없이 깨끗하게 정리를 한 상태였다. 그런 일에 적극적인 이웃집 기철이 아버지는 떼어놓은 돼지의 오줌보를 우리에게 갖고 가라며 던져주었다. 돼지 오줌보에 대롱처럼 생긴 밀짚대로 바람을 불어넣으면 축구공처럼 빵빵해진다. 오줌보의 끝을 꼭 쥐고 매듭을 묶었다. 남자아이들과 여자아이들이 물컹물컹한 오줌보를 차며 놀았다. 공차기를 하면서 우리 집도 고깃국을 먹을 수 있을까 생각하니 입에 침이 넘어갔다. 고기 맛을 잊을 만하면 밥상에 국이 올랐다. 어머니는 우선 돼지 잡뼈를 넣고 장작불로 뭉근하게 오래오래 끓였다. 나는 국에 넣을 배추 시래기 삶은 것을 잘 골라 다듬었다. 국물이라도 먹으려면 부지런히 억센 잎들을 제거해야 했다. 무쇠 솥에서 펄펄 끓은 국이 구수한 냄새를 풍겼다. 빨리 먹었으면 하고 기다렸다.

두레상에 둘러 앉아 숟가락을 들고 입맛을 다시며, 양념과 어우러진 것을 빨리 먹고 싶었다. 어머니가 뼈 국물을 퍼서 주었다. 살이 조금 붙은 뼈다귀를 들고 먹는 모습을 보면서 웃었다. 어머니는 살을 발라 내 밥 위에 올려 주었다. 모처럼 쌀밥에 고기를 먹었다. 내 몸도 뼈에 영양분이 골고루 들어갔는지 살이 붙는 것 같았다. 마당 한구석에 묶여 있는 누렁이도 뼈다귀를 물고 장난을 치며 뒹굴었다. 어머니는 국을 끓이느라 힘이 들었는지 오른손으로 무릎 뼈를 주물렀다. 찌그러진 양재기에는 살보다 뼈다귀가 더 많이 쌓였다. 어린 마음에 살코기를 실컷 먹었으면 하는 생각이 들었다. 그때 어머니가 끓여준 국은 산삼보다 더 좋은 최고의 보약이었다. 그날 밤 꿈속에서 돼지가 꿀꿀하면서 내 곁을 맴돌았다.

어느 주말 퇴근길에 남편이 맛있는 저녁이나 먹자고 하였다.

식당 앞에서 만난 남편은 "들어가요." 하고는 앞장을 섰다. 식당 안은 사람들로 시끌시끌했다. 나는 분위기가 있는 멋진 곳에서 먹겠지 기대를 하고 나왔는데 실망을 하였다. 우선 창가에 자리를 잡고 앉았다. 무뚝뚝한 남편은 "여기요. 뼈 두 개요." 했다. 아니 뼈를 어떻게 먹지! 순간적으로 옆 사람 테이블에 놓인 뼈다귀를 보니, 당장 나가고 싶은 생각이 들었다. 하지만 술을 좋아하는 남편은 해장국에 한 잔 마시고 싶었던 거다. 회사에서 힘들었으니 그럴 만도 하지 하는 생각에 웃으며 먹자고 마음을 비웠다. 아주머니는 펄펄 끓은 뼈 해장국을 앞에 갖다 놓았다. 위에는 배추 시래기가 올려져 있고, 약간의 들깨 가루로 예쁘게 치장을 하였다. 이것을 어떻게 먹지! 하고는 쳐다보았다. 얼른 먹어보라며, 먼저 뼈를 건져 내어 젓가락으로 살을 살살 떼어 내서 먹으며 된다고 했다. 도무지 뼈를 어떻게 발라먹어야 할지 난감했다. 대충 떼어먹고 통에 뼈를 넣어버렸다. 남편은 그 속에 들어 있는 것들은 더 맛있다며 먹는데, 남편의 입 주위가 반지르르 했다. 하루의 고생이 그렇게 반질반질하게 변하니 기분이 좋은가 보다. 소주 한 잔 마시며 나를 보고 한 방울이라도 먹으라며 소주잔에 부어주었다. 속이 짜르르 했다. 나는 술 취한 척하며 "누구예요?" 하며 한쪽 눈을 감고 물어보았다. 남편은 "야, 이 사람아 그것 먹고 취하다니!" 하고 웃었다. 그런 날도 기억 속에만 있을 뿐이다.

하루는 친구와 함께 근처 식당에 갔다. 식당 주인아주머니는 '뼈 두 개

주문요' 하며 빠르게 움직였다. 바글바글 끓고 있는 뚝배기를 조심스럽게 각자 앞에 놓았다. 친구는 젓가락으로 국을 뒤적이다, 내 그릇에 담겨 있는 것을 힐끔 넘겨보면서 "너 국그릇에 담긴 것은 뼈에 살이 많이 붙어 있네" 했다.

시무룩한 표정을 지으며 억지로 살을 골라 먹는 모습에 웃음이 나왔다. 젓가락으로 살을 떼어내니 많이 달라붙어 있었다. 살을 골라서 그릇 속에 빠뜨렸다. 웃음이 나와 억지로 참았다. 일진이 좋은 날이었다.

먹자 골목길에 보이는 간판을 보며 뼈를 찾는다. 처음에는 먹지도 못하고 거의 다 버렸는데 그 맛을 알고부터 단골이 되었다. 선지해장국, 콩나물해장국, 올갱이해장국 등이 있지만 뜨끈한 뼈해장국이 제일이다. 어머니가 끓여 주던 해장국, 남편과 함께 먹었던 것들이 글을 쓰는 순간에 눈앞에 아른거렸다. 그냥 생각만 할 뿐 같이 먹을 수 없어 허전한 마음이 들었다. 시장에 가서 뼈를 사가지고 왔다. 유명 요리사들의 래시피를 보고 그대로 따라서 했다. 펄펄 끓고 있는 것을 보니 군침이 넘어갔다. 시래기도 부드럽고, 살과 뼈 사이가 잘 분리되었다. 어머니가 끓여주던 것보다는 맛이 없지만 남편 없이 혼자 먹다 보니, 목 메이고 아프다. 오늘도 해장국을 먹으며, 눈을 크게 뜨고 뼈 속에 들어있는 살을 찾는다.

# 멀건 국물

어느 집이나 세끼 중 한 끼는 국을 끓여 먹는다. 지금은 굳이 집에서 끓이거나 볶거나 하지 않아도 입맛에 맞는 것을 사 먹을 수 있어 편리한 세상이다. 가족이 많은 집들은 국을 끓이는 일도 쉬운 일이 아니다. 핵가족이 되고 보니 식구들이 먹는 것과 시간도 틀린다. 아이들은 입맛에 맞지 않는다며 알아서 시켜먹는다. 엄마가 먹어보면 별 맛도 없고 국물의 정체가 무엇인지 모르겠는데 맛있게 먹었다. 국 종류는 헤아릴 수 없이 많고 많다. 같은 콩나물국이라도 시원하거나 비릿하거나 멀겋거나 다양하다. 끓이는 사람에 따라 다른 맛을 낸다.

지난 주말에 작은 모임이 있어 식당에 갔다. 식당 안은 사람들로 북적거렸다. 고기를 굽는 사람, 핸드폰을 보는 사람, 수다를 떠는 사람, 멀거니 앉아있는 사람 각각의 자리에 다른 모습으로 모여 있었다. 고기 냄새도 많이 나고, 환풍기가 고장났는지 뿌옇게 보였다. 일행을 찾는다고 두

리번거렸다. 눈치 빠른 아줌마는 로봇처럼 오른손으로 방향을 제시해주었다. 얼굴도 모르는데 일행인 줄 어떻게 알까! 고개를 갸우뚱하고 예약된 방에 들어갔다. 바닥이 끈적거려 신발이 쩍쩍 달라붙었다. 청소를 제대로 하지 않았나 보다.

가볍게 생각하고 앉아 서로 이야기를 하며 주문한 '황칠전복오리탕'을 기다렸다. 닭볶음탕도 맛있지만 오리탕의 국물은 맛이 깊고, 고기가 담백하면서 쫄깃하다. 영양보충을 위해서 비싼 것을 시켰다. 깻잎, 콩나물, 배추김치, 깍두기를 먼저 갖다 주었다.

주방장 아저씨는 큰 냄비를 가스레인지 위에 올려놓고 불을 켰다. 불꽃이 비실비실 대며 영 신통치 않았다. 위생장갑을 낀 채로 각자 접시에 오리다리를 하나씩 담아 주었다. 어찌 다리가 삐쩍 말라 먹을 맛이 나지 않았다. "맛있게 드세요." 하고 휑하니 나가버렸다. 뼈가 있는 앙상한 다리는 얼어붙은 살같이 떨어지지 않아 애를 먹었다. 대충 뜯어먹는데 손가락 굵기 만한 것이 새끼 같아 보였다.

옆자리에 앉아 있던 옥이가 "국물 속에 살이 들어있나" 하고 국자로 숨어있는 살을 찾았다. 건더기는 보이지 않고 멀건 국물만 부글부글 애가 끓듯이 끓었다. 겨우 국자에 걸린 것은 흐물흐물한 오리 껍데기였다. 보기만 해도 징그럽게 생겨 얼른 건져 버렸다. 완전 속았다는 생각이 들었다. "아니 고기는 어디 숨어있냐?" 하며 모두 다 불만을 터트렸다.

십년 넘게 산악회 회원으로 만나 전국 유명산을 등산했다. 그때는 백여 명이 넘는 여성 회원들이 있었지만 자녀들이 결혼을 하고 보니 집안 사정으로 인원수가 줄어들면서 거의 해체가 된 상태다. 오늘 여기 모인 회원 10여 명이 모임을 만들어 매월 둘째 주 토요일에 만남을 하고 있다.

손가락만 한 다리를 뜯어먹는다고 조용했다. 하도 볼품이 없어 뜯는 것조차 실실 화가 치밀어 올랐다. 내 것이 더 작아 보였다. "살이 없어 먹을 게 없네. 너무 말라서 질기고 맛도 없어." 내 옆에 듣고 있던 분이가 오리 다리를 뜯다가 국자로 국물을 휘휘 저으면서 "고기 맛이 너무 밍밍하고 오리는 어디에 숨었나." 하고 퉁명스럽게 말을 하였다. 먹을 것도 없다며 다리는 통에 던져버리고, 국자로 국물을 휘휘 저어면서 오리 국물속에 한숨을 던졌다. "오리탕에 흐물흐물한 거죽만 보이고 오리토막은 도대체 왜 없지! 주인장을 불러 따져보자."는 말이 떨어지자, 다른 때는 따지기를 좋아하던 현이는 부드러운 말씨로 "그냥 먹자. 이제 뭐라고 한다고 고기를 갖다 주지도 않을 테니." 했다.

이구동성으로 그런 말이 어디 있냐?" 따질 거는 따지고 넘어가야 다음에는 신경 쓸 것 아니냐." 하고, 오리탕 보다 더 뜨거운 열기가 번졌는지 선이는 땀이 난다며 손수건으로 얼굴을 닦았다. 다음은 전복 탐사에 나섰다. 냄비 속에 있는 전복이 몇 개인지 확인을 했다. 테이블엔 다섯 명이다. 전복은 네 개 누군가 한 명은 먹을 수가 없어, 남이는 많이 먹는다며 양보를 하였다. 파무침, 콩나물, 깻잎, 깍두기만 먹으며 죽을 끓여달라고 했다. 죽거리를 들고 온 아주머니에게 따졌다. "아니 고기는 한 점도 없고 국물은 오리가 목욕을 할 만큼 주고 너무하는 것 아니냐" 따졌다. 그는 겨울에 오리가 무엇으로 어떻게 되었다며 그냥 혼잣말로 중얼거렸다. 국물 속에 들어있는 밥알을 건져서 먹어도 배는 부르지 않았다. 하고 싶은 말은 다하고 한숨 돌리는데 주인장이 들어와 장황하게 설명을 했다.

오리 광고회사에서 나온 담당직원처럼 우리에게 설득을 시키는 힘은 대단했다. 올겨울은 튼실한 오리를 보기는 어렵고 삼월이면 튼튼하고 살이 오른 통통한 오리고기를 먹을 수 있으니 그때 한번 오시면 잘 해드리겠다며 허리를 굽혔다. 오리발이 아닌 진심의 마음을 보여주었다. 어쩔 수없이 장사를 하지만 그렇다고 메뉴를 바꿀 수 없는 처지다.

저녁을 먹기는 먹었는데 배는 부르지 않았다. 친구들은 이제 이해를 한다고 했다. 어려운 시기를 잘 견디어 낸다고 얼마나 많은 고통을 받았을까 하는 생각을 하며, 먹는데 눈이 멀어 앞뒤 돌아보지 않고 한 말들이 미안했다. 자라면서 멀건 국물은 많이 먹었다. 그때는 돈은 내지 않고, 엄마의 정성이 담겨 있었기 때문이었다. 쌀 한 주먹을 넣고 콩나물과 끓인 것은 먹고 돌아서면 배가 고팠다. 그래도 행복하고 병치레하지 않고 건강하게 자랐다. 봄에 오리가 잘 자라서 누구에게나 배불리 먹여 줄 수 있는 삼월을 기다려본다.

# 칡

산기슭이나 야산에서 자생하는 칡은 전국 각지에서 자라고 있다. 겨울에도 줄기가 얼어 죽지 않고 살아남지만 제일 끝부분은 말라 죽는다. 덩굴 속의 속껍질은 여러 가지 생활용품으로 쓰이기도 하였다. 칡잎은 크므로 건초를 많이 얻을 수가 있어 가축의 먹이로도 쓰였다. 칡뿌리는 땅속 깊이 들어가 그 속에는 녹말이 많이 들어 있다. 뿌리로 만든 칡차는 요즈음도 사람들이 많이 찾는 기호식품이기도 하다. 그저께도 찻집에 들러 칡차 한 잔을 먹었다. 그 맛이 쌉싸래하고 단맛이 너무 좋았다. 모과차나 생강차 유자차 대추차 등 헤아릴 수 없을 만큼 그 종류가 많지만 고향의 향수가 스며있는 칡차보다는 못하다. 사람마다 다르겠지만.

갈색으로 보이던 줄기가 봄이면 어느새 파랗게 새 줄기를 달고 나온다. 푸른 물줄기같이 뻗어나가는 것은 대단하다. 아무리 밟히고 베어내도 어디서 그렇게 무성한 줄기가 나오는지 그 생명력이 경이롭다. 연한 잎은 끝이 뾰족하고 앞면은 녹색이 감돌면 뒷면은 보송보송한 은빛이 돈다.

칡꽃은 붉은빛이 감도는 자주색 꽃이 길다란 꽃차례로 피며 편평하고 털이 난 씨 꼬투리가 맺힌다.

칡꽃이 피면 벌과 나비가 노닐며 산새들은 노래한다. 푸른 하늘 하얀 구름이 지나가다 그림자를 드리운다. 탐스러운 꽃을 자세히 들여다보면 개미들은 꽃집을 드나들며 재미있게 논다. 꽃 타래 따다가 우리 집 거실에 커튼으로 매달아 놓으면 메마른 집안을 향기로 채워주지 않을까.

자주색 저고리에 연두색 치마를 입은 예쁜 모습의 어머니가 보고 싶다. 어머니는 밭으로 뻗어나온 칡넝쿨을 손때가 묻은 갈색 손잡이가 달린 낫으로 걷어냈다. 줄기는 서로 엉기어 버티는 힘이 강하게 보였다. 그래도 그들은 멈추지 않고 어디론가 긴 팔을 뻗어 기어간다. 푸른 뱀이 기어가는 형상과도 같다. 푸른 뱀!

그 속에서도 묵묵히 자기 자리를 지키고 있는 산딸기나무 한 그루, 빨간 보석을 달고 서 있다. 어머니는 산딸기나무 가시에 찔릴까 봐 조심스럽게 가지에 달려있는 산딸기를 땄다. 푸른 칡잎을 하나 따 보석을 싸서 나에게 내밀었다. 내 작은 손은 칡잎에 가려졌다. 봄볕이 따스한 밭고랑에 앉아 산딸기를 먹다가 어머니 입에 한 개 넣어 주었다. 빨간 입술은 수줍은 듯 보였다. 어머니는 '달고 맛있네' 하며 천사 같은 미소가 입가에 번졌다. 다 먹고 남은 칡잎에는 갈색의 딸기 그림이 남아있었다. 칡잎이 없어 내 작은 손바닥에 그림이 새겨졌을 텐데 어머니 지혜가 높아 보였다. 칡이 자라는 계절이 오면 어머니 모습 산 그림자 따라온다. 어머니 떠난 자리에 지금도 칡은 줄기와 잎으로 서로 의지하며 자라고 있겠지.

이른 봄이면 칡을 캐러 길을 나선다. 야산에 오르면 마른 줄기가 갈색으로 변한 잎을 달고 봄을 기다린다. 잎이 푸를 때는 높은 성을 쌓는가 하면 다른 초목들을 감고 나무꼭대기까지 올라간다. 그렇게 올라가서 자라면 칡 나무가 된다. 마른 것들을 베어다가 아궁이에 불을 지피면 줄기에서 하얀 김이 나오고 보글보글 끓으며 갈색 물이 나온다. 그때 칡 향기가 콧속을 자극한다.

친척 아재는 준비해온 괭이로 양쪽 다리에 힘을 주고 흙을 파내기 시작한다. 괭이 소리는 메아리가 되어 되돌아왔다. 작은 구멍에서 서식하던 개미들이 놀라 도망을 간다. 드디어 칡의 몸체가 드러났다. 그 모양이 살이 찐 황소 뒷다리 같다. 아재는 횡재했다며 웃음꽃이 얼굴에 달렸다. 칡뿌리를 어깨에 메고 산길을 내려오는데 신이 나서 휘파람이 저절로 나왔다. 가벼운 발걸음이 동네 입구를 지나 집 안으로 들어왔다. 사랑채 마구간 앞에 놓여있는 작두 위에 칡을 올려놓고 먹기 좋은 크기로 잘랐다. 하나 집어서 육포 찢듯이 찢었다. 우유 같은 물이 나오면서 달고 맛있었다. 동네 꼬마들도 나누어 주고 이웃집 사람들도 마실을 와서 같이 먹었다. 칡이 얼키설키 얽혀 살 듯이 이웃들과 더불어 살아가면서 작은 것 하나라도 나누어 먹는 정이 있어 따듯하다. 해는 서산으로 지고 할머니는 옛날 이야기 주머니를 끌러 놓았다.

오랜만에 친척이 보내준 칡차 한 잔을 마신다. 칡차 향기 속에는 고향의 흙냄새가 스며들어 있다. 칡차를 마시며 안부가 궁금하여 친척의 전화번호를 눌렀다. 부재중이라고 알려 주었다. 칡을 캐러 야산에 갔을까!

## 핑크빛 넥타이

가스레인지 불을 켜고 아욱국을 끓였다. 미역국을 끓이지 않고 웬 아욱 국이냐 하고 묻는 남편의 목소리가 안방에서 들리는 듯하다. 된장냄새가 솔솔 난다. 벽을 향해 앉아보니 오늘따라 벽에 그림이 희미하다. 맑은 국물을 한 숟가락 떠서 보니 아욱 잎이 한 개 걸렸다. 줄기는 허물하고 잎은 벌레가 먹었는지 동그란 구멍이 생겼다. 처음 끓여먹는 국도 아닌데 무슨 의미가 이렇게 많이 붙을까! 남편이 있었다면 아무것도 보이지 않았을 터인데, 없다는 사실이 자꾸만 목을 메이게 한다.

꾸역꾸역 너머 국물이 목구멍에 걸린다. 켁켁 기침이 난다. 남편이 먹을 때 그런 소리 내면 듣기 싫다고 했다. 그 말을 하지 말걸 하고 또 방 안을 들여다본다. 마음을 추스르고 억지로 밥 한 술을 먹었다. 지난주에 치료를 한 잇몸이 너무 아파 딱딱한 것은 씹을 수가 없었다. 담당 여의사는 조심을 하라는 당부를 하였다. 간단하게 먹고 검은 코트를 입고 집을 나섰다. 오늘은 마지막 치료를 하는 날이라 마음이 그래도 한결 가볍다. 전철이 빠르게 달려왔다. 신설동역 풍물시장 근처 황학교 아래 흐르는 물이 여유롭다. 청둥오리가 짝을 지어 물 위에 노니는 것을 보니 둘이라는 것은 행복감을 주는구나 생각했다.

물 억새, 수양버들 가지가 휘늘어진 것이 멋을 더해주었다. 약혼 시절 떨어져 지내고 있을 때였다. 버들잎을 따다가 글을 써서 물에 띄워 보낸다는 유행가 가사를 적어 편지도 보냈던 일들이 생각났다. 연인들이 산책을 하는 모습도 보였다. 둘이 걷던 때가 그리운 날이다. 빵빵, 하고 신호등 앞 승용차와 오토바이가 경쟁을 하는 것처럼 달렸다. 건물 안에 들어서니 파리바게트 안에서 풍기는 커피 향이 기분을 좋게 만들었다. 몇 사람들이 모여 웃으면서 이야기하는 모습도 보였으며, 하얀 털모자를 쓴 아가씨가 커피를 마시는 모습도 보였다. 그런 광경을 쳐다보는 것도 즐거운 일이었다. 내 입 안에 달콤한 커피 맛이 느껴졌다. 잇몸에 약간의 통증이 왔다. 흰 가운을 입은 여자 선생이 들어와서 잇몸을 꼼꼼하게 살피고 치료를 잘해주었다. 치과에 가끔 오지만 의사의 얼굴을 마주하기는 어려웠다. 항상 하얀 마스크를 하고 있었다.

오늘은 말을 걸어왔다. 나는 얼굴에 덮은 천을 벗고 누운 채로 상담을 하였다. 의사 얼굴은 갸름하고 이마에는 가로로 주름이 놓여 있었다. 의사가 웃으면서 상냥하게 말을 하였다. 입가에 웃음꽃이 피어 환자를 행복하게 해주었다. 감사합니다. 인사하고 병원을 나왔다.

낡은 상가 건물에는 유명배우들과 가수들 사진도 걸려있었다. 약혼시절 남편과 함께 청량리에 있는 극장에 들어가 영화를 보던 때가 생각이 났다. 영화에 주인공 신성일보다 약혼한 남자가 더 잘생겨 보였다. 말도 없고 무뚝뚝한 남자가 가만히 내 오른손을 꼭 잡아 주었다. 따듯한 느낌이 들어 마음도 따듯하겠구나 생각하고 혼자 방긋 웃었다.

혼자 웃으면서 역 근처로 오는 길에는 좌판을 벌려 놓고 손님을 기다리는 주인들이 보였다. 시계를 파는 곳에 눈길이 갔다. 이름도 불분명한 남자 여자 시계, 반지, 목걸이 등 다양하게 놓여있었다. 약혼시절에 받았던 내 시계와 닮은 것들도 있었다. 우측에는 아가씨가 열심히 붕어빵을 굽고 있었다. 여보, 붕어빵 사줘요 하는 말을 할 뻔하였다. 둘이서 붕어머리를 먼저 먹을까, 꼬리를 먼저 먹을까 하고 웃던 때가 생각났다. 줄을 서서 기다리는 손님들 때문에 아가씨는 핸드폰 볼 시간도 없이 분주하였다. 역으로 가는 길은 볼거리도 많고 풍물시장이 접하여 재미가 있었다. 붕어빵을 보니 배가 살살 신호를 보냈다. 이마트에 들러 샌드위치와 우유를 샀다. 오늘 3시에 재경합천문학지 편집회의가 있는 날이다. 종로3가로 향하는 전철을 탔다.

검정색으로 변장한 승객들이 양쪽으로 앉아있었다. 묵념을 하는지 고개를 숙인 채 말이다. 나도 그 속에 끼어 서 있으니 피곤함이 몰려왔다. 하품도 나왔다. 다섯 번째 역에서 하차. 젊은 청년 한 명이 역 안에 놓여있는 긴 의자에 앉아 빵을 먹고 있었다. 아, 저기 앉아서 먹어도 되겠구나 생각이 들었다. 아무도 없는 의자에 앉아 주변을 살펴보았다. 내 등 뒤로 노부부가 앉아 웃으면서 주고받는 말이 정겹게 들려왔다. 내 남편도 옆에 있으면 좋을 텐데. 누가 볼까 봐 살짝 손가락으로 샌드위치 한 조각을 꺼냈다. 입으로 가져가 한 입 베어 먹는데 남루한 차림의 할아버지와 눈이 마주쳤다. 무시하고 그냥 내 배 채우기에 바빴다. 우유 한 모금 마시면서 세 조각을 거뜬히 먹어 치웠다. 그것들을 먹으면서 이재무 시인의 「길 위에 식사」라는 시가 생각났다.

길 위에서 먹어 보지 않은 사람은 말을 하지 말라는 그런 심정이 와 닿았다. 힐끔힐끔 쳐다보는 사람들 눈길이 곱지는 않았다. 꾸역꾸역 씹는 샌드위치에 들어있는 햄, 야채가 질기고 짠맛이 났다. 여기 앉아 먹어 보니 괜히 서러운 마음이 들었다. 남편이 있으면 분명 지금 이 시간에 전화해서 저녁 약속을 했을 것이다.

"여보, 오늘 맛있는 밥을 사줄 테니 알고 있는 식당이 있으면 그리로 갑시다. 퇴근길에 아들 데리고 나와요." 하던 말이 내 귀에 들리는 듯 착각을 하였다. 핸드폰을 켜고 저장되어 있는 사진을 찾았다. 지난해 이 맘때쯤 찍은 사진을 보았다. 생일 케이크에 촛불을 켜고 노래하는 입 모양이 보였으며, 다정하게 내 어깨를 감싸주면서 사진 속에서 환하게 웃고 있었다. 아들은 맨 얼굴로 찍힌 내 얼굴을 보고 최○○ 닮았다고 놀렸다. 그날의 순간들이 전철 유리 창문에 액자처럼 박혔다 사라져 갔다. 내 앞을 지나가는 사람들 속에 혹시나 남편이 오지 않을까! 좋아하는 보석이 박힌 핑크빛 넥타이를 하고 환하게 웃으며 다가올 것 같은 예감마저도 이젠 상상일 뿐이다.

내가 왜 여기서 이것을 먹고 있을까? 작은 찻집에 자리 잡고 앉아 먹으면 편할 텐데 말이다. 남편이 만일에 이 모습을 보고 있다면 얼마나 속이 상할까 별별 생각을 다 하면서 자리에서 일어났다. 문학지 만드는 사무실에 들어 이태기 회장님과 회의를 끝내고 이자야 선생하고 근처에 있는 식당으로 갔다. 된장에 푸른 채소를 넣고 참기름 몇 방울 넣어 쓱쓱 비벼 먹었다.

역시 밥은 서로 얼굴을 맞대고 웃으며 이야기꽃도 피고 해야 제 맛이 나는 것을 새삼스레 느꼈다. 고향 사람들이라 편안하고 구수한 사투리가 된장의 맛과 같았다. 식사를 끝내고 각자 집으로 가고 5호선 전철 2—5에서 탔다.

오늘이 내 생일인데 미리 앞당겨서 두 아들과 고깃집에서 먹었다. 이런 날에는 예쁜 꽃도 사다가 꽂아 놓고, 미역국 한 솥 끓이고, 잡채 과일이며 나물 반찬에 맛있는 상을 차렸을 것이다. 내 맘이 내키지도 않고 생색을 내는 것도 조금은 부담이 되었다. 두 아들이 "어머니 생신을 축하합니다. 아버지는 안 계시지만 그래도 건강하게 사셔야 해요. 고기도 많이 드시고 오늘은 생신이니 맥주 한 모금이라도 마셔요. 생신을 축하드립니다." "그래 고맙구나. 아버지도 좋아하실 거야. 너희들이 이렇게 엄마를 챙겨주고 축하까지 해주니 고마운 마음이 들었다." 생일 날 아침 비행기로 둘째 아들은 중국으로 갔다.

오늘은 다른 날보다 하루해가 길었다. 생일인데 남편이 축하도 해주고 같이 차도 마시면서 서로 주고받는 말이 없어 혼자라는 게 쓸쓸하였다. 치과 치료도 잘 되었으니 맛있는 것도 많이 먹자. 밤이 되어도 오지 않은 남편을 생각하면서 잠을 청하니 눈이 감기지 않았다. 컴퓨터를 켜고 글자를 쳤다. '핑크빛 넥타이.'

# 내가 예뻤을 때

보릿고개로 식량이 궁핍했던 시절, 산골마을에는 가을걷이가 한창이었다. 아침 해가 둥실 떠오를 때 어머니 뱃속에서 나는 태어났다. 얼굴도 둥그렇게 생긴 딸아이라고 아버지는 무척 서운하게 생각했다. 그런 아버지의 표정을 보고 어머니는 죄인처럼 고개도 들지 못했다. 어른들은 독자 집안에 어머니가 떡두꺼비 같은 아들 낳기를 바랐을 것이다. 어머니는 힘든 삶을 살면서 방긋방긋 웃는 나를 보면서 행복해 했다. 계절이 바뀔 때마다 옷을 지어 입히고 애지중지 길러 주었다. 어머니가 달밤이면 나를 업고 마실 가는 길에 감나무 그림자가 길게 드리워져 뱀처럼 무서워 다리를 오므렸다. 환한 달빛을 받아서인지 쪽진 머리가 예쁘게 보였다. 어머니 등은 따듯하고 포근하였다. 이제는 볼 수도 없지만 달빛에 어머니 모습을 그려본다.

아버지의 직장을 따라 고향을 떠나 서울에서 살았다. 어머니를 그리며 일기를 쓰기도 했다. 때론 울기도 하였다. 진달래꽃이 피며 그리운 시절을 노래했다. 사춘기를 지나고 풋내 나는 첫사랑을 알 듯 모를 듯한 때였다. 봄날 길을 걷는다. 긴 머리 소녀 유행가가 흘러나올 때 한창 예쁠 나이였다.

긴 머리에 하얀 얼굴, 쌍꺼풀 진 눈, 웃으면 보조개가 생겼다. 철없는 머슴아들은 '어이 아가씨 웃지 마. 너무 예뻐서 반했다' 하며 휘파람을 휙 불기도 했다. 아가씨는 혼자 예쁜 척하며 빨간 구두는 똑똑 소리를 내며 걸었다. 길가의 꽃들도 나비도 아가씨처럼 마음 들떠서 살랑거린다. 살랑살랑 불어오는 봄바람도 아가씨에게 핑크빛 사랑을 날려 주었다. 비가 오는 날에는 우산을 뱅글뱅글 돌렸다. 빗방울을 세며 미소를 짓곤 했다. 날씨가 개인 날 빗방울이 고인 자리에는 하루살이가 맴을 돌았다. 푸른 하늘 하얀 구름도 가두었다. 물이 고인 자리에는 더 깊은 속내를 품고 있는지도 모르겠다. 나도 때로는 속내를 감추고 그저 스무 살의 인생에서 가장 좋은 때였다. 이성에 대한 눈을 뜨고 앞으로 미래에 대한 꿈을 꾸기도 했다. 동네 양장점에서 맞 춘 꽃무늬 원피스를 입었다.

거울에 비춰본 내 모습이 오늘따라 예뻐 보였다. 보라색 가방을 메고, 빨강 구두를 신고 외출을 하였다. 김포에 살고 있는 친구를 만나러 갔다. 고향 친구진이는 "너는 볼수록 예뻐지냐! 혹시 애인 생긴 거 아니야?" 하며 웃었다. 한창 꽃필 나이인데 너도 예쁘다며 우리는 찻집에서 차를 마셨다. 옆에 앉아 있던 머슴아가 슬쩍 다가와서 합석을 하자고 한다. 우리는 킥킥 웃으며 우리가 예뻐 보이나 봐 하며 외면을 했다. 겸연쩍어 하면서 뒤로 슬슬 물러났다. 진이도 어머니가 시집을 가야 할 때라는 말을 하면 고민이 된다고 했다. 둘 다 애인도 없으니 시집을 가려면 중매를 해야 하는데 걱정이 앞섰다. 그날 밤 아버지는 이제 너도 시집갈 나이인데 숨겨놓은 애인이라도 있으면 말해 봐라 하며 내 표정을 살폈다.

애인이 없다고 하자 입가에 미소를 지으며 알았다고 했다. 그럼 어떤 사람이면 좋으냐고 했다. 나는 아버지 같은 사람이 좋다고 했더니 막 웃었다. 내 얼굴에 열꽃이 피어 불그레했다. 아버지는 하루가 멀다 하고 중매를 한다며 일가친척 고향 분들에게 연락을 취했다. 산골로 시집 간 고모는 아버지의 부탁을 받고 적극적으로 발을 벗고 나섰다. 편지를 주고받았는데 산 너머 마을에 사는 총각이 맘에 든다며 고모는 아버지께 연락을 취했다. 남자의 키는 보통이고, 얼굴은 잘생긴 편이라며 예의가 바르다고 고모는 편지에 절절하게 써서 보내왔다. 마음씨도 착하고 평생 고생시킬 일이 없다고 했다. 나는 키가 보통이라 맘에 들지 않았지만, '키가 밥 먹여 주냐' 하던 아버지 말에 기가 죽었다. 아버지는 날짜를 잡고 상견례를 하자고 했다.

내 의견은 들어 보지도 않았다. 무조건 부모님이 시키는 대로 따랐다. 남자 쪽에서는 아가씨가 예쁘다, 맘에 든다 하는 말을 안 했다. 춘삼월에 핑크빛 장미가 그려진 한복을 입고 동네 사진관에서 약혼사진을 찍었다. 사진을 보니 내 얼굴은 아무 표정도 없고, 옆에 약혼자는 산골에 살았는데 오히려 도시풍이 느껴졌다. 괜찮아 보였다. 약혼한 후에 1년 동안 편지를 주고받았다. 내 이름 끝에 '자'가 들어있어 촌스러운 이름이라 '경아'로 불렀다. 우체부 아저씨는 애인이 하루가 멀다 하고 핑크빛 편지를 보내니 얼마나 좋아요 하며 웃었다. 밤중에 보내 준 편지를 읽으며 그리움을 달래기도 하고, 이튿날이면 편지를 기다리는 즐거움도 있었다. 거리가 멀어서 오고 가는 것도 힘든 일이었다.

그 이듬해 결혼식 날을 잡았다. 아버지는 시집을 가는 큰딸이 대견하다며 예식장 들어가는 연습도 했다. 서울에 있는 나비 예식장에서 결혼식을 올렸다. 아버지는 팔짱을 끼고 약간 떨면서 음악에 맞추어 걸었다. 축하객들은 아가씨가 예쁘다며 맏며느리 감이네 했다. 최고로 예쁜 날이었다. 아버지가 우리 깅자 정말 예쁘구나 하며 나의 손을 잡고 걷던 순간이 행복했다.

산골의 시집살이는 힘들고 신혼의 단꿈도 깨졌다. 대가족들의 세끼 밥이며 청소에 새댁은 지쳐서 밤이면 울기도 하였다. 자상하고 든든한 남편이 있어 그나마 다행이었다. 하루는 점심을 한다고 마당에 걸어 놓은 양은솥에 불을 떼고 있었다. 어머니와 시동생은 마루에 앉아서 이야기를 나누었다. 어머니는 갑자기 시동생에게 "너거 형수 예쁘제." 하면서 나를 쳐다보았다. 시동생은 "예."라며 대답했다. 나는 속으로 너무 좋았다. 어머님의 시집살이도 다 사랑하는 마음이었구나 생각했다. 시집와서 고생한 일들이 모두 타서 재가 되었다. 사랑으로 안아준 가족들이 있어 잘 지냈다.

남편은 심심하면 나를 데리고 산책을 하였다. 봄에는 진달래 만발하고, 여름은 시냇가에 나가 파란 물에 손을 담그고, 가을엔 풀벌레 울음소리, 겨울엔 눈이 내리는 길을 걸었다. 산골의 이런 풍경에 매료되어 행복감이 찾아 들었다. 그래도 사랑한다, 보고 싶다, 그립다, 기다린다, 예쁜 경아라고 쓴 편지를 주고받을 때가 좋았다. 지금도 장롱서랍 첫째 칸에 누렇게 뜬 봉투가 구구절절한 사연을 담고 세월의 무게를 달고 산다.

나를 예뻐해 주던 그리운 얼굴들은 모두 다 말이 없다. 어머니 웃는 모습은 달빛 아래 피어난 박꽃 같다. 분을 바르지 않아도 하얀 얼굴은 예뻤다. 부엌일을 할 때는 무명 앞치마를 입었다. 나는 앞치마를 들추고 동그란 얼굴을 덮었다. 어머니의 냄새가 좋았다. 구수한 된장국 냄새 같았다. 내가 밖에서 뛰어 놀다 오면 따끈한 밥을 고봉밥을 주었다. 다른 집 아들보다 씩씩하게 자라야 한다고 했다. 내가 맛있게 먹는 것을 보고 함박꽃처럼 웃었다. 어머니가 꽃이었다. 오늘따라 그리운 어머니 어머니가 그립다.

# 4월의 아침

봄날이지만 아침의 기온이 차다. 햇빛은 따사로운데 바람이 불어 몸으로 느끼는 꽃샘추위가 이어지고 있다. 주택가 화단에는 키가 큰 라일락꽃, 목단꽃이 상견례를 하듯 마주보며 피었다. 제철에 피어나는 꽃들을 본다. 단단한 땅속과 땅 위에서 혹독한 겨울을 어떻게 견디며 살았을까! 꽃이 피는 봄은 내 유년의 기억을 몇 바퀴 돌아 돌아왔다.

산골마을 코흘리개 친구들과 진달래 따먹으며 배고픈 봄날을 달래기도 하였다. 꽃을 따기 위해 산에 오르면 무섭기도 하다. 하늘을 올려다 보면 몸이 돌아가는 것처럼 어질어질하다. 그래도 우리는 재미있는 놀이로 생각하며 즐거워했다. 진달래꽃을 먹고 나면 꽃물 든 입술이 시퍼렇게 변하기도 했다. 저녁연기 몽실몽실 피어나는 동네가 아늑하고 따듯하였다. 먹을 것이 부족하여도 많은 가족들과 함께 살아가는 일이 즐거움 자체였다. 할아버지는 농사일에 지쳐 있을 때 막걸리 한사발이 보약이었다. 가끔은 이웃에 사는 옥이 아버지가 술에 취해 뒤뚱뒤뚱 걷다가 빙빙 돌아 넘어지기 일쑤였다. 중매로 만난 옥이 엄마가 마음에 들지 않았다. 상견례도 하지 않고 중매쟁이 말만 듣고 결혼을 하였다. 술만 먹으면 옥이 엄마를 못살게 굴었다.

우리는 옥이 아버지가 나타나면 무서워 집으로 달려왔다. 어머니는 하루종일 일을 하다 지친 몸을 뉘면 곤하게 잠들었다. 나는 어머니 곁에 누워 잠이 들어 꿈을 꾸기도 하였다. 꿈속에서 친구들과 놀이하다가 머리와 눈이 뱅뱅 돌아서 어지러웠다. 밤새 뒤척이다 깨어나 보니 꿈이었다. 습관처럼 그런 꿈을 꾸면 증상이 일어났다. 어린 시절에는 어지럼도 잘 견디어 냈다.

저녁을 먹고 코로나 위험에 관한 뉴스를 보다가 인천에 혼자 살고 있는 막내아들에게 문자를 보냈다. 우리 집에 너 이름으로 온 택배가 보이지 않는다는 내용을 띄웠다. 조금 후에 아들이 전화를 했다. "집에 갔더니 아무도 없어 물건만 가지고 왔어요." 했다. 그 말끝에 아들은 어머니께 상의할 일이 있다면서 말을 꺼냈다. "다름이 아니라 여자 친구 부모님께서 상견례를 하자고 했어요. 그래서 날이 잡히면 다시 어머니께 연락하겠습니다." 했다. 나는 얼떨결에 "응. 그래." 하고 대답을 하였다. 아들은 "어머니 목소리가 금방 힘이 없어졌어요." 하는 말에 "너희 아버지가 안 계시니 그렇지." 했더니 "어머니 걱정 마세요. 형이랑 잘 할 테니 편안하게 잘 지내시면 돼요. 잘 주무세요." 인사를 하고 전화를 끊었다.

나는 전화기를 들고 멍하니 앉아 있었다. 혼자 상견례에 나갈 생각을 하니 마음이 착 가라앉으며 몸에 힘도 빠져나가는 기분이었다. 남편의 빈자리가 오늘따라 크게 다가왔다. 다른 사람들이 상견례 한다는 말을 할 때는 예사롭게 들렸다. 텔레비전에서도 수없이 많은 상견례 장면을 보았지만 별로 마음에 와 닿지 않았다.

남편이 옆에 있으면 힘이 되고 의지하며 자식을 위해 더 좋은 상견례 자리가 될 텐데 생각할수록 걱정이 앞섰다. 자꾸만 막내아들의 그 말이 귀에 들리는 듯하다. 부부가 함께 이런 저런 이야기를 나누며 살아가는 삶이 얼마나 소중하고 아름다운가를 새삼 느껴 본 순간이었다. 억지로 잠을 청하고 눈을 감았다. 오늘밤 눈꺼풀이 천근만근 무거웠다. 속눈썹에 이슬이 맺혔다.

아침에 늦잠을 자고 있는데 까붕이가 작은 소리로 짖었다. 다른 때는 그런 소리를 내지 않았다. 잠을 자고 있는 내 모습이 평소와는 다르게 보였을까! 눈을 뜨자마자 천장이 빙글빙글 돌고 내 몸도 팽이처럼 뱅뱅 돌았다. 화장실을 가려고 일어났다. 두 발이 허공에 떠 있는 기분이 들었다. 배를 타고 가는 것처럼 멀미가 나서 토할 것 같아 화장실 문을 열었다. 변기에 앉아 위를 올려다보았다. 그 순간 내 몸과 변기와 화장실 천장이 회전목마가 돌아가듯이 뱅글뱅글 아주 빠르게 돌았다. 처음 겪는 일이라 무서운 생각이 들었다. 방에 들어와 두 무릎을 세우고 두 팔로 얼굴을 감쌌다. 여전히 뒷골이 아프고 메슥거렸다. 어지러움도 동반되었다. 다시 화장실로 가서 토하고 눈물 콧물도 나와 훌쩍거렸다. 혼자라는 것이 이렇게 무서울 줄을 몰랐다. 항상 곁에 있을 때는 평생 죽는 날까지 함께 할 줄 알았다. 그것이 당연하다고 여겼다. 배우자가 떠나고 혼자 살아가는 사람들을 보면서 그저 그냥 잘 살아가나 보다! 시간이 지나고 나면 잊고 살겠지 남의 일이라 생각했다. 한쪽 날개를 잃는다는 것은 겪어보지 않고는 알 수가 없다. 내가 살아야 자식들도 돌볼 수가 있다는 생각이 들었다. 밥을 삶아 억지로 먹었다.

병원에 가야 하는데 혼자 가다가 쓰러질까 두렵기도 했다. 창문을 열고 맑은 공기를 마시니 속까지 시원하였다. 까마귀가 울며 날아가니 슬픔이 더해졌다.

어젯밤에 눈을 감고 상견례 때문에 걱정은 되었지만, 이런 일이 벌어질 줄은 꿈에도 몰랐다. 막내아들의 그 말이 무척 마음 속 깊이 자리 잡았나 보다. 종갓집 맏며느리로 시집을 갔다. 사십 대 중반 시어른들을 대신해 막내 시동생, 시누이 상견례도 하고 결혼도 시켰다. 그런데 지금이 더 힘든 것은 이해가 되지 않았다. 그때는 시어른들이 있어 그랬는지 딱 꼬집어 말할 수는 없다. 답답한 마음에 동네 병원을 찾아갔다. 내 이야기를 듣고 난 의사는 갑자기 스트레스나 불안 장애 등의 심리적인 원인에 의하여 증상이 나타날 수도 있다는 말을 했다. 부모님께 잠자기 전 인사와 아침 문안 인사를 드리는 까닭을 알게 해 준 날이었다. 4월의 봄날 아침 해는 아무 일도 없다는 듯 따듯한 손길을 내밀었다.

# 5

# 신혼여행지에서

4월이 오면 신혼여행을 갔다 온 기억이 되살아난다. 친척의 소개로 만나 선을 보고 난 후 결혼날짜를 잡았다. 청량리 근처 B예식장에서 결혼식 하는 날. 하얀 드레스를 입고 신부대기실에 앉아 있었다. 친정 고모는 "깅자가 신부화장 하고 드레스 입으니 나비같이 예쁘구나." 하고 내 손을 꼭 잡아 주었다. 전날 밤에 연습한 대로 아버지는 딸의 팔짱을 끼고 음악에 맞춰 걸어갔다. 발자국을 뗄 때마다 아버지의 손 떨림이 느껴졌다. 그 순간 울컥하여 눈물이 쏟아질 것 같았다. 단체사진을 찍었다. 예식은 금방 끝이 났다. 양가 부모님과 친척들에게 인사를 하고 즐거운 신혼여행 길에 올랐다.

택시를 타고 강남고속터미널에 도착해 속리산 가는 버스를 탔다. 버스 안에 들어서자 승객들이 쳐다보았다. 여자는 고개를 숙이고 남자는 좌석 번호를 확인하고 자리에 앉았다. 같이 앉아가는 것이 어색하고 조금 부끄러웠다. 남자는 말이 없고 새 신부처럼 조용했다. 언제 말을 붙일까 하고 남자를 쳐다보았다. 창밖을 보는 남자의 얼굴은 무표정이었다. 지금 생각해도 무슨 말을 했는지, '아니 옆에 있기나 했나' 하는 생각이 들었다. 신혼여행을 간다는 것이 실감나지 않았다. 모르는 남자 옆에 앉아 가는 느낌마저 들었다.

남자는 두 손을 가지런히 무릎 위에 올려놓고, 차창 밖을 보고만 있었다. 내가 맘에 안 들어서 후회를 하고 있는 것은 아닌지 가슴이 답답했다. 여자도 말이 없는 편이라 조용하였다. '안 맞아도 이렇게 안 맞냐! 속이 타서 차창 밖을 내다보니 산에는 진달래가 무리 지어 피었고, 도로변에는 개나리꽃이 커튼처럼 드리워져 있었다. 여자는 지나가는 풍경들이 자꾸 따라와 밉살스럽게 보였다.

휴게소에서 잠깐 쉬어간다는 안내 방송이 흘러나왔다. 그때 갑자기 남자가 모기소리만 한 목소리로 "뭐가 먹고 싶어요." 하고 말했다. 여자는 꾹 참고 조금 수줍어하며 "아무거나 사다 줘요." 하고 남자 얼굴을 보았다. 차 안에 사람들은 신혼부부를 부러운 눈으로 쳐다보았다. 남이 보기에는 무척 행복해 보였나! 뭘 사다 주었는지 기억이 아지랑이처럼 가물가물하고 끼니를 때웠다는 사실이 다행이었다. 대화를 하지 않고 먹기만 했다.

터미널에 도착해서 대기하고 있는 택시기사에게 목적지를 알려주었다. 속리산 법주사에 도착. 우선 근처에 숙소를 정하자고 했다. 예약을 못하고 와서 계속 찾아다니면서 방이 있냐고 물어보았다. 남자는 빠르게 움직이며 몇 군데를 둘러보고 또 나오기를 반복했다. 여자는 오렌지색

원피스로 갈아입고 올림머리와 화장도 예식장 들어갈 때 그 모습이었다. 여자는 남자의 눈치만 보면서 4월 햇살을 받으며 그냥 느림보처럼 따라다녔다.

간판도 그럴듯하고 깨끗하게 보이는 곳에서 남자가 말을 하지 않고, 손을 높이 들고 오라는 신호를 보냈다. 주인은 힐끗 쳐다보며 신혼부부라는 것을 알고 "어서 오세요." 하고 반겨주었다. 남자는 침대가 있는 방을 구한다고 애를 먹었다며, 여자를 쳐다보았다. 남자는 겸연쩍게 웃었다. 밉게 보이던 개나리꽃도 주변에 서 있는 소나무 감나무도 예쁘고 멋있게 보였다.

방은 깨끗하여 마음에 들었다. 짐을 정리하고 밖으로 나왔다. 4월의 오후 햇빛이 좋았다. 손을 잡고 걷고 싶은데 그럴 생각조차 없는지 떨어져 걸었다. 잠바차림을 하고 카메라를 멘 아저씨가 숙소 입구에서 기다리고 있었다. 오늘 우리를 위해 신혼여행기념 사진을 찍는다고 했다. 여자는 속으로 '어머나, 말도 하지 않고 무뚝뚝하더니 어찌 이런 일이!' 하고 남자의 옆모습을 보고 웃었다. 관광객들이 아름다운 봄의 숲길을 걷고 있었다. 뒤따라오던 오십 대 아주머니들이 '우리도 저런 때가 엊그제 같은데 벌써 나이가 이렇게 먹었네.' 했다. 여자가 멋쩍어 남자 손을 잡는 순간 "사람들이 보는데 그냥 손 놓고 걸어요." 해서 얼른 놓았다. 여자는 다시 손을 잡아야 하나, 말아야 하나, 애교도 없다고 하면 어떡하나 혼자 생각하다 말았다.

뒤따라오던 아저씨가 개나리꽃이 핀 곳으로 안내를 하였다. 한 쌍의 신혼부부가 사진을 찍고 있었다. 아저씨는 "신랑신부 손잡고 마주보고 웃어요. 그리고 '사랑해요' 하고 살짝 안아주세요. 예. 좋아요. 그리고 신부가 '나 잡아봐라' 하면 신랑이 잡으러 가는 장면을 찍을 거예요. 예. 연기도 잘 하시네요.

영화에서 유행하던 장면을 남자와 여자가 찍으니 웃음이 나왔다. 플라타너스 뒤에서 서로 얼굴을 내밀고 '까꿍' 하세요. 예 좋아요. 다음은 이마에다 뽀뽀하세요. 하나, 둘, 셋하고 계속 사진을 찍었다. 남자는 익숙하게 하라는 대로 잘 했다. 버스 안에서 말없던 그 남자가 맞나! 포즈를 취하는데 여자보다 더 적극적이었다. "신부님 개나리꽃이 핀 가지를 잡고 '방긋' 웃어요. 예 예쁩니다. 웃으니 더 예뻐요. 이젠 그만 찍을게요" 했다. 계속 걷다보니 새 구두를 신은 발이 조여들었다. 오른쪽 새끼발가락이 아프고, 발뒤꿈치도 살이 벗겨졌다. 절룩거리며 따라다니다 보니 지쳐 말도 나오지 않았다. 신혼여행도 즐거움이 사라졌다.

그런 내 모습을 보고 안쓰러운지 손을 잡으라며 오른손을 내밀었다. 여자는 남자의 손을 꼭 잡고 더 아픈 척하였다. 여자는 애교를 떨어야 남자에게 사랑도 받고 귀염을 받는 다는 말이 맞았다. 남자 손이 봄날이라 따듯한 게 아니고 따듯한 마음의 남자 손이었다. 둘이 걸으니 길가에 핀 개나리 진달래꽃이 봄바람에 살랑거리며 뒤를 따라왔다.

낯선 곳에서 지내는 일은 복잡하고 익숙하지 않았다. 조용한 아침이었다. 남자는 부지런하여 어느새 말끔하게 단장을 하고 있었다. 늦잠을 자고 일어나니 살짝 부끄러운 맘이 들었다. 1박을 하고 서울 친정집에 왔다. 아버지는 엄마 없이 자란 딸이 시집가서 잘 살아야 하는 맘에서 "이 서방 벌써 왔냐?" 하며 조금 걱정스러운 얼굴이었다. 혹시 둘이 언짢은 일이라도 있어 일찍 왔나 물어보는 눈치였다. 딸 가진 부모의 마음이었다. 아직도 그때의 아버지 음성이 들리는 듯하다.

말이 없어 심심한 결혼생활이었다. 친정아버지는 이 서방이 쓸모 있는 말만 하니까 더 믿음이 간다며 칭찬을 해주었다. 살아보니 정말 말이 없었다. 시어머니 말씀대로 시아버지의 성격을 닮았다는 말이 딱 들어맞았다. 친정에 갈 때도 내 손을 잡았다가 앞에서 누군가 오면 얼른 손을 놓았다. 아직도 변하지 않은 모습에 웃음이 나왔다. 한편으로 마음은 따듯하고 여자를 아껴주는 편이었다.

봄이 오면 개나리는 피지만 남편은 벌써 일곱 번째 봄이 와도 만날 수가 없는 곳에 있다. 앨범 속에 있는 사진을 꺼내 본다. 신혼여행사진과 두 아들을 안고 있는 사진도 봤다. 사진 속 여자와 남자는 손을 잡고 있었다. 올봄에는 개나리꽃을 한 아름 안고 남편이 잠든 그곳으로 달려가 신혼여행 이야기를 하고 싶다.

# 봉숭아 꽃물

이웃집 아저씨는 밖에 나와 혼자 앉아 있을 때가 있다. 자주 지나다니다 보니 인사도 나누고 다른 사람들과 친하게 지낸다. 아저씨는 몸이 불편하여 휠체어를 타고 다닌다. 심심풀이로 화초를 키우는 화분이 몇 개 있다. 잠시 하는 일은 불편함이 없어 해마다 꽃씨를 사다가 화분에 심는다. 화분들은 모양이나 생김새가 다르다. 다른 사람들이 준 화분들을 모아 화단처럼 꾸몄다. 꽃그림이 그려진 것도 있으며, 금이 가고 한 귀퉁이가 떨어져 나간 것도 있다. 몸이 불편하여도 예쁘게 피는 꽃을 보며 나에게 자랑을 하였다. 꽃 종류도 다양하게 피지만 봉숭아꽃이 으뜸이었다. 하루는 지나가는 나를 보고 봉숭아꽃을 따다가 손톱에 물을 들이면 예쁘다고 했다. 남자가 물을 들일 수도 없다며 웃었다. 맘대로 봉숭아꽃을 따가도 된다고 했다. 햇빛을 받아 비단결 같은 꽃잎을 보니 먼 과거로 되돌아갔다.

내가 자란 산골 동네는 화분에 꽃을 심어 놓은 집은 별로 없었다. 산과

들이 있어 굳이 꽃을 심거나 가꾸는 일은 보기 드물었다. 봄이면 온 산에 진달래꽃이 만발하고, 동네 어귀에는 살구꽃이 피고, 복숭아꽃, 개나리꽃, 감나무 꽃이 피는 동네. 집안을 보면 마당 한 귀퉁이나 돌담 아래는 자그마한 꽃밭이 자리하고 있었다.

우리 집 꽃밭은 엄마가 좋아하는 꽃을 심었다. 돌담도 엄마를 닮아 높이도 낮았다. 밖에서 보면 우리 집 안을 훤히 볼 수가 있다. 지나가다 사람들은 담장 너머 고개를 내밀고 인사도 나누었다. 집집마다 심는 꽃은 거의 비슷하였다. 농사일에 지쳐도 꽃밭은 잘 가꾸었다. 서로 꽃모종을 주고받았다. 봄비가 오는 날 아니면 내리고 난 후에 호미로 흙을 파고 손으로 꾹꾹 다져 심었다. 엄마는 키가 작은 꽃을 좋아했다. 심은 꽃들은 진딧물이 붙어 시들시들하고, 꽃도 제대로 피우지 못했다. 메마른 마당 구석에 볼품도 없이 잎도 누렇게 뜨고, 영양부족인 듯했다. 내 얼굴에 버즘 피듯이 봉숭아 잎도 허옇게 피었다. 물을 주고 정성을 다해 키웠지만 좀처럼 생기가 돌지 않았다.

저녁을 먹고 엄마와 함께 철순이네 집에 갔다. 철순이네 집 봉숭아는 탐스럽게 붉은 꽃을 달고 있었다. 철순이 엄마와 우리 엄마는 봉숭아꽃이 핀 담장 아래 앉아 남편 흉을 보며, 웃음이 나와 거친 손으로 입을 막았다. 나는 무슨 이야기인지 알지도 못하면서 엄마의 얼굴을 보고 따라 웃었다. 인정이 많은 철순이 엄마는 봉숭아꽃과 잎을 아낌없이 따주었다. 나도 한 주먹을 얻어왔다. 깨끗하게 씻어 돌 위에 백반과 굵은 소금, 꽃과 잎을 넣고 작은 돌멩이로 찧었다. 엄마는 나를 바라보면서 봉숭아꽃이 피듯 활짝 웃으셨다. "경자야 손톱에 물들이자." 하는 말에 손톱을 내밀자 달이 반짝반짝 반달 손톱을 비추었다. 엄마가 찧어 놓은 것을 내 손톱 위에 올려주는 순간, 시큼하고 씁쌀한 향기가 났다. 준비해둔 감나무 잎으로 싸고 무명실로 귀한 보물을 감싸듯이 꽁꽁 묶었다.

달빛이 뿌옇게 내리는 밤. 엄마의 그림자가 움직일 때마다 신기했다. 너무 조여 아프기는 해도 꾹 참았다. 파란 골무를 낀 손가락을 보며 잠이 들었다. 꿈속에서 꽃이 핀 길을 걸으며 행복했다.

아침에 눈을 떴다. 손가락을 보고 깜짝 놀랐다. 몇 개가 풀려 버렸다. 무명천 이불에 붙어 있는 것을 떼어 보니 봉숭아 꽃잎 무늬가 새겨져 있었다. 엄마가 혼낼까 봐 이불깃을 잡아당겨 덮어두었다. 손톱에 물을 들이는 일도 쉽지 않았다. 남아있는 것을 하나씩 풀었더니 동여맨 자국이 보였으며 꽃물이 예쁘게 물들었다. 빠져 나간 자리에는 진하게 물들지 않았다. 햇살에 반짝반짝 빛이 났다. 엄마는 그런 내 모습을 보고 웃으셨다. 동네 친구들에게 자랑했다.

그때 물든 손톱은 작고 귀여웠다. 어른이 되니 손가락과 손톱도 억세지고 갈라졌다. 손톱에 매니큐어를 칠했다. 오래되면 벗겨져서 갑자기 외출을 할 때는 난감했다. 가족들은 독한 냄새를 싫어해서 아무도 없을 때 발랐다. 동네마다 네일샵도 많이 생겨 직업으로 하는 전문가도 많다. 큐빅과 구슬 등으로 장식해 준다. 매니큐어를 바르면 손톱이 조여드는 느낌이 들었다. 손톱이 숨을 쉬지 못해 안 좋은 영향을 미치지 않을까 하는 생각이 든다. 물론 사람에 따라 다르긴 하겠지만 예쁜 손톱은 무얼 해도 예쁘다.

봉숭아 꽃물들이기는 옛날 소녀나 여인들의 소박한 미용법이 아니었을까 하는 생각을 해본다.

붓꽃 씨를 따다가 그 안에 들어있는 하얀 가루를 손가락에 묻혀 분가루처럼 발랐으며, 수세미 줄기를 잘라 병 속에 넣어두면 수세미 수액이 모였다. 그것을 얼굴에 바르면 미용효과가 뛰어났다.

여름 주홍빛으로 물들여진 손톱이 첫눈 올 때까지 남아 있으면 첫사랑이 이루어진다는 이야기도 있다. 마음 설레며 꽃물 들이는 여인의 예쁜 마음도 그려본다. 세월이 지나고 바쁘다 보니 봉숭아꽃을 심어 손톱에 물을 들이는 일도 차츰 잊었다. 내 손톱을 보니 밋밋하고 생기가 없어 보인다. 아저씨는 오늘도 꽃을 보며 물도 주고 예쁘게 가꾸었다. 어제보다 더 활짝 핀 봉숭아꽃을 보면 그때가 생각난다. 봉숭아꽃과 잎을 몇 개 따볼까, 엄마 대신 누가 봉숭아 꽃물을 들여 줄까!

# 치자꽃 피는 집

치자나무는 늘 푸른 나무로써 따듯한 곳에서 잘 자라며 키가 2~3미터 정도로 작은 나무이다. 은은한 향을 즐기려면 홑 꽃을 달고 있는 치자나무를 심는 것이 좋다. 그래서 가정이나 학교 정원수로 많이 심는다. 치자 열매는 황색색소가 들어 있어 천연 염색원료로도 널리 쓰였다. 아낙들은 치자 열매를 깨트려 물에 담가두기도 하였다. 물감이 귀한 때라 치자 물을 이용하여 옷감이나 종이 등에 치자 물을 들였다. 옛날 사람들은 생활용품에도 아름다움을 더하여 물감을 많이 활용하였다. 어머니도 명절 제삿날 치자열매로 우려낸 물을 이용하여 여러 가지 부침을 하였다. 어머니의 손등도 노랗게 물들었다. 지금의 인공 물감에 비하면 치자열매는 무공해 물감으로 그 쓰임새를 으뜸으로 쳤다. 내가 살던 집 돌담에는 치자나무가 무성하게 자랐다.

키 큰 벚꽃나무보다 치자나무는 볼수록 키가 작은 어머니를 닮은 듯하다. 해가 기울어갈 무렵에 쳐다보면 소복을 입은 어머니의 모습과도 비슷하다. 초여름에 흰빛으로 피어 짙은 향기를 풍기는데 어머니 분냄새처럼 코끝을 스친다. 향기가 제아무리 풍겨도 아름다운 꽃은 지고나면 그뿐이다. 하지만 봄이면 다시 피어나는 꽃. 사람은 한번 세상을 떠나면 다시는 오지 않는다는 할아버지 말이 지금도 기억난다.

어머니가 세상을 떠난 후 할아버지가 손녀를 키웠다. 아버지는 멀리 떨어져 살면서 가끔씩 다녀가곤 하였다. 집안에 새사람이 들어오면 힘든 일이다. 그러니 나하고 같이 살아야 한다. 그래야 엄마 없는 서러움을 덜 받는다고 했다. 그때부터 손녀와 함께 힘든 삶을 살았다. 다른 아이들은 엄마하고 사는데 왜 나는 할아버지와 살까! 해가 질 무렵 치자꽃이 피면 어머니가 나를 부르며 달려오려나 하고 그 아래서 기다렸다. 그런 내 모습을 본 할아버지는 화가 난 목소리로 말했다. '너 어미는 이제 오지 않는다. 그러니 밥 잘 먹고 씩씩하게 살아야 한다.' 라며 긴 한숨을 쉬었다. 나도 그러고 싶다. 하지만 엄마가 있어야 공부도 열심히 하고 맛있는 것도 많이 먹을 텐데 라며 할아버지에게 떼를 쓰기도 하였다. 할아버지 눈 속에 이슬이 반짝였다. 할아버지 눈 속에 별이 떴나 하고 가만히 들여다보았다. 할아버지가 얼굴을 돌릴 때 뜨거운 물방울이 내 손등에 떨어졌다.

생활은 점점 어려워졌다. 산에 가서 땔감도 마련하였다. 큰 나무는 톱으로 쓸거나 도끼로 쪼개어 썼다. 나무 한 짐을 사기도 어려운 형편이었다. 나도 할아버지 따라 산으로 가곤 하였다. 봄이면 보리수 열매도 따서 먹었다. 간식으로 그만이었다. 보리수 씨가 보리같이 생겨서 아주 멀리 혀로 힘껏 날려 버렸다. 삼시 세끼 보리밥을 고봉으로 먹어도 금방 꼬르륵 소리가 들렸다. 할아버지는 그 소리에 놀라 얼른 밥을 챙겨 주었다.

먹어도 금방 배가 고팠다. 어머니가 없는 서러움 같은 배고픔인지 모르겠다. 5일장이 서는 날이면 할아버지는 치자꽃이 핀 돌담을 끼고 돌아서 갔다. 왜소한 몸이 허수아비처럼 외로워 보였다.

쌀 한 되 사고, 가느다란 꼬챙이 같은 간 갈치 두 마리 짚으로 묶어 덜렁덜렁 들고 오는 모습이 보이면 나는 쏜살같이 달려갔다. '할아버지' 하고 웃으면서 불렀다. 나비도 같이 내 머리 위로 자꾸만 따라온다. 할아버지는 '깅자가 치자꽃인 줄 알고 나비도 날아오네.' 하고는 웃었다. 할아버지가 들고 있는 보따리를 머리에 이고 기분이 좋아 콧노래 부르면서 갔다. 동네 아낙들은 그런 나를 안쓰러운 눈으로 바라보았다. 인사도 못 하고 보조개가 생길 만큼 웃었다. 할아버지가 사준 꽃무늬 몽당치마도 춤을 추었다. 힘은 부치지만 고소한 갈치 먹을 생각에 신이 절로 났다. 숯불에 구워진 갈치는 허리가 더 가늘어서 살이라고는 보이지 않았다. 할아버지는 젓가락으로 살을 떼어서 갈치 살맛을 보라며 밥숟가락 위에 올려 주었다. 그 맛을 어디에 비기랴!

할아버지는 내가 먹는 모습만 보아도 흐뭇해하였다. 다음 장날에는 큰 놈을 한 마리 사다가 맛있게 구워 주마하고는 나를 쳐다보았다. 너거 아버지가 이번 주말에는 다녀가야 할 텐데 하며 치자나무 꽃 너머로 눈길을 주었다.

치자꽃 피는 집도 세월에 묻혀서 사라지고 말았다. 할아버지와 나의 삶이 웃음이 되고 눈물이 되고 보고파서 허덕이던 곳. 내 마음속 깊은 곳에 할아버지 사랑은 언제나 따듯하고 향기로웠다. 밀짚모자에 꽂힌 치자꽃. 웃으며 꽃놀이 가시던 할아버지. 치자꽃 피면 보고 싶다. 하얀 꽃잎 속에 피어나는 그리운 얼굴.

# 모과 미인

도시에서 파는 모과는 얼굴이 반질반질 때깔이 난다. 영양가 있는 것을 많이 먹었는지, 보톡스를 쏘았는지 소비자들 눈에 쏙 들어온다. 모과는 탐스럽고 풍만하여 몸값이 황금값이다. 모과의 향기는 어느 향기보다 은은하다. 반면에 오일장에 나온 모과는 말 그대로 못생겨 볼품이 없다. 바짝 마르고 윤기도 나지 않아 몸값이 낮다. 동글동글 귀엽기는 하다. 두메에서 자란다고 다 그런 것은 아니다. 더 여물고 예쁜 모과도 많이 열렸다.

남녀가 맞선을 볼 때 외모만 보고 잘 생겼다, 못 생겼다, 밉다, 예쁘다 하는 예도 종종 있었다. 내가 스물 네 살 되던 해 아버지는 지인을 통해 맞선 자리를 마련하였다. 나는 서울에 살고 있었다. 아버지는 도시 남자보다는 농사를 지으며 부모를 모시고, 착실하게 사는 남자가 더 가정적이고 너를 마음고생 시키지 않는다며, 꼭 한번 만나 보라고 했다. 억지로 고향에 내려가 선을 보는 자리에 나갔다. 처음부터 마음에 없는 일이라 그냥 차를 마시고 나왔다. 소개한 친척이 아버지에게 다 고해 바쳤다. "깅자가 도시 아가씨라 얼굴은 예쁘다며, 남자 앞에 앉아 아무말도 못하고, 돼지에게 밥을 준 일이 있냐고 물어도 모른다.

시골에서 살수 있냐고 물어봐도 말이 없어 답답했다며, 남자 쪽에서 퇴짜를 놨다카네." 하는 말을 전해주었다. 아버지는 "니가 마음에 없으면 그만이다." 하고 끝났다.

내 친구 숙이도 결혼할 나이가 되어 고향에 사는 부모의 성화에 못 이겨 맞선을 보게 되었다. 다니던 회사에 양해를 구하고 고향으로 내려갔다. 부모가 알려준 대로 읍에 있는 '별 다방'에 들어섰다. 구석진 곳에 앉아있던 남자가 어정쩡하게 일어나 인사를 하자, 숙이도 얼떨결에 남자 앞으로 가서 앉았다. 흘러나오는 음악은 침침한 다방 분위기를 더 무겁게 만들었다. 뽀글뽀글 파마머리 아주머니가 계란 노른자를 띄운 쌍화차 두 잔을 앞에 놓고 갔다. "어색한 분위기 너도 알지" 하며 이야기를 계속했다. 차를 마시며 슬쩍 곁눈질로 남자를 쳐다보았다. 남자 얼굴이 저렇게 못생겼냐! 도시에 나가 작은 회사를 다니다가 농사를 지으며 산다고 했는데! 코는 삐죽, 눈은 모과 씨보다는 크고, 검은 눈썹도 아니고, 대머리에 그을린 얼굴, 턱은 세모여서 더 초라해 보였다. 숙이는 차를 마시다 말고 속으로 '내 스타일이 아니다' 하며 다방을 뛰쳐나왔다.

숙이가 선을 본 후 동네방네 소문이 빠르게 퍼져 나갔다. 그 남자의 말에 의하면 숙이가 예쁘지 않고 '모개처럼 생겨 싫다'고 했다는 말들이 돌아다녔다. 사실은 숙이 얼굴은 외탁을 하여 그리 예쁜 편은 아니었다. 소문을 들은 숙이 엄마는 화가 많이 나서 얼굴이 달아올랐다. 내 딸을 어떻게 보고 그런 말을 했는지 모르겠다며, 당장 선 본 남자에게 달려가서 따져보고 싶지만 참았다.

내가 첫아들을 낳을 때 일이었다. 시어머니는 읍에 있는 의사와 간호사를 집으로 오게 했다. 그때만 해도 의사가 산골마을에 왕진을 온다는 것은 꿈도 못 꿀 일이었다. 아기는 의사의 도움으로 으앙 하고 세상 밖으로 나왔다. 의사는 "요놈 봐라 눈이 아주 똘똘해." 했다. 아기 울음소리를 듣고 어머니는 성급하게 방에 들어와 아이의 길쭉한 머리를 손으로 꾹꾹 눌렀다. 손자 머리가 모개같이 울퉁불퉁하면 큰일이라며 자꾸 만졌다. 그 순간 의사는 얼른 어머니 손을 잡고 "할머니 차차 예쁜 머리 모양이 나오니 참으세요."하는 말에 멈추었다. "남자는 둥글둥글하게 생겨야지요." 하며 안심을 시켰다.

모과는 울퉁불퉁해도 보는 사람에 따라 매력이 있을 수도 있고, 못난이 취급도 받지만 불만은 없다. 나도 누구에게 못 생겼다 하는 말을 해본 적 있는지 생각을 해본다. 중매쟁이가 선을 보라고 하면 퇴짜 맞은 생각이 떠올라 싫다며 거절을 했던 기억도 있었다. 그 후 친정 고모의 소개로 결혼을 하였다. 친구 숙이는 직장이 있는 도시에서 남자를 만나 결혼해 두 딸을 낳았다. 숙이를 닮지 않고 예뻤다는 소식을 들었다. 나도 갓 태어난 아기머리를 보고 놀랐다. 영리하고 똑똑하게 자라 할머니에게 귀여움을 받았다.

내가 예닐곱 살 때였다. 감기 예방에 좋다며 친척할머니는 쇠죽을 끓이고 나며 잿불에 모과를 구웠다. 익은 것을 꺼내 닳아빠진 놋숟가락으로 쓱쓱 긁어 나에게 먹여주었다. 시큼하고 떫은맛이 나서 눈을 감고 억지로 먹었다.

그 모습을 보고 할머니는 "우리 못난이 모개 먹고 나니 모과꽃 같은 볼에, 눈은 샛별 같고, 웃을 때 보조개가 예뻐 이담에 미스코리아 뽑치겠네." 하였다.

그 후 어른이 되어 모개를 먹은 효과가 있었다. 강의를 듣고 있는 수필작가회 송년의 밤에 팔도미인 대회가 있었다. 그날 나는 '경상도 미인대표'로 뽑혀 많은 사람들의 박수를 받았다. 또 한번은 문학단체 행사를 마친 다음 칠팔 명이 찻집에 모였다. 나는 모과차, 나머지는 커피를 마시며 웃음이 끊이지 않았다. 그 중 K 선생이 웃으며 "지금 내가 하는 말을 듣고 바로 행동개시 바랍니다. 내 말을 잘 들어요. 여기 제일 미인 선생님은 누구?"하자 손가락으로 나를 가리켰다. 기념사진을 찍기 위해 챙이 넓고 꽃이 달린 K의 모자를 쓰고 우아하게 찍은 다음 혼자 여왕처럼 찍었다. 이만하면 모과의 효능을 본 것 같다. 화장대 위에 올려놓은 모과와 내 얼굴을 요모조모 맞추어보니 모과가 더 미인이다.

# 다람쥐가 있는 풍경

생김새는 쥐와 비슷하다. 하늘 다람쥐 날다람쥐도 있다. 쥐는 사람들이 별로 좋아하는 동물이 아니지만 다람쥐는 그와 반대로 많은 사람들에게 동심을 불러일으킨다. 가까이서 보는 것은 어렵지만 어쩌다가 동물원이나 산에서 만나면 옛 친구를 보는 것처럼 반갑다. 나무를 잘 타는가 하면 뺨 속에 주머니가 있어 먹이를 운반하여 굴속에 겨울 먹이를 저장하기도 한다. 다람쥐는 나무 위에 둥근 집을 짓고 사는데 사람들은 그곳을 관찰해 보기도 한다. 나무를 타고 다니거나 내려올 때는 머리를 아래로 하고 달음질치면서 내려온다.

우리도 흉내를 낸다고 나뭇가지를 잡고 장난을 치다가 상처를 입기도 하였다. 땅 위를 달릴 때는 깡충깡충 뛰면서 달린다. 듣기 좋은 말은 다람쥐처럼 빠르구나 하는 말이다. 어머니가 심부름을 시키면 잽싸게 달려갔다 와서 다람쥐같이 빠르네 하고 칭찬을 들을 때가 기분 좋았다. 다람쥐 꼬리에는 털이 많다. 그 털로 목도리를 하면 얼마나 따듯할까! 털의 색깔은 여름과 겨울에 약간의 차이가 있다. 성질이 온순하며 사람들에게 사랑을 받으면서 요즈음은 애완용으로도 많이 기른다.

다람쥐는 산에서 누구의 간섭도 받지 않고 놀이를 하면서 살았다. 그렇게 사는 다람쥐가 부러울 때도 있었다.

어머니는 공부해라 그래야 훌륭한 사람이 된다고 하지만 우리는 다람쥐처럼 그렇게 살고 싶었다. 가끔은 다람쥐를 괴롭히는 짐승들도 나타나 무섭고 겁을 먹을 때도 있었다. 산에 와서 나무를 한다거나 약초를 캐는 사람들 때문에 놀라기도 하지만 잘 피해 다니면 그뿐이다. 그렇다고 마음을 놓고 있다가는 낭패를 당하는 수도 있어 항상 조심을 해야 한다. 나무 위에 올라가 망을 본다거나 그 곁을 한번 슬쩍 스쳐보는 보는 것도 재미있는 놀이의 일종이었다. 까불까불 하다가 같이 살던 내 친구가 잡혀가는 것을 보았다.

재주를 잘 부리는 원숭이도 나무에서 떨어진다고 했던가! 소리도 지르지 못하고 한 손에 붙들려간 친구 다람쥐는 어떻게 지내고 있을지 모를 일이다. 그 집에서 살고 있는 다람쥐 소식이 궁금했다. 그저 그렇게 지내고 있다는 말을 솔바람이 들려주었다.

다람쥐를 데리고 온 사람은 마음이 착하고 부모 형제 이웃들과도 사이가 좋은 사람이었다. 그 집안 이야기를 하자면 이렇다. 한눈으로 보아도 가족들이 10여 명은 되었다. 큰 기와집에 나무로 만든 뒤주가 두 개나 있고, 집 뒤안은 감나무 잡초들이 무성하게 자라 내가 살던 곳을 연상하게 하였지. 소 외양간에는 눈이 멀뚱멀뚱한 누른 암소가 송아지에게 젖을 물리고, 윤기가 흐르는 털을 가진 염소는 시도 때도 없이 울어대고, 암탉은 병아리를 데리고 축축한 땅을 파서 지렁이를 물고, 순하고 예쁜 토끼는 토끼장 안에서 주인이 뜯어다 준 칡잎을 맛있게 먹고 있었다. 누렁이는 먹다 남은 밥과 국물을 팍팍 먹는데 군침이 당겼지. 돼지우리에는 한 달 된 암퇘지가 열 마리나 되는 새끼에게 젖을 물리고 서로 먹겠다고 꿀꿀 하는 소리도 들렸다. 가족들은 그들을 위해 열심히 먹이를 챙겨주고 같이 살아가는 모습도 좋았다.

집안 구경을 하고 있는데 젊은 남자는 자기 조카를 위해서 재미있는 장난감을 만들어서 형수한테 자랑을 하고 싶은 모양이라 두고보자 했다. 나무토막과 쳇바퀴를 가지고 몇 분 만에 훌륭한 집을 만들어 나를 그 속에 집어넣어 주었지. 나는 쳇바퀴가 무엇인지도 모르고 발을 올렸는데 어쩌나 쉬지 않고 뱅글뱅글 도는지 어지러워 미치는 줄 알았지. 멈출 수가 있어야지. 누군가 나를 좀 꺼내 주었으면 해도 말이 안 통하니 점점 심해지는 두통에 구역질이 나려고 했다. 이런 세상을 살아보기는 태어나서 처음 겪는 일이라 지치고 힘들었다.

그 와중에 젊은 남자는 눈이 크고 얼굴이 뽀얀 아기를 데리고 와서 내가 재주 부리는 것을 보여주었다. 아기가 방긋방긋 웃었다. 나는 더 신나게 돌렸다. 도토리나 밤을 까먹는 모습을 보고 귀엽다고 가족들이 다 몰려와서 보고는 잘 한다고 박수까지 받았지. 형수는 시동생에게 고맙다며 아기가 좋아하니 다람쥐가 사랑스럽다고 하였다. 동네 아이들도 모여들었다.

산골에서 자란 동네 친구들은 다람쥐를 집으로 데리고 와서 키워보자고 하면서 뒷동산을 오르내리곤 하였다. 산골마을에는 어린이 놀이터나 가지고 놀 장난감도 없었다. 산에 오르면 자유롭게 하늘을 나는 새와 목화송이 같은 구름도 손만 뻗으면 닿을 것 같았다. 산이나 들이나 다람쥐처럼 나무도 타면서 놀았다. 산은 여러 가지 산새들 울음소리, 바람이 불면 잎들이 부딪혀 내는 소리도 정겨웠다. 우리는 그 소리에 맞추어 산골짝에 다람쥐 아기 다람쥐 하고 큰 소리로 노래를 불렀다.

그 노래는 메아리가 되어 돌아왔다. 혹시 다람쥐가 어디서 나올까 하고 조용하게 숨을 죽이고 기다려 보기도 하였다. 그 때 갈참나무 이파리가 떨어지는 소리에 깜짝 놀랐다. 다람쥐가 나타나면 뒤쫓는 상상을 하는 것도 재미있는 놀이였다. 우리의 생각이 통했는지 마침 그때, 조그마한 몸집의 다람쥐가 바위 앞에 나타났다가 우리를 보고는 갈참나무 사이로 쏜살같이 도망을 쳤다. 조그마한 것이 얼마나 빨리 달리는지 따라잡을 수가 없었다. 그 뒤를 쫓다가 넘어져서 작은 돌 조각이 박혀 무릎에 피가 났다. 다른 때 같으면 피를 보고 무서워서 동네가 떠나갈 듯이 울었을 텐데 꾹 참았다.

어머니가 알면 무척 화를 내면서 다시는 그곳에 가지말라고 했을 텐데. 지금 생각해봐도 위험한 놀이였다. 다람쥐가 나타나지 않았다. 심심해 알밤을 주워 붉은 겉껍질을 까고 속껍질까지 벗겨냈다. 약간 떫은맛도 나고 고소한 맛도 있어 간식으로 먹었다. 다람쥐가 밤 냄새를 맡고 우리 앞에 나타나지 않을까 하고 다람쥐가 밤을 까는 흉내도 내면서 시간 가는 줄 몰랐다. 나무에서 떨어지는 도토리가 우리 앞에 떨어졌다. 여기는 꼭 나타날 것 같은데 목을 빼고 주위를 둘러보아도 다람쥐 그림자도 보이지 않았다. 허탕을 치고 산에서 내려오는 길에서 새까만 눈을 가진 다람쥐가 재빠르게 달아나는 것을 보고 죽을힘을 다해서 뛰었지만 놓치고 말았다. 어떻게 다람쥐를 잡냐, 우리 동네 있는 다람쥐나 보러 가자하고 그 집으로 갔다.

다람쥐 집이 통째로 없어졌다고 소문이 돌았다. 범인을 찾아내기는 어려웠다. 동네 사람들에게 함부로 말을 할 수가 없었다.

잘못하다가는 큰 싸움이 일어날 수도 있기 때문이다. 집집마다 다니면서 확인도 못하고 그저 손을 놓고 있었다. 혹시 못된 짐승이 와서 잡아먹었다면 털이라도 남았을 텐데 애지중지하던 다람쥐가 그렇게 행방불명이 되다니 몰래 카메라가 있었다면 당장에 잡았을 범인을 못잡고 보니 모두 허탈감에 빠졌다. 다람쥐를 데리고 온 시동생은 혼자 고민을 하였다. 다람쥐가 돌리는 쳇바퀴 소리 귓가에 들리는 듯하다.

시골집에 들르면 흔적도 없이 사라진 다람쥐 이야기도 하면서 웃었다. 막내 시동생은 그때 범인을 잡았어야 했다면서 아쉬운 마음을 드러냈다. 어른이 되어도 귀여운 다람쥐는 내 마음 속에 있다. 지금도 산을 오르면 가끔 만나는 아기 다람쥐가 고향의 친구를 만나는 것처럼 반가웠다. 사람을 무서워하지도 않고 가까이 와서 재롱을 떠는 다람쥐. 다람쥐 노래도 불러본다.

*산골짝에 다람쥐 아기 다람쥐. 도토리 점심 가지고 소풍을 간다. 다람쥐야 다람쥐야 재주나 한 번 넘으렴. 팔딱 팔딱 팔딱 날도 참말 좋구나.*

# 꽃다발 선물

사람이 살다보면 싸울 일이 많다. 꼭 사람과 다투는 일 외에도 춥거나 덥거나 힘이 들 때 그들과 싸워 이겨야 한다. 봄에는 꽃구경, 여름에는 휴가를 가야 한다며, 가을에는 단풍구경, 겨울에는 스키를 타야하고, 남이 하는 것 다 해야 직성이 풀린다며 싸우는 부부들도 있다. 그런 것들을 하지 않으면 남에게 뒤쳐지는 것처럼 괜히 마음이 편하지 않다 무덤덤하게 그냥 회사를 다니고 가족의 경조사를 챙기며 일상의 변화가 없는 사람도 있고, 또 별나게 남의 일에 참견을 하고, 내가 해결을 하지 않으면 안 된다는 식으로 두 팔을 걷어붙이고 용감하게 관심을 드러내는 것도, 좋을 때와 나쁠 때가 있다.

우리 부모님도 작은 일을 가지고 서로 언쟁을 벌였다. "오늘 갱자가 구구 셈을 외우지 못해서 벌을 섰다는데 공부를 좀 가르쳐 주어요." 하며 엄마가 아버지께 이야기를 하였다. 그런 말을 듣고 있던 아버지는 "공부 못하는 거는 엄마를 닮았다."고 하자 억울한 엄마는 그것이 내 탓이냐며

화를 내며 큰 소리로 대꾸를 하였다. 저러면 안 되는데, 엄마가 참아야 하는데, 그때 아버지는 소리를 버럭 지르며 밖으로 나갔다. 막걸리 집에 가서 또 술을 맘껏 드시고 오시면 불안하였다.

나는 이불을 뒤집어쓰고 어두운 밤이 빨리 지나가기를 빌었다. 나는 절대 친구들과 싸우지 말자 내일부터는 구구 셈을 잘해서 부모님이 웃는 얼굴을 보고 싶었다.

나이가 들면서도 맘이 맘대로 되는 게 아니었다. 친구들과 말다툼도 하였다. 어쩌다 옆집에 사는 은영이 아버지가 집안에 있는 살림을 다 부수고, 아이들에게 큰소리를 질러 모두 겁을 먹고 이웃집으로 피신을 하였다. 방문도 발로 차고 닥치는 대로 시원하게 한바탕 전쟁을 치르고 나면, 은영이 아빠는 부끄러워 집 밖에도 나오지 못했다. 은영이 엄마는 눈두덩에 시퍼렇게 멍이 들어 냇가나 우물가에 가는 일도 창피해서 사람들을 피해 다녔다. 싸움을 할 때는 자기가 최고였다. 하루건너 한 집에 부부싸움을 한다. 아예 자주 싸우며 무관심해졌다. 손바닥도 마주쳐야 소리가 난다는 말처럼 혼자서 싸움을 하는 사람은 없다. 아예 싸움을 하지 않고, 무덤덤하고 싱겁게 사는 집도 있다. 싸워야 정도 들고 서로의 마음을 알 수도 있다.

상대가 말이 없으며 절대로 다툼이 일어나지 않는다. 시어머니는 시집을 와서 야무지게 살림을 잘했다. 아버님은 술을 좋아하셔서 막걸리만 떨어지지 않게 챙겨드리면 만사가 해결되었다. 말씀이 없으시니 아무리 말을 걸어도 꾹 다물고 그냥 "조용히 해라" 하며 끝이다. 울화통이 터진다며 어머니는 애꿎은 주전자를 빡빡 문지르며 뚜껑을 막 흔들며 맑은 물에 헹군다. 밉다고 하지만 그래도 사랑하는 마음이 있어 주전자를 깨끗하게 씻는다는 사실이다.

살아생전에 소원이 있다며 "너거 시아버지하고 한번 싸워보는 게 소원인데, 일찍 세상을 떠났으니 원통하고 분하다." 며 우리에게 하소연을 하셨다. 지금도 생각하면 그 모습이 눈에 선하다. 나는 부부가 싸운다는 것은 생각지도 못하고 살았다. 아기가 태어나고 시집살이는 더 힘들었다. 남편만 믿고 시집을 왔는데 하루에 한두 마디 했는지 기억에 없다. 어머니는 "자는 원래 말이 없고, 쓸데 있는 말만 하니 네가 이해를 해라." 하였다. 말이 없는 것은 시아버지를 닮았다며 어쩌겠나 하며 그렇게 살았다. 신혼 때는 어머니 말만 믿고 그렇게 꾹꾹 참았다.

우리가 분가를 하여 남편 직장 때문에 서울 친정 집 옆에 집을 구했다. 이제 해방이 되어 깨가 쏟아지게 살자는 맘으로 행복하였다. 둘이 있을 때는 남편에게 말을 시켜 보고, 콧소리로 아양을 떨어보았다. 말이 없는 남편은 "그만 밥이나 먹읍시다." 라며 뉴스만 듣고 밥만 먹었다. 이렇게 갑갑해서 어떻게 사냐 안 되겠다 싶어 일을 한번 저질렀다. 어느 해 남편이 내 생일을 잊어버렸다. 드디어 때가 왔다. "여보, 오늘 저녁 외식해요." 했더니 "그냥 된장이나 바글바글 끓여서 맛있게 먹읍시다." 했다. 속으로 그러면 그렇지 시키는 대로 하였다. 퇴근을 하고 들어오는 얼굴은 평소와 똑같았다. 잠자리에 들어도 잠은 오지 않았다. "자요?" 하며 어깨를 흔들었다. 남편은 "왜 그래" 하고 눈을 가느다랗게 뜨고 쳐다보았다. 이건 이렇고 저건 저렇고 아주 케케묵은 옛날이야기를 막 쏟아냈다. 두 시간 정도 혼자 말을 하였다.

다른 부부는 남편이 말이 많아 싸우고, 또 부인이 말대꾸하지 않는다고 싸웠다는데, 나는 기가 차고 지쳐 혼자 날밤을 새웠다. 그 이튿날 전화가 왔다. 저녁에 맛있는 치킨을 사오겠다고 했다. 생일이 지나고 나서 생각이 났나 보다.

단장을 하고 아이들과 기다렸다. 현관문을 열고 들어오는 소리를 듣고 나는 방문 뒤에 숨었다. 남편은 아이들에게 "엄마는?" 하고 물어보았다. 모른 척하는 아이들을 보고 눈치를 챘는지 방 안으로 들어와 꽃다발을 안겨주었다. 나는 정말 부끄러워 고개도 못 들고 장미가 몇 송이야 하고 세어 보았다. 꽃들도 내 맘을 아는지 축하해요 하는 소리가 꽃다발 속에서 들렸다. 어찌나 겸연쩍은 마음이 들던지 얼굴이 화끈했다. "여보 고마워요." 하고 된장국을 먹는데 남편의 얼굴이 더 행복해 보였다. 이제는 꽃다발 선물을 나에게 안겨 주지도 못한다는 사실이다.

사계절이 돌아와도 함께 다녀 본 일도 별로 없었다. 가족들을 위해 회사를 왔다 갔다 하다 보니 아이들도 다 자라 각자 맡은 일을 열심히 하며 살고 있다. 일상의 변화가 없이 살아도 그저 남들처럼 살아가는 일이 다행이라 생각했다. 말이 없는 남편은 남과 다투는 일이 없었다. 지금 생각해 보면 싸움을 하지 않아 그것이 도리어 더 큰 싸움이었는지 모르고 지났다는 생각을 하며 웃어본다.

## 꼬끼오 때문에

주말 아침 일찍 거창에 살고 있는 시누와 통화를 하였다. 한번 다녀가라는 뜻을 비추었다. '이때다' 하고 얼른 전화를 끊었다. 거창 가는 고속버스 예약을 하려고 검색을 했다. 당일 오전 표는 예매가 끝나고, 오후 2시 차를 타면 될 것 같아 작은아들에게 표를 예매해 달라고 부탁했다. 예약이 되었다며 카톡으로 승차권을 바로 보내주었다. 승차권을 확인하고, 여러 가지 소지품과 그리고 문패와 열쇠도 챙겨 여행용 가방에 넣었다. 문패를 보니 남편 이름이 빠져 서운하지만 어쩔 수 없는 일이었다. 인터넷으로 주문한 작고 아담한 빨간색 우체통을 들고 출발했다. 전철을 세 번 갈아타고 남부터미널역에 도착해서 먼저 대기하고 있는 우등고속 버스 짐칸에 우체통을 실은 다음, 좌석번호를 확인하고 자리에 앉았다. 그 순간 혼자 타고 가는 길이 멀게만 느껴졌다. 남편과 같이 갈 때는 먼 길도 지루하지 않았다.

정시에 맞추어 버스가 출발했다. 승객들이 마스크를 쓰고 있어 누구인지 알아보기 어려웠다. 코로나가 오기 전에는 버스를 타면 어쩌다 동네 사람들, 아니면 사돈의 팔촌들도 가끔 만나 인사도 나누었다.

지금은 그에 비해 분위기가 많이 달라졌다. 옆에 앉아 있어도 말을 붙일 수가 없다. 코로나 시대를 겪는 상황이라 서로 배려해야 한다. 어디를 가나 사람보다 핸드폰이 최고요, 애인이요, 국보급 보물이다. 나도 핸드폰을 열었다. 카톡 문자 확인하고, 시를 읽고 하다 보니 눈이 피로해 닫았다.

커튼을 살짝 젖히고 밖을 보았다. 달리며 보는 바깥 풍경이 아름다웠다. 잠시 휴게소에 버스가 정차했다. 별일이 없어 그냥 앉아 있었다. 차 안에서 마스크를 쓰고 있기 때문에 뭘 먹는다는 것은 먼 옛날 얘기다. 맛있는 핫도그, 튀김감자, 구운 오징어, 비얀코, 호떡 등 내가 먹고 싶다는 것은 얼마든지 사주던 남편이 떠올랐다. 그런 것을 사 줄 사람도 없는데, 괜히 고개를 내밀고 들어오는 누군가를 기다렸다. 혼자 헛웃음을 흘렸다. 3시간 30분 걸려 거창 고속버스터미널에 도착했다. 우체통을 꺼내 들었다.

시누 내외가 마중을 나왔다. 서로 반가워 눈시울을 붉혔다. 순간 시누는 큰오빠 생각이 나서 울먹였다. 읍에 들러 미리 주문한 해물탕을 승용차에 실었다. 시누는 내가 약혼하고 첫 인사하러 갈 때부터 지금까지 변함없이 잘 지내고 있다. 일곱 형제의 네 번째다. 시누남편도 직장을 퇴직하고, 고향인 거창읍에 내려와 아파트에 살고 있다. 시집에 가는 길은 포장이 잘되어 있다. 산길이라 지리산 골짜기를 가는 만큼 경치는 아름답다. 내가 시집올 때 비포장도로를 지나며 덜커덩거려 혼이 났다는 이야기를 듣고, 시누는 더 재미있어 했다.

올케와 시누가 함께 다니면 서로 얼굴이 닮았다는 말을 자주 들었다. 시집에 도착하니 자갈을 깔아 놓은 마당은 잡초가 자라지 않아 깨끗하다. 감나무에는 지난해보다 감도 많이 열렸다. 그 옆에는 무궁화나무 네 그루가 꽃을 활짝 피웠다. 앞에서 둘이 기념사진도 찍었다. 시간 날 때마다 와서 시누가 닦아 놓은 30여 개의 장독대가 반짝거렸다. 옆집 마당에는 닭들이 먹이를 찾아다니며 꼬꼬 소리를 냈다. 사람은 보이지 않고 닭이 집을 지키고 있었다. 마당에서 좌측을 돌아가면 보물1호 바위는 흑갈색으로 아주 근엄하고 무게가 있어, 그 앞에 서면 안정감이 들었다. 비가 오고 난 후 이끼가 자라면 바위는 변신을 하여 새롭게 태어나 신기했다. 어머니는 바위를 부처처럼 생각하며 조상을 모시듯 했다. 때로는 정성을 다해 정화수를 떠놓고, 자식들 잘 되기를 빌었다. 나도 가끔 바위를 만지며 우리 가족을 위해서 빌기도 하는데, 어머니를 닮아간다는 생각이 들었다. 시누남편은 펜스 대문에 우체통을 달자고 했다. 이제 빛을 보게 되는 우체통을 대문에 달았다. 우체국에만 있는 우체통을 우리 집 대문에 달아놓고 보니 기분이 좋았다. 수도가 있는 벽면 기둥에는 문패를 달았다. 나무보다는 대리석으로 만든 문패는 무게가 있어 보이고 햇빛을 받아 윤기가 났다. 이름도 또렷하고 선명하게 잘 보였다. 집이 살아있다는 느낌을 받았다. 우체통을 보니 당장이라도 하늘나라로 간 남편에게 편지를 쓰고 싶다.

바쁘게 일을 하고 이곳저곳을 둘러보았다. 대충 정리를 하고 나니 저녁 해가 기울었다. 올케를 위해 가져온 음식들을 한상 차렸다.

제일 맛있다는 해물탕 포장을 뜯었다. 시누 남편은 부산에 살면서 싱싱한 것들만 먹다 보니, 해물이 맘에 들지 않는다고 했다. 새우가 제일 싱싱해 보인다며 껍질을 떼어냈다. 음식 냄새를 맡았는지 이웃집 고양이가 새끼들을 데리고 왔다. 흰 고양이, 검은 고양이들이 서로 장난을 치며 놀았다. 마루에 켜 놓은 전깃불을 보고 이름 모를 벌레들이 왔다 갔다 바쁜 척을 하였다. 그것들이 신경 쓰인다며 시누는 손으로 잡는 시늉을 하였다. 시누남편은 "고향인 거창읍에 와서 살아보니 마음도 편안하고, 모든 걸 내려놓으니 걱정이 없다." 고 하였다.

밤공기는 시원했다. 시누와 오랜만에 큰 방에서 오만 가지 이야기를 주고받았다. 시어머니가 시집살이 시킨 이야기를 해주니 더 좋아했다. "아이구 언니 그런 일도 있었나?" 하며 내 얼굴을 쳐다보았다. 혹시라도 꿈에 어머님이 나타나면 어떡하지 걱정이 되었다. 작은 방에서 자고 있던 시누남편이 웃는 소리에 잠이 깨서 "이제 주무세요." 했다. 우리는 '쉿' 하고 조용히 방문을 다시 꼭 닫고, 실꾸러미 같이 풀려나오는 이야기를 밤새도록 해도 끝이날 것 같지 않았다. 이제 그만 자야 되겠다. 불을 끄고 나란히 누웠다. 피곤한지 눈꺼풀이 자꾸 내려왔다. 방문에 외등 불빛이 비추었다. 적막한 밤중은 시골의 모든 것들을 잠재웠다.

새벽에 꿀잠을 자고 있었다. '꼬꼬 꼬끼오. 꼬꼬 꼬끼오' 하는 소리에 잠이 깼다. 다시 자려고 하는데 더 크게 더 길게 목청껏 소리를 뽑았다. 두 마리가 번갈아 가며 울었다. 작은 방에서 자고 있던 시누남편은 "저놈의 닭 울음소리 때문에 잠을 못 잤다" 하며 하품을 하였다. 우리도 똑같은 말을 하고 웃었다. 내가 신혼일 때 어머니는 새벽닭이 울면, 어김없이 며느리를 깨운다며 방문 앞에서 '어흠 어흠' 하고 지나갔다. 오랜만에 새벽닭 울음소리를 들었다. 어머니가 나를 깨우는 소리처럼 들려 이불을 걷고 일어났다. 꼬끼오 때문에.

# 눈썹 문신 공짜?

화장을 할 때마다 나름대로 눈썹을 잘 그린다고 생각했다. 화장을 하고 펜슬로 그려보았다. 어느 날은 한 번에 잘 되는가 하면, 어떤 날은 두세 번 해도 눈사람 눈썹처럼 보였다. 거듭 해보았지만 마음에 들지 않아 시간낭비 하는 날도 많았다. 눈썹 문신을 해야하나 하고 생각해보았다. 새까맣던 눈썹도 머리카락처럼 빠지는지 빈자리가 생겼다. 눈썹 숱이 듬성듬성 보이면 인상이 밋밋하다. 눈두덩이 쳐지면 까만 눈썹이 기어내려온다. 그런 모습을 보면 거머리가 붙어 있는 것 같아 나도 몰래 웃음이 나올 때도 있었다. 눈썹도 미용에 절대적인 세상이 왔다. 동네 까치미용실은 반영구적인 눈썹 문신을 반값에 해준다고 현수막까지 걸어 두었다. 그때만 해도 별관심이 없었다. 요즘 여성들의 예쁜 눈썹 문신을 보며 내 마음도 그쪽으로 약간 기우는 듯하다. 내가 그린 눈썹은 예쁘지 않으니까!

수지에 살고 있는 동생이 처음 눈썹 문신을 하고 만난 적이 있었다. 문신에 대한 이야기를 들려주었다. 지인의 소개로 자기 동네 이름난 미장원을 찾아갔다고 했다. 원장도 세련되고 손님들도 많았다. 코로나가 오기 전이니까. 차례가 되어 침대에 누웠다.

긴장하며 환자가 된 기분이 들었다. 눈을 감고 예뻐진다는 상상을 하고 있었다. 원장은 단련된 기술로 아프지 않게 잘했다. 눈을 뜨면 어떤 모습일까! 하는 순간 시술이 끝났다며, 원장은 "자. 눈뜨고 거울 보세요." 하는 말에 웃으며 거울에 비친 문신을 보고 깜짝 놀랐다. 눈썹이 아니라 까맣게 탄 숯 한 조각을 얹어 놓은 모양새가 되었다. 원장은 표정을 보더니 미안한지, 색이 옅어지고 자리를 잡으면 예쁘게 보인다는 말을 했다. 무거운 마음으로 미장원을 나왔다고 했다. 회사에서 퇴근한 동생 남편은 "당신 눈썹이 왜 그래?" 당장 가서 지우라고 하였다며, 지우는데 시술할 때보다 더 아파 눈물이 났다고 했다. 금방은 문신을 할 수가 없다며 당분간 그대로 지내야 한다고 하며 "언니 내 눈썹이 없어." 하며 앞머리를 살짝 들어 보였다. 정말 눈썹이 아예 없어져 버렸다. 너무 색깔을 많이 빼서 다 망가졌다는 말에 한참을 웃었다. 없어진 눈썹이 볼수록 더 웃겼다. 몇 번의 시술 끝에 지금은 자연스러워 예쁘다. 언니도 눈썹 문신을 한번 해보자고 권했다.

동네 주부들끼리 모여 집에서 눈썹 문신을 하는 일도 있었다. 위험도 무릅쓰고 시술을 하는 것은, 전문점에서 하는 비용을 아낄 수가 있어 공짜나 마찬가지였다. 요즈음 여성들 못지않게 남성들도 많이 하는 편이다. 누구나 마음만 먹으면 할 수 있는 좋은 세상이다. 거울을 보면 내 눈썹도 숱이 없어 인상도 이상하게 보였다. 동생 말이 머릿속에 맴돌았다. 잘하는 곳을 알아봐야지 하며 지내왔다. 화장품 가게에 들리면 손님도 눈썹 문신을 하며 얼굴도 깔끔하게 정돈이 되고, 이목구비도 더욱 돋보이게 된다는 말을 해주었다.

공짜나 마찬가지로 싸게 하는 집을 소개해준다며 내 반응을 살폈다. 그 말을 듣는 순간 용기를 내어 한번 시술을 받아볼까 하는 생각이 자꾸만 요동을 쳤다. 내 마음이 통했는지 그때 동생이 카톡으로 사진 한 장을 보내주었다. 순간 깜짝 놀랐다. 동생 딸이 문신을 한 장면을 보라고 했다. 우리 동네 잘하는 데가 있으니 시간을 내서 한번 오라며 문자도 보내왔다. 예쁜 눈썹을 보니 나도 한번 해볼까 하는 생각이 들었다. 한편으로 부모님이 물려준 눈썹인데 하며, 그냥 보고는 답장도 보내지 않았다. 그래도 어딘가 미련이 남아서인지 카톡 사진을 다시 보았다. 시도는 해야 후회는 하지 않을 것 같다.

머리를 다듬기 위해 동네 미장원에 예약을 하고 집에서 기다렸다. 원장이 내 차례가 되었다며 전화로 빨리 오라고 했다. 미장원의 분위기도 코로나 이후 많이 달라졌다. 미장원에 오면 모르는 손님들과 대화도 잘 통했다. 파마 손님과 대화를 하던 원장은 "여기 손님 중에 눈썹 문신할 분 있으면 제가 공짜로 하는 곳을 알려드릴 테니 말을 하세요." 하는 말이 떨어지자 나를 포함해서 두 세 명이 한다고 손을 들었다. 원장은 손님들이 궁금해 할까봐 설명을 해주었다. 우리는 귀를 기울여 마스크 안에서 나오는 말을 찬찬히 들었다. 내용은 이랬다. 원장 딸 친구가 며칠 전 미장원 개업식을 했는데, 서비스로 몇 명만 신청을 받는다고 했다. 우리는 오늘 그곳을 찾아가서 같이 눈썹 문신을 하자는 제안을 했다. 미장원이 목동에 있다는데 정확하게 모른다고 하였다. 우리는 합창을 하며 목동이면 비쌀 텐데 어떻게 공짜로 해줄까! 서로 얼굴을 쳐다보며 의아했다.

원장은 딸에게 친구가 하는 미장원에 우리 손님들을 몇 명 보낼 테니 공짜로 눈썹 문신을 해주는지 물어보는 눈치였다. 우리는 오늘 정말 땡 잡았다. 코로나19 때문에 어려운 시기인데 이런 일도 있네 하고 떠드는데 밖에서 대기 중이던 단골손님이 들어와서 원장한테 화를 냈다. 아니 그런 곳이 있으면 미리 말을 해주지 않고 이제 말을 하느냐고 하며, 자기는 어제 십 만원을 주고 눈썹 문신을 했다며 투덜거렸다. 원장은 나에게 물어봤으면 알려 주었을 텐데 하니, 손님은 이제 그만하라며 언성을 높였다. 원장은 딸과 통화를 하면서 자세하게 알려달라는 말을 하였다. 우리 눈치를 살폈다. 그때까지만 해도 모두 웃으며 답변만 기다리고 있었다. 전화 통화를 하는 원장 얼굴이 어두워졌다가 붉어졌다가 했다. 우리도 무언가 잘못되어 간다는 낌새를 알았다.

전화를 끊은 원장은 제가 잘못 들어서 이런 낭패가 생겼다며, 딸이 어제 저녁에 말을 할 때 귀담아듣지 않은 게 잘못이라 했다. 자기 가족들에게만 공짜 문신을 해준다고 하였다. 우리는 모두 실망을 하여 조용하게 앉아 있었다. 목동에 가면 20만원을 내야 된다는 말에 그럼 그렇지 하며 합창을 했다. 다음에 자기 딸이 미장원을 하는데, 눈썹 문신을 제대로 배워 공짜처럼 싸게 해 달라고 할 테니, 그때까지 기다리라 하였다. 세상에 공짜는 없어. 암 없지! 하고 아무 말도 하지 않았다. 공짜 눈썹 문신은 물 건너갔지만 순간에 즐거움과 설레던 마음이 웃음을 자아냈다.

# 버들잎에 글을 써서

고향 친척언니가 대구에 한번만 다녀가라는 말을 했다. 그때는 인사치레로 하는 말인 줄 알았다. 몇 번씩 안부전화를 하며 '꼭 한번 오너라' 하는 말을 잊지 않고 했다. 수필집『아무 말도 하지 않았다』라는 책을 읽으며 나를 초대하고 싶다고 했다. 글속에 있는 내용을 빠짐없이 다 알고 있었다. 고향에 대한 이야기, 옛날의 추억들을 끄집어내어 써 놓은 글을 읽을 때마다 보고 싶은 생각이 든다고 했다.

그 말을 듣고 언젠가 만나 밤새도록 이야기꽃을 피우자 하고 생각은 했지만 사람 사는 일이 맘대로 되지 않았다. 올해는 꼭 만나자 하고 맘을 먹었더니 코로나19가 와서 방해를 했다. 하필이면 그때 그렇게 무서운 것들이 찾아올 줄 몰랐다. 서로 조심하며 마스크를 벗고 만날 수 있기를 바라며 기다렸다. 2023년도 4월이 되어도 여전히 사람들은 떨쳐버릴 수 없는 예쁜 마스크를 쓰고 있다.

집안일을 끝내고, 「빨래터에 가고 싶다」는 글을 쓰고 있는데 전화벨이 울렸다. 대구에 사는 언니였다. 전화를 받았더니 이번 주에 다녀가라며 안부인사도 하기 전에 전화를 끊었다.

아! 정말 이번에는 꼭 가야 되겠다는 생각이 들었다. 동생 추자도 같이 오라고 하였다. 당장 추자에게 자초지종 대구언니의 통화내용을 알려주었다. 추자는 "언니 전화 끊어봐. 아들 병준이에게 동대구역 표를 구할 수 있는지 알아보겠다."는 말을 했다. 몇 분 후 병준이가 '안녕하세요. 이모~ 방금 엄마한테 얘기 듣고 제가 대구 티켓 왕복 끊어서 보내 드려요.' 카톡으로 보내온 티켓을 보고 참 좋은 세상이구나 하고, 확인을 하였다.

4월 10일~11일 1박의 여행을 동생과 함께 가기로 약속했다. 초행길이라 걱정은 되었지만 둘이 가니 마음이 놓였다. 여행을 처음 가는 것도 아닌데 행복하고 즐거운 기분은 다른 때와 달랐다. 꽃무늬 배낭을 꺼내 잠옷, 세면도구, 핑크색 모자, 기초화장품, 충전기, 초콜릿 등 배낭이 빵빵했다. 잠을 청해도 눈은 반쯤 감겼다.

눈을 뜨자마자 빠르게 움직였다. 마음은 벌써 대구로 달려가고 있었다. 분홍색 티, 검정색 바지, 체크무늬 바바리, 붉은 장미 노랑 장미가 그려진 스카프를 하고, 배낭을 메고 거울 앞에서 예쁜 포즈를 취했다. 영등포역으로 향했다. 여행하는 사람들로 북적거렸다. 오전 10시 20분 차에 올라 지정된 좌석에 앉았다. 수원역에 도착하자 추자가 좌석번호를 찾아왔다. 드디어 대구로 가는구나. 태어나 처음 가는 곳이라 가슴이 설레고 차창 밖을 보며 감회가 새로웠다. 추자는 달콤한 '미니 핫 브레이

크'를 꺼내 내게 주면서 마스크를 살짝 내리고 먹자하며 빨리 입안에 넣었다. 몰래 먹는 맛은 꿀맛이었다.

이야기하다가 졸다가 보니 어느새 안내 방송이 흘러나왔다.

'동대구역' 도착. 설레는 마음으로 내렸다. 각선 역 방향으로 가는 전철을 탔다. 약30분 걸리는 정도. 각선역에 내려 '찰 보리빵'을 선물로 샀다. 언니에게 전화를 걸었다. 뒤에서 언니 목소리가 들렸다. 미리 마중을 나와 있었다. 셋이서 안고 반가움을 감추지 못했다. 집으로 가는 방향으로 나가 택시를 잡으려고 손을 흔들어도 모두 야속하게 쌩쌩 지나가는 사이에 언니는 야채 가게에서 미나리를 3,000원 주고 샀다. 겨우 택시를 타고 앞좌석에 앉은 언니는" 요리 조리 모퉁이 돌아서 또 모퉁이를 꺾어서 앞으로 쭉 가입시더 예. 저기 보이제 예 저기 세워 주세 예" 하고 택시비를 내고 내렸다. 택시 아저씨는 말을 척척 알아듣고 아파트 입구에 내려주고 갔다. 사투리의 정이 뚝뚝 묻어나는 웃음을 주었다. 언니는 "아이구 너거들은 몬알아듣제 우짜겠노 시골말은 이렇다." 하며 같이 웃었다.

아들딸들은 결혼해서 독립을 시키고, 두 분이 살고 있었다. 베란다에 핀 부겐베리아 꽃이 너무 아름다워 눈이 부셨다. 언니는 이 꽃이 지기 전에 오기를 기다렸다며 그 앞에서 우리는 폼을 잡고 사진을 찍었다. 화장실 가는 쪽 책꽂이가 눈에 들어왔다. 무슨 책인가 하고 가까이서 보니 내 시집 『어디 감히 여자의 개미허리를 밟아』와 수필집을 나란히 꽂아 두어 나는 신기했다. 집안에 나란히 꽂혀 있는 책을 보니 고맙고 감사했다. 안방 화장대 곁에도 두 권의 책이 있었다. 언니는 시간이 나면 읽어본다고 통화를 할 때마다 읽은 소감을 말해주었다. 처음 보내준 책을 친척들과 돌려가며 보다가 어느새 없어졌다고 해서 몇 권을 더 보냈다. 어느 제목을 읽으며 누구의 이야기, 어떤 내용을 읽으며 누구의 집 이야기인지 안다고 했다. 그 중에서도 「고개를 들어 먼 곳을 보며」에 나오는 이야기는 김추자 집 통시(화장실)이야기 맞제 하며 너무 재미있다고 했다.

내가 써도 생각이 안 나는데 훤히 알고 있다는 것이 신기했다. 언니가 "너는 글도 잘 쓰고 표현도 우째 그레 잘하노." 같이 이야기하니 더 실감이 났다.

점심은 간단하게 인절미, 쑥떡, 사과와 딸기를 먹으며 즐거운 이야기로 끝없이 웃음바다가 출렁거렸다. 재미있는 고향이야기다. 그때 동네 아이들은 콧물이 질질 흐르고, 어느 집 오빠는 여름 밤 둥천에 나와 하모니카를 불어 멋져 보였다며, 어떤 언니는 부모 몰래 탈출을 시도하다가 연애도 못하고 밤중에 붙잡혀 왔다며, 술독에 취해 있는 이웃집 아저씨는 화가 나면 살림살이를 다 부숴버리고 소리소리 질러 동네가 시끄러웠다며 할 이야기가 태산보다 많았다.

동생과 나는 우리 엄마에 대한 이야기를 들려줄 때마다 눈물이 줄줄 흘렀다. 부유한 집도 아니고 홀시아버지, 시누, 남편에 딸 둘을 모두 간수하며 사는 일이 얼마나 힘이 들었겠노. 너거 엄마는 착하고 솜씨가 좋았다. "너거는 그래도 할아버지가 착하게 키워 주었으니 그나마 다행"이라며 눈시울을 붉혔다. 줄줄이 사탕처럼 달콤하고 고소한 깨소금 같은 이야기에 시간이 가는 줄도 몰랐다. 셋이서 한방에 누워 살살 코고는 소리에 잠이 들었다.

이튿날 아침부터 이야기 제2탄.제2탄의기능성 침대에 차례대로 몸을 풀어가며 이야기 속으로 빠져들었다. 세미실 마을에서 언니네 집은 그 옛날에도 동네서 부유한 집안이었다. 사계절 꽃이 피면 동네가 훤하고 꽃동네를 방불케 하였다. 함박꽃, 매화꽃, 살구꽃, 이름도 모르는 꽃, 감나무 꽃이 피면 감꽃 줍기, 빨갛게 익으면 보석처럼 달려 보기만 해도 입안이 침이 고였다. 지금은 언니의 올케가 집을 지키며 살고 있다.

언니와 함께 이야기하다 보니 시간이 흘렀다. 꼭 보고 가야 할 곳이 있다며 승용차를 타고 '옥련지 송해 공원'에 가는 길은 초록이 수를 놓았다. '전국노래자랑'을 큰 목소리로 외치던 송해의 목소리가 들리는 듯하다. 기념사진을 찍었다. 언니 내외분은 차를 마시며 앉아 쉬고 있었다. 바람이 너무 세게 불어 도저히 눈을 뜰 수가 없었다. 흙먼지 바람에 모두 피신을 하였는데 유치원 아기들이 걱정되었다. 서울 가는 예약 시간에 맞추어 바로 언니네 집으로 왔다.

솜씨가 좋은 언니의 감자를 넣고 끓인 수제비와 미나리향이 나는 부침은 환상의 맛이었다. 두 그릇을 먹고 나니 배가 호강을 하는 날이었다. 달콤한 식혜까지 만들어 주었다. 친정 엄마가 해주는 맛이었다. 언니의 마음처럼 달달하다. 출발하기 전 더 재미있게 이야기꽃을 피웠다. 언니가 "경자는 어릴 때 시골 콩쿠르에서 노래도 잘 불렀다."며 지금 노래 한 번 불러 봐라 했다. 내가 가만히 있자 동생이 "언니 우리 노래 함께 불러요." 했다. 문 자매 가수들의 합창이 시작되었다. 우리 아버지의 십팔번 '섬마을 선생님' 노래는 시작부터 맞지 않았다. 셋이서 방문을 닫고 노래 부른다는 것이 너무 웃음이 나와 실컷 웃었다. 동생이 추천한 곡 홍경아의 '버들잎' 노래였다. 동생이 동영상을 찍고 내가 노래를 불렀다. 진짜는 동생이 더 잘 부르는데, 다음 곡은 이미자 '울어라 열풍아' 노래를 하고 동영상은 돌아가고 셋이 목이 메여 눈물이 나왔다. 엄마 생각에 훌쩍 거리면서 울고 울었다. 언니는 손으로 얼굴을 가렸다. 하루만 쉬었다 가라며 표를 취소하라고 했지만 동생이 직장을 나가야 해서 하는 수 없었다. 아쉬운 마음을 두고 먼 길을 와서 금방 헤어지니 너무 안 됐다고 하며 울먹였다. 다시 한번 버들잎을 합창하며 아쉬운 마음을 달랬다.

가사를 옮겨 적어본다.

버들잎에 글을 써서/ 물에 던져서/ 허구 한 날 우리 님께 띄워 보내서/ 그래도 우리 님은 소식도 없어/ 때로는 목마르게 슬피 울어도/ 날마다 버들잎을 물에 던져요/ 물에 던진 버들잎은 잘도 흘러요/ 저 먼 마을님을 찾아 잘도 흘러요/ 그래도 우리 님은 오시지 않고/ 해마다 버들잎만 피고 지는데/ 나 홀로 강 언덕에 앉아있어요

문덕환 고향언니께 정말로 감사한 마음을 전합니다. 친정 엄마처럼 친언니처럼 따듯하게 맞이해 주신 언니 내외분께 다시 한번 고마운 마음을 전하며 버들잎에 글을 써서 봄 편지를 띄웁니다.

# 도심의 거리를 걷다 보면

종로에서, 영등포에서, 아니다. 벚꽃나무 까칠한 겨울 가지 사이로 저만큼 63빌딩의 뒷모습이 내다뵈는 여의도 길바닥에서, 나는 나를 찾고 싶을 때가 있다. 퇴근길도 아니고, 친구와 커피 한 잔 마실 약속이 있었던 것도 아니고 더구나 영업적인 것은 아니다. 사람들이 회사에 근무하는 훤한 대낮에, 별일도 없으면서 밖으로 나가고 싶어졌을 때, 아무도 나를 찾는 사람은 없고, 이럴 때는 백화점에 들러볼까, 서점에 들러 시집을 한 권 고를까, 아니면 달콤하고 씁쌀한 커피를 마셔도 좋고, 아냐, 그냥 거리를 걷지.

서울 거리는 자주 다니는 길도 낯이 설다. 서울에 오래 살아도 처음 와 본 도시처럼 길을 잃고 헤매는 것은 내가 버린 유년의 시골길처럼 낯익은 거리이면서, 다만 그것은 타인의 거리라고 생각하고 싶을 뿐이다. 정다울 수도 있는 거리가 낯설게만 느껴지는 건 내 마음속 깊이 유년의 들길이 잠재한 탓이리라. 낯선 것은 때로 기분을 좋게 한다. 그 안에 감추어진 비밀이 있을 것 같고, 그 안에 들여다보고 싶은 충동이 있을 것 같아서, 그것은 마치 낡은 추억을 간직한 사진첩을 들추어 볼 때처럼 많은 생각들이 밀려오기 때문이다.

종로나 영등포에서, 아니다. 동대문이나 남대문시장 같이 북적거리는 인파 속에서, 나는 그런 충동을 받는다. 항상 그렇다는 말은 아니다. 바쁜 살림살이에 쫓기고, 그래서 오히려 그 많은 일로부터 벗어나고 싶을 때, 나는 거리로 나선다. 나는 내 마음속의 남은 시간을 그렇게 즐긴다. 주말에 고향도 가고 싶고, 아니면 자유로라도 타야겠다는 생각이 간절하게 요동을 칠 때도 있다. 그냥 무의미하게 하루가 가고 밤이 오고, 또 한 해를 그렇게 보내고 마는 사람에 비하면 내 도심의 산책이야 말로 얼마나 소중한 것인가 주말에 산을 찾아 가는 일이나, 대낮에 잠깐의 시간을 내어 도심의 거리를 걷는 사람이나, 어차피 우리는 모두에게는 스스로 버린 유년의 시골길이 있기 때문이다. 지금 북적거리는 서울의 거리를 헤아려보면 시골길을 거닐면서 키워온 내 소중한 바람이다. 언젠가는 나는 빨리 어른이 되어 도회지로 나가고 싶었다. 그러나 정작 메마른 솔가지 같은 어른이 되었을 때, 다시 돌아가고 싶은 건 시골이었다. 시골길을 걷다보면 도시가 그립고, 도시에 살다 보면 다시 시골길을 걷고 싶다.

삶의 터전을 포항으로 옮겨버린 친구가 있었다. 그와 전화로 통화를 하다 보면 아름다운 추억이 떠오른다. 친구는 결혼을 하기 전에 김포에서 농사를 지으면서 살고 있었다. 작은 언덕이 있고 그 뒤로는 들판이 넓게 펼쳐져 있었다. 밭에 나가보면 그녀의 아버지가 키운 토마토, 참외, 수박, 딸기 등이 아름다운 정원을 이루었다. 그것을 한 소쿠리 따서 먹는 맛은 아직도 잊지 못한다. 그 후로 친구는 서울역 염천교 옆에 있는 자그마한 회사에 취직을 했다. 미니스커트에 긴 생머리가 잘 어울렸으며, 우리는 명동이나 남산을 헤매고 다녔던 시절도 있었다. 그때 이미 친구는 애인이 있었다.

마침내 친구는 결혼을 하고 가정을 꾸렸다. 남편은 직장 생활을 하고 친구도 남부터미널 쪽에 있는 식당에서 주방장으로 일을 했다. 서울에서 오래 같이 살자고 친구와 약속을 했는데, 그만 남편의 회사일로 서울을 떠나게 되었다. 우리는 아쉬운 마음에 명동, 서울역, 남산을 오르내리며 슬픈 감정에 젖기도 하고, 헤어지는 아쉬움에 진한 눈물을 가슴에 묻었다. 각박한 서울에서의 삶을 벗어나 시집인 포항으로 갔다. 서울이 그립다며 다시 오고 싶다는 말도 자주 들었다. 서울에는 친구가 거기 살기 때문에 다시 오고 싶을 뿐이다. 행복한 삶의 터전에서 행복하게 살고 있으며, 친구는 서울로 돌아오지 않았다. 이제 서울 거리를 거닐며 유년의 시골길이 생각나듯, 지금쯤 그 친구도 포항의 도심을 거닐며 서울 시골길을 그리워하겠지.

문득 종로 거리에서 보는 내 마음이 따사롭다. 모래가 떠밀리듯 거리를 하얀 파도처럼 밀려드는 사람들, 사람만큼이나 빵빵거리며 달리는 차들, 가로수에 그림자가 드리우고, 그래서 더욱 각박한 세상이 느껴질지도 모를 이 거리가 오히려 나한테는 따듯하게 느껴지는 건, 지금 할 일이 많은 내 안에 유년의 시골길이 함께 살아 숨 쉬는 까닭이다.

# 6

# 보도블록에 봄꽃이

도심의 거리는 마스크 꽃들이 몇 해를 주름잡았다. 하얀 꽃 검정 꽃 분홍 꽃 보라 꽃 등이 사람들의 생명을 지켜주는 신이었다. 신처럼 모시며 꼭 붙어다녔다. 어디를 가든지 대우를 받으며 살았다. 너 없으면 어떻게 살았을까 칠순 노모, 팔순의 외할머니, 구순의 아버지, 백세의 친척 할머니도 든든한 마스크 덕분에 살아남았다는 전설이 있다. 후에 전설로 내려오는 이야기가 될지 모른다. 세상 사람들은 코로나가 잠잠해지고 마스크를 벗는 날이 오기를 기다리며 열심히 일하고 살았다.

하지만 가게 운영이 어려워 동네 은행 옆에 있는 추어탕집이 문을 닫았고, 잉크충전기 가게 옆 횟집도 문을 닫았다. 꽃도 아닌 꽃들이 휘젓고 다녀 장사가 되지 않았다. 아기들도 부모와 유모차를 타고 외출을 하는 날은 마스크를 쓰고 나왔다. 보기에도 안쓰러웠다. 얼마나 답답하고 힘이 들까! 한참 뛰어놀 아이들은 맘대로 친구들과 어울리지 못했다. 얄미운 것들이 언제 자취를 감출까. 독한 것들 다 물러가기를 바라는 마음은 똑같을 것이다. 겨울이 지나고 올 봄에는 마음껏 꽃구경을 할 수가 있을까 하는 기대를 하며 서로 위로하였다. 봄이 오는가 싶어 길을 걸으며 시멘트 바닥에 말라붙은 민들레 이파리를 살짝 건드려 보았다.

손끝에 오는 느낌이 좋은 걸 보니 희망의 꽃이 보였다. 며칠 햇살이 따듯하다. 우리 동네 S요양원이 있는 곳을 지나다보니 보도블록 사이 앙증스럽게 핀 노란 민들레 꽃 네 송이가 피어 있었다. 반가운 마음에 더 가까이 보려고 허리를 굽혔다. 눈이 마주쳤다. 웃으며 인사를 하는 모습이었다. 생각지도 않았던 꽃을 보니 마음이 행복했다.

겨우내 움츠렸던 마음도 기운이 솟았다. 작은 것이 사람의 마음을 기쁘게 해 주다니 마음과 눈이 호강을 하는 봄날이었다. 찬바람과 눈보라를 견디며 살아난 증거를 확실하게 보여주었다. 하얀 파마머리 할머니가 지나가며 나를 힐끔 쳐다보았다. 작은 키에 얼굴은 갸름하고 몸도 호리호리했다. 그 모습을 보니 갑자기 시어머니 생각이 났다. S요양원은 몇 해 전만 해도 병원이었다. 한참 요양원이 여기저기 유행처럼 번졌다. 입원 환자가 없어 문을 닫는다는 광고가 붙어 있더니 요양원으로 변했다.

시어머니는 시골에서 혼자 살고 있었다. 봄이면 동네 교회에서 쑥을 캐다 파는 재미에 들에 나가 많이 캤다. 부지런하고 손이 빠른 시어머니는 남이 하는 것은 다 해야 직성이 풀렸다. 하루는 수돗가에 앉아 아주머니들과 부지런히 쑥을 씻고 있었다. 큰 소쿠리에 담긴 쑥을 둘이서 들고 가다가 앞사람이 잡아당기는 바람에 그만 미끄러졌다. 이웃사람의 도움으로 겨우 집에 왔다. 전화가 왔다. 급히 시골로 내려가 시어머니를 모시고 왔다. 우리 집 근처에 있는 S병원에 입원을 시켰다. 한 달이 지나도 차도

가 보이지 않았다. 진단결과 엉덩이뼈에 금이 손가락 한마디 정도 갔는데 연세가 있어 회복되기는 힘들거라는 말을 하였다.

입원 중 집에 잠시 들려서 청소를 하고 있었다. 간호사가 빨리 오라고 했다. 병원 문을 열고 시어머니께 달려갔다. 온 몸이 노른자 계란 물을 뿌려 놓은 것처럼 변해 있었다. 가망이 없다는 말을 듣고 중앙대 병원에서 수술을 7시간 받았지만 3개월 후 돌아가셨다. 살던 집에 가보니 약이 된다는 노란 민들레와 하얀 민들레가 마당 가득 심어져 있었다. 꽃이 지고 나면 그 자리에 하얀 꽃이 피었다. 불어오는 바람에 가볍게 흩날렸다. 시어머니의 영혼을 보고 있는 듯하였다.

봄이 오면 어디서나 피어나는 끈질긴 근성이 더 좋았다. 아무리 생각을 해도 눈으로 보아도 바늘 하나 들어갈 틈도 없는 보도블록 사이에 옹기종기 피어 있는 것을 보면 감탄사가 절로 나왔다. 코로나가 유행을 해도 걸리지 않은 꽃들이 대단하다. 사람들은 무서움이 많다. 민들레꽃은 노랗게 물든 얼굴로 다가와 봄이 오는 길목에서 사랑을 받는 재미에 사나보다. 살아 줘서 고마워.

봄꽃이 피니 이제 마스크의 대장정의 길을 멈춘다고 한다. 손바닥만 한 마스크의 위력이 대단했다. 하얀, 검정, 분홍, 보라 꽃들은 이제 안녕. 노모, 외할머니, 아버지, 할머니 시원한 공기를 마시며 봄꽃들 향기, 꽃구경 마음껏 해도 좋을 것 같다. 아직은 완전하게 벗는 것은 아니지만. 사람들의 입술에 핀 행복의 꽃이 봄날에 더 멋을 더해준다. 보도블록에 핀 봄꽃들 방가 방가.

# 땡감

감나무는 누구에게나 친근감을 준다. 때로는 추억을 떠오르게 하고, 고향집 감나무가 있던 자리에 앉아 놀던 생각이 난다. 은행나무, 모과나무, 배나무, 사과나무 등이 있지만 그 중 친숙하고 달콤한 맛을 주는 유일한 감나무가 제일이다. 다른 나무 꽃들은 먹을 수 없지만 감꽃은 간식으로 먹기도 하고, 꽃목걸이, 꽃반지, 팔찌도 만들어 여자아이들에게 추억을 만들어 주었다. 꽃이 다 떨어지면 둥근 모양의 열매가 자란다. 하지만 감이 열리기 시작하고, 자라는 과정은 아무도 관심을 갖지 않는다.

감은 동글동글하게 볼살이 오른다. 손으로 만지면 탱자처럼 탱탱하다. 새파란 땡감이 나뭇잎 사이사이에 숨어 바람이 불면 매끈한 얼굴을 내민다. 예쁜 얼굴을 탐내는 무리들이 슬슬 기어 나와 얼굴에 상처를 입힌다. 날씨에 따라 햇빛을 잘 받거나 적당한 감나무 잎 사이에서 안전하게 자라면 다행이었다. 전염성이 퍼지면 탄저병이나 진딧물로 인해서 나무에서 뚝 떨어져 천대를 받는 땡감도 많다. 떨어진 것들은 하얗게 곰팡이가 피고 아주 볼품없는 얼굴로 개미들의 놀이터가 되어 생을 다한다. 세상에 나와서 그렇게 빨리 문드러지고 상한 몰골을 보면 불쌍하고 아픔이 마음 속에 파고든다. 사람의 생명이나 다를 바가 없다는 생각을 해본다. 시멘트바닥에 떨어진 땡감을 보며 고향의 한 시절을 보는 것 같다.

도시에서 살다 보면 계절이 어떻게 가는지 그저 바쁘게 살아가는 삶은 팍팍하기만 하다. 반면에 느긋하게 즐기면서 사는 사람도 있으며 세상만물이 서로 살아가는 것이 다르듯이 말이다. 감을 보면 나훈아 노래처럼 울 엄마, 울 아빠가 생각난다. 치아 없는 할아버지 할머니가 홍시를 먹던 모습이 눈에 선하다. 그때만 해도 튼실한 땡감 한 개도 맘대로 따 먹을 수가 없었다. 몰래 한 개를 따다가 들키면 머리에 꿀밤을 맞기도 했다. 우리 집 감나무는 부실해서 감이 열리지 않아 남의 집 감나무만 쳐다봤다. 감나무 주인들은 눈에 불을 켜고 감시를 하였다. 감이 익으면 먹는 것도 좋지만 팔면은 수입이 짭짤하였다. 감나무가 많은 집은 가을이 오면 감 따는 일이 농사를 거두는 일과 같아 부러움의 대상이었다.

길을 가다 보면 땡감이 열린 나뭇가지가 무거워 아래로 늘어져 그곳을 지날 때는 머리가 띵하고 부딪히기도 하였다. 보기에는 탐스럽게 자라 그냥 땡감인 줄 알지만 속은 땡땡하고 여물다. 홍시가 되었을 때는 나긋나긋하고 말랑말랑 하지만 한때는 청춘인 때도 있었지. 땡감을 만져 보면 차갑고 단단하고 매끈매끈하여 강한 인내심이 느껴졌다. 손안에 넣으면 매끈하고 단단하며 친구 중식이 대머리같이 반질반질하다.

잎이 무성하게 자라고 땡감도 자라면 살이 올라 동글동글하다. 산골 마을은 아낙들이 모여 감나무 그늘 아래서 길쌈을 하였다. 답답하고 좁은 집안에서 보다 밖으로 나와 수다를 떨며 하는 일이 더 즐거웠다. 아낙들과 처녀들은 삼베치마를 걷어 올리고 무릎을 세워, 삼을 한 가닥 무릎위에 놓고 손으로 도르르 말아, 이어 부치는 기술은 대단하였다.

무릎도 젊을 때는 땡땡하여 반질반질했다. 땡감처럼 단단하여 일을 하는데도 큰 힘이 되었다. 할머니의 무릎은 삼 줄기를 많이 말아서 얼룩져 있었다. 튀어나온 무릎 뼈도 살아온 세월을 말해 주었다. 할머니는 동네서도 부지런하기로 소문이 났다. 이제는 땡땡한 삶보다는 말랑한 성품이 되었다. 길쌈을 하고 있는 주주골은 산이 가깝고 산골에서 내려오는 냇물이 졸졸 흘러 더우면 세수도 하고 손과 발을 씻고 나면 시원해서 한결 일하는 손이 빨라지고 콧노래도 절로 나왔다.

마을길은 도로변처럼 만들어지지 않아 어떤 때는 여자와 남자가 길을 피하려면 서로 부딪히기도 하는 만큼 길이 되기도 한다. 길쌈을 하고 있는 곳은 초입길이라 남정네들이 땔감을 지고 그곳을 지나가야만 했다. 처녀들과 아낙들의 길쌈을 하다 치마로 무릎을 덮고 비켜주면, 남정네들은 민망해서 고개를 푹 숙이고 지나갔다. 집안에서 큰 소리 땡땡 치던 동이 아범도 부끄러운지 눈을 아래로 감고 가는지 비틀거려서 웃음이 나왔다. 그 뒤를 따르던 영순 오빠도 빠른 걸음으로 그곳을 빠져나갔다. 아낙들은 그 모습이 우스워 낄낄 웃었다. 그때 매미가 맴맴 배꼽을 내밀며 배가 아파서 웃었다. 골짜기가 웃음꽃이 다 차지했다.

아무것도 모르는 아이들도 어른들의 웃음에 '아이구 배야' 하고 막 웃었다. 그때 또 까치가 깍깍 하고 웃으며 하늘 높이 날았다. 웃는 얼굴은 행복하고 배가 고파도 좋았다. 일을 하다가 웃다 보면 배가 출출하고 뱃속이 꼬르륵 소리가 났다. 감나무 가지가 축 늘어져 손만 뻗으면 땡감을 딸 수가 있었다. 간식거리로 감을 따서 배고픔을 달래기도 하였다.

단단한 건성을 가진 땡감은 따기도 힘들었다. 주인들에게 들키면 매일 따는 줄 알고 의심을 받을 수가 있어 감 이파리 뒤에 달려있는 풋것을 땄다. 흐르는 냇물에 깨끗하게 닦아 굵은 소금에 찍어 먹었다. 대봉감은 떫고 입 안이 떨떠름해 무슨 맛인지 잘 몰랐다. 아이들도 따라서 먹다가 떫다고 하며 뱉어내기도 하였다. 입 안에 뭐가 꽉 채워져 있는 듯했다. 아낙들이 시키는 대로 꼭꼭 씹어 먹다가 보면 단맛이 나왔다. 빙긋빙긋 웃으며 먹는 모습도 우습다.

땡감을 주인 몰래 주워 장독에 재를 넣고 삭혀 5일장에 내다 팔아 생필품을 사고 아이들 간식도 샀다. 감 줍는 일도 재미가 있었다. 어느 날 주인 몰래 감나무 아래 살금살금 기어가다 참새가 날아가는 소리에 깜짝 놀라기도 하였다. 땡감을 삭힌다고 재를 넣고 양지바른 곳에 며칠을 두었다. 빨리 먹고 싶어 뚜껑을 열고 하나를 꺼내 베어 먹다가 맛이 없어 그대로 넣어 두기도 하였다. 집집마다 땡감을 삭히는 일도 유행이었다. 엄마가 없는 날 친구들이 몰려와 감이 잘 삭았는지 뚜껑을 열어보자고 하였다. 나는 자신있게 뚜껑을 열고 덮어 놓은 지푸라기를 들어 냈다. 아이구! 삭힌 감 모양은 바위에 핀 버짐 같고, 식초냄새가 코를 찔렀다. 감식초가 되었다.

먹지는 못해도 찔러보자고 하고 냄새를 맡아 보고 친구들이 코를 막고 모두 달아났다. 삭은 감도 읍에 내다 팔면 간식을 사서먹을 수가 있었고, 언니들은 1접을 내다 팔면 용돈도 벌었다. 나는 혼자 멀거니 단지 속을 들여다 보았다. 땡감은 얼굴에 주근깨가 박힌 것들도 많았다.

어느 총각은 처녀와 맞선을 보고, 부모에게는 사진을 보여주며 허락을 받았다. 시집온 며느리 얼굴을 보고 실망하였다. 사진에 없던 며느리의 주근깨를 보았던 것이다. 땡감은 주근깨가 있어도 선 볼일은 없으니 괜찮았다. 땡감은 떫고 풋내가 나지만 그때 먹었던 땡감은 배고픈 내 입안을 한 입 꽉 채워 주었다. 지금은 고향도 그때의 그런 풍경은 아니다. 길을 가다 감나무에 달려 있는 땡감이 익기 전 떫은맛의 글을 한편 쓰고 싶은 마음이 더해졌다. 떫지만 달콤한 사람들의 마음속에서 익어가는 땡감의 홍시가 더 맛있다는 것을 알았다.

# 허기진 가을

혼자 아침밥을 먹기 위해 두부와 달래를 넣고 끓여 놓은 된장국에 잡곡밥을 먹었다. 한 가지만 먹어도 밥이 잘 넘어간다. 간단하게 빨리 먹고 치우는 것이 편안하다. 누가 간섭할 사람도 없다. 먹은 빈 그릇을 씻어 놓고, 집안청소를 한다. 마음을 바꾸면 기분이 좋아진다. 하루도 이렇게 시작이 된다. 대충 치우고 나니 여유가 생겼다. 식탁 앞에 앉아 날짜가 지난 신문을 펼쳐보았다. 눈에 들어오는 기사는 큰 제목만 대충 읽었다. 운세를 보니 행운이 따르고 하는 일이 순조롭다고 나와 있다. 지나간 운세라 별로 신경 쓸 일이 아니었다. 신문을 접었다. 목이 말라 생수를 두 모금 마셨다. 생수라 물맛도 싱겁다. 수돗물을 유리잔에 받아 마셨다. 차라리 이 맛이 더 좋아. 목이 시원하게 뚫리는 것 같다. 자꾸만 먹고 싶은 충동이 일었다. 달콤한 설탕을 차 숟가락으로 퍼서 먹었다. 설탕이 귀할 때 엄마 몰래 먹던 생각이 났다. 자꾸만 배속이 허기지다. 사또 밥을 먹으며 우유를 한 잔 두 잔 먹으니 꿀맛이다. 혼자 입가에 미소가 번진다. 먹어도 먹고 있어도 허기진 가을이다.

81세에 돌아가신 할아버지의 말이 생각난다. 가을 농사철 갑자기 할아버지는 배가 고프다며 어린 손녀인 나에게 밥을 차려 달라고 하셨다. “금방 드셨는데 왜 그래요.” 하고 여쭈어 보았다. 너는 아직 어려서 모른다.

그냥 자꾸 배가 고프고 아무거나 먹었으면 하는 마음이 든다고 하셨다. 보리밥을 고봉으로 퍼서 담고 배추김치를 송송 썰어서 챙겨 갖다 드렸다. 몇 끼를 굶은 사람처럼 빨리 밥그릇을 비우셨다. 할아버지는 물을 한 대접 마시고 나서 또 먹을 것이 없냐 하고 손녀의 표정을 살피셨다. 간식거리도 별로 없고 집안이 궁핍하였다. 할머니 일찍 보내시고, 엄마를 일찍 여읜 두 손녀를 키우며 살았다. 지금 생각해보니 사는 것이 너무 힘들고 혼자서 어린것들 보살피느라 몸이 쇠약해지신 것 같았다. 몸도 마음도 고단하고 사람과의 정이 그리워 먹어도 배가 허하다 하는 말같이 내 귓가에 박혀 있다. 지금 내가 느끼는 그대로다.

냉동실 문을 열고 먹을 것을 또 찾아보았다. 아이스크림을 꺼내 비닐을 뜯어내고 한입 먹었다. 먹는 맛은 시원함 그 자체였다. 금방 먹고 나니 또 목이 마르다. 물을 한 모금 마셨다. 또 뭐가 있을까! 하고 생각을 해보았다. ‘아 맞다’ 홍시가 있구나. 얼른 한 개를 씻어 조심스럽게 껍질을 벗겼다. 달콤한 향이 군침을 돌게 했다. 칼을 들고 힘을 주어 반으로 잘랐다. 감 씨가 박혀 있다. 씨를 빼는 동안 한숨 돌리며 왜 이렇게 빨리 안 빠져나오는 거야 하고 힘을 주어 빼냈다. 한입 넣고 혀를 굴려가며, 단맛을 느끼니 먹는 것이 행복이다 하는 생각을 하였다. 글 한자 써보려고 컴퓨터를 켰다. 갑자기 커피가 생각났다. 의자에서 일어나 빨리 거실로 나가 물을 끓였다. 끓는 물소리도 빨랐다. 한 잔 타서 마시니 세상이 환하게 보였다. 식빵에 딸기 잼을 발랐다. 같이 먹으니 달콤한 맛에 취하였다. 이렇게 먹어도 배는 부르지 않았다. 누구와 한 마디 말을 해도 허기진 마음을 채울 수가 있을 텐데 하고 혼자 생각을 해본다.

아침을 너무 소홀하게 먹어서인지 고기가 생각났다. 저녁에 돼지 양념 불고기를 구워 먹으려고 하는데 전화가 울렸다. 이웃에 사는 권 시인이 빨리 나오라고 하였다. 구운 고기를 두고 갈려고 하니 입에 침이 고였다. 침을 삼키고 검정색 반코트를 챙겨 입고 나갔다. 가끔 시간이 나면 산책을 하는 사이라 만날 때마다 할 말도 많다. 저녁밥은 안 먹어도 대화를 할 수 있으니 배가 불렀다. 가을바람도 솔솔 불고 지나가는 자동차 불빛도 꽃피었다. 산이 아니라 도심의 길거리를 걷는 것도 색다르고 볼거리도 많다. 동네 청년들이 하는 마트에 사람들은 과일을 바구니에 담는다. 담긴 과일들끼리 서로 포개지고 무거워도 웃으며 주인의 얼굴을 본다. 어두운 곳과 밝은 곳을 보며 마음도 그렇게 움직인다. 이야기하며 걷다 보니 발바닥이 후끈하여 몸도 가벼워지고 마음도 편안하다.

대형마트에 들어갔다. 대봉 감을 세일해서 싸게 샀다. 권 시인은 홍시를 만들어 먹는 맛은 대봉감이 최고라 하였다. 두 박스는 먹어야 한다며 입가에 달달한 웃음이 가득하였다. 입구에서 굽고 있는 군고구마 4개 5,000원 주고 사서 먹기로 하였다. 내가 먹고 싶다는 것을 어떻게 알았을까! 내 맘을 들킨 것 같았다. 포장한 대봉 감 박스를 줄로 엮어 나누어 들고 신호등을 건넜다. 들고 가는 마음은 즐거웠다. 대화를 하며 연신 웃어주니 밤의 대화도 최고였다. 버스 정류장 뒤 벤치에 앉아 뜨거운 고구마를 호호 불어서 껍질째 먹으니 고소한 맛이 기가 막혔다. 옛날 고구마 먹던 사랑방 손님들과 상품가치 없는 고구마를 쪄 이웃들과 밤새도록 먹던 부모님 모습을 그리며 먹었다. 하늘은 흐리고 밤기운이 썰렁해도 달콤한 고구마 맛에 반하여 집에 굽다가 두고 온 돼지불고기 맛은 잊었다. 얼굴도 잘 보이지 않은 곳에 앉아 먹는 재미가 쏠쏠하다. 몰래 훔쳐 먹는 듯한 생각에 밤의 어둠도 천천히 다가왔다.

눈을 뜨면 대화가 필요하고, 밥을 먹을 때는 둘이서 마주보며 먹어야 맛있고 배도 부르다. 아무리 좋은 것이라도 혼자 먹는 것은 허기지다. 웃으며 눈을 맞추고 하하 호호 하며 서로 주고받는 이가 있어야 재미난다. 벽을 보고 얘기한다는 말을 실감한 날이다. 허기진 배는 밥보다는 따듯한 말 한마디가 만 그릇 밥보다는 낫다. 남편이 떠난 자리 아들 둘이 지켜 주어 고맙다. 허기진 가을은 이래서 사람들은 밖으로 나가 단풍구경 사람구경 하며 마음의 양식을 차곡차곡 쌓아 놓나 보다. 허기진 가을을 채우기 위해….

# 심심하면 찔레꽃이라도 불러

코로나19 때문에 마스크를 쓰고 동네 미용실에 갔다. 사회적 거리두기라 인원수가 제한되고 기록도 남겨야 했다. 몇 명의 아주머니와 90세 친정어머니를 모시고 온 딸이 순서를 기다리고 있었다. 코로나가 없을 때는 수다를 떨어 시끄럽기도 하고 유익한 정보도 많았다. 친목을 도모하는 장소이기도 했다. 하지만 완전 달라진 미용실 안에서도 모두 마스크를 쓰고 있어 서로 주의를 했다. 미용실 주인아줌마는 혼자 손님의 머리를 말고, 샴푸하는 손길이 기계처럼 빠르게 움직였다. 미용실은 단골이 많아서인지 어떤 이는 빗자루를 들고 잘라낸 머리카락을 쓸어담아 쓰레기봉투에 담는다. 당연한 것처럼 일을 도와주는 모습이 따듯한 온돌방처럼 느껴졌다. 두세 명이 파마하고 마지막 손질을 끝냈다. 파마가 끝난 어르신들의 헤어스타일이 똑같았다.

우리 어머니가 하는 뽀글이 파마도 예쁘기만 했다. 나도 모르게 웃음이 나왔다. 머리모양이 너무 똑같았고, 그렇게 똑같은 머리를 만들어 내는 주인의 손길에 감탄사가 절로 나왔다. 한 명도 머리 스타일에 대해 불평을 하거나 다시 손질을 부탁하는 손님도 없고, 그저 빨리 파마머리가 자라지 않게 해주는 것이 바람이라며 웃었다.

미리 예약을 하지 않아도 되고 친절하게 대해 주니 이웃사촌처럼 편안하다. 동네 미용실은 한 집 건너 하나씩 있다. 간판 이름도 가지가지다. 가격도 천차만별이다.

남자들이 이발소를 가지 않고 미용실을 이용하니, 어려운 시기에도 운영이 괜찮아 보였다. 이발소가 흔하지 않고 집 앞에 있는 미용실을 이용하는 추세이다. 남자들은 미용실에 들어오면 주눅이 들어 고개도 제대로 들지 못하고 수줍어하는 모습이 웃음을 나오게 했다. 이발소에 가서 머리를 자르고 가죽 혁띠로 면도날을 시퍼렇게 날을 세워 면도를 하던 그때가 생각났다. 내가 어렸을 적에는 미용실에서 머리를 깎아 주지 않았다. 그래서 이발소에 가기 싫어도 억지로 갔다. 산골동네는 이발소도 읍이나 나가야 있었다.

동네 문씨 아저씨가 자기 집 마당 양지바른 곳에 절름발이 의자를 놓고, 따가운 햇빛 아래서 보자기를 두르고 단발머리를 깎아 주었다. 나는 머리카락 잘리는 가위소리에 다 망쳤다는 생각이 들었다. 뭉텅뭉텅 잘라내는 내 머리카락이 바람에 날아가기도 했다. 다 끝나고 금이 간 손거울을 보는 순간 울음이 터졌다. 동네 머슴아들의 놀림감이 된다는 생각에 더 크게 운 적이 있었다. 그 후로 가지 않았다. 내 순서가 되어 머리에 파마 약을 바르고 기다렸다. 그때처럼 마음에 들지 않으면 어떡하지 하며 약간 걱정이 되었다. 머리 할 때마다 내 생각대로 나오지 않는 날도 있었다. 주인이 중화제를 바른다며 의자에 앉으라고 했다. 내 뒤에 기다리던 아주머니가 전화를 받더니 큰 소리로 대화를 했다.

"내가 지금 미용실에 왔는데 머리하고 갈 테니 기다려. 그리고 심심하면 찔레꽃이라도 불러. 네가 제일 잘하는 노래잖아 이만 끊는다."고 했다. 그러고 보니 답답하고 심심할 때는 노래를 부르는 것도 하나의 좋은 방법이라 생각했다. 나는 일명 볼륨 파마라 하여 조금 비싸게 받았다. 머리가 잘 나와서 미장원을 나서니 마음도 가벼워 찔레꽃 노래도 불렀다. 마스크를 쓰고 머리를 하니 답답하고 힘들었지만 주인아주머니는 능숙하게 잘했다. 머리 하는 날은 괜히 설레기도 하고 좋은 일이 생길 거라는 행복감에 젖기도 한다. 파마머리를 보는 순간에 어머니의 모습이 떠올랐다.

그때 어머니도 나처럼 행복했을까 하는 생각이 문득 가슴을 파고 들었다. 아버지의 사랑을 받기 위해서 오일장에 나가 파마를 하고 사진관에서 기념사진도 찍었다. 유일한 어머니의 모습이 담긴 그 사진을 잃어버려서 지금도 안개 속 그림 같은 어머니 모습만 남아 있을 뿐이다. 일찍 세상을 떠난 어머니의 모습은 아련하다. 그 모습을 그려 본 「어머니의 파마」라는 제목의 시를 써본다.

시집와 은비녀 꽂은 머리/ 단아하고 고운 자태/ 봄날같이 화사한 얼굴// 아버지 비녀머리 싫다 외면하여/ 밤새워 눈물로 지새우다가/ 오일장 서는 날/ 머리 자르고 파마 약 발랐다// 어머니 얼굴 함박 꽃 피어/ 십 팔 세 순이 닮았다/ 아버지 사랑받을 마음에/ 행복한 삶을 꿈꾸었다// 아버지는 어머니께/ 한 마디 툭 던졌다/ 파마는 무슨// 어머니 하얀 얼굴 검게 탔다.

이렇게 아내의 마음을 몰라주던 아버지는 돌아가시기 전에 어머니에 대한 미안함을 우리에게 전하면서 눈물을 흘렸다. 살아서 잘 해야 한다고 하지만 말보다 쉬운 일이 아니었다. 살다보면 맘대로 되는 일이 그리 쉬운가! 그런대로 그냥 사는 것이 행복이고 노래 부르며 내 마음을 다독여 살아가는 일이다.

유튜브에 있는 찔레꽃을 찾아 노래 부르면서 기분도 전환하고, 트롯 전국체전, 트롯 신이 떴다 등 전국을 뜨겁게 달군 트롯 열풍에 마음과 몸이 충전의 효과를 얻는다. 코로나19로 힘든 시기에 방콕을 하는 일이 많다. 심심하면 찔레꽃이라도 불러.

# 빨래터에 가고 싶다

며칠 전 백화점에서 산 블라우스는 손세탁을 해야 한다고 했다. 식당에서 밥을 먹다가 양념이 튀었다. 물티슈로 대충 지워도 얼룩이 남아있었다. 집으로 돌아와 먼저 블라우스를 들고 화장실로 들어갔다. 빨래 비누 대신 꽃향기가 나는 물비누를 꽃그림이 그려진 세숫대야에 부은 다음, 손으로 조물조물 빨았다. 바글바글 거품에 향기가 나니 손빨래하는 것도 기분이 좋았다. 얼룩도 금방 지워지고 내 손등에 묻은 비눗방울이 예쁘다. 손빨래를 하면서 어머니가 빨래하던 모습이 그려졌다.

어머니는 여러 가지 일을 많이 했지만 그 중에서도 빨래하는 일이 기억에 남아있다. 자그마한 키에 쪽진 머리는 단정하였다. 무명저고리에 검정치마를 입고 앞치마를 두른 어머니. 부지런하고 말이 없는 얼굴은 온화해 보였다. 농사일을 하다 보면 하루에 한 번 아니면 더 많은 빨래를 하는 일도 있었다. 아낙들이 모이는 빨래터는 봄, 여름, 가을, 겨울 변하는 곳이다. 내가 본 기억대로 적어 보면 봄에는 파릇파릇 돋아 풀포기들이 자라 풀꽃을 피우고, 여름엔 물잠자리가 날아다니며, 가을에는 작은 나뭇잎들 단풍이 들었다. 늘어진 버들가지는 물속에 비친 그림자를 본다. 겨울은 얼음이 얼어 그것을 깨고 빨래를 하기도 한다.

집에서 끓인 물을 받아 옷을 담가 와서 빨기도 하는데 금방 식어버린다. 납작한 돌멩이 위에 비누칠 한 옷을 올려놓고 두드린다. 어머니의 팔은 방망이를 올렸다 내렸다 리듬에 맞추었다. 그 소리가 한을 날려버리는 것과 같다는 생각이 들었다. 냇가는 어머니들의 놀이터와 같아 우리도 따라 나와 아버지 양말이나 손수건을 빨면서 물과 친하게 되었다. 물속에 양말을 넣고 살살 흔들며 아버지 발이 간지럼을 타는 것 같았다.

빨래터에서 집으로 돌아오는 모습도 가벼운 발걸음이었다. 마당에 있는 빨랫줄에 널어놓은 옷들은 초등학교 미술시간에 내가 그린 그림과 같았다. 손으로 짜서 널은 옷에서 물방울이 떨어지면 마당에 흙이 파여 옹달샘처럼 맑은 물이 고였다. 마루 끝에 앉아 그것을 세는 것도 산수 공부를 하는데 도움이 되었다. 셈을 한다는 것은 어려운 것이었다. 빨래가 마르면 걷어 옷을 개는 일도 수월하지가 않았다. 여름에는 습기가 많아 조금 두꺼운 옷은 잘 마르지 않고 비릿한 냄새가 나기도 하였다. 그런 것들은 골라서 다음날 또 말려야 했다. 고단한 날이면 어머니는 빨래를 개다가 어깨를 펴고 오른쪽 손으로 왼쪽 어깨를 톡톡 두드렸다. 삼베옷은 풀을 먹여서 빳빳하게 해서 중간쯤 마르면 다시 개서 보자기에 싸고 발로 꼭꼭 밟아주었다. 우리도 따라서 밟다가 넘어지기도 하고 어머니와 놀이하는 것처럼 재미있었다. 그 뿐만이 아니다. 어떤 옷들은 밟아도 펴지지 않아 다듬이질을 해야 했다. 매끈한 다듬잇돌은 집집마다 두 개의 방망이와 가지런하게 놓여있어 보기만 해도 서로 짝꿍처럼 보였다. 옷을 잘 개어 올려놓고 방망이 소리를 맞추어 리듬을 타야 했다. 그렇지 않으면 빗나거나 방망이에 맞아 옷에 구멍이 나고 망가져 버린다.

우리도 따라 해보다가 옷을 못 쓰게 되어 꾸중을 듣기도 했다. 지금은 민속촌이나 가야 볼 수 있는 장면이다. 이렇게 빨래에 대한 기억을 쓰다 보니 어머니의 잔잔한 웃음이 내 손 등 비눗방울이 되어 날아간다.

블라우스를 그물망에 넣어 탈수기로 돌렸다. 금방 꺼내서 널어놓고 보니 거의 다 말랐다. 세탁기가 있어 누구나 쉽게 빨래를 할 수가 있다. 요즘 세탁기는 여러 가지 용도로 나와 있어 원하는 대로 사용하며 시간 절약도 되었다. 세탁기 속에 있는 빨래를 꺼내는 일도 귀찮을 때가 있다. 어머니는 그 많은 빨래를 해도 힘든 내색 한 번 하지 않았다. 처음 세탁기가 나와 집에 들여 놓고 빨래를 하는데 너무 신기했다. 단추 하나 눌러 놓고 노래 듣고, 책 읽고, 건강 체조하고 그래도 시간이 많아 부침도 하고 한 잔의 달콤한 커피에다 빵이라도 곁들여 먹으면 행복을 누린다. 손 하나 까딱하지 않고도 깨끗하고 향기까지 나는 빨래를 하다니 혹시나 마술을 부리는 건 아닌지 하는 생각을 해본다.

그 좁은 공간에 누군가 앉아서 하는 것도 아닐 텐데 하는 의문을 품어보며 혼자 웃음이 나왔다. 꽁꽁 얼어붙은 얼음을 깨고 그 속에 옷을 넣어 헹구고 하는 일을 반복하는 어머니의 아린 손을 생각하니 내 손가락마디가 오그라든다. 쏴한 마음이 아프다. 머리가 아플 때 짚어 주는 손은 따듯하고 약손이었다. 나는 가족들이 벗어 놓은 옷을 보며, 이것을 언제 다

빨아야 하나 하고 한숨을 쉬다가, 이게 아니다 아무것도 아니야, 세탁기가 다 해주는데 하고 생각하며 마음이 가벼워진다. 손빨래를 하던 그 때는 서로 간의 안부도 묻고 세상 돌아가는 이야기도 듣곤 하였다.

아픔이 있으면 서로 위로하고 기쁨이 있으며 누구보다 더 축하를 보냈다. 마주보며 앉아서 하는 일은 서로에게 보이지 않은 위로와 즐거움이 묻어났다. 집안에서 세탁기를 돌리는 것은 빨래하는 재미를 맛볼 수는 없지만 편리하다. 그래도 어머니 곁에서 아버지 양말을 헹구며 파란 하늘 하얀 구름이 물속에 내려와 있는 그런 그림 같은 빨래터에 가고 싶다.

## 주먹

어머니를 일찍 여의고 작은 손으로 밥을 짓고, 도랑에 나가 빨래를 하였다. 겨울엔 얼음을 깨고 빨래를 하면 눈물이 날 정도로 시리고 아팠다. 두 주먹을 쥐고 호호 불면 살이 튼 자리에 피가 났다. 손을 펴면 갈퀴를 닮은 손가락 마디도 남보다 굵다. 손이 예쁜 사람은 주먹을 쥐어도 반질반질 윤이 나고 손등도 매끄럽다. 탐스러운 아기의 주먹은 얼마나 귀엽고 앙증스러운가! 생각만 해도 깨물어 주고 싶을 정도로 예쁘다. 나도 태어날 때는 엄마가 내 손을 꼭 깨물어 주었을 테다. 글을 쓰면서 내 손을 본다. 2월의 햇살이 베란다 문을 통해서 들어왔다. 내 손등 위에 시퍼런 실핏줄이 선명하다. 그 사이 허옇고 잘잘한 실오라기 같은 것들이 수를 놓았다. 수틀에 놓은 수는 아름다움 그 자체지만 내 손의 그것들은 남에게 보여주고 싶지가 않다. 다시 주먹을 쥐어 본다. 손아귀의 힘은 정말 세다. 어쩌다가 반가운 사람을 만나면 악수를 한다. 보기보다는 손잡는 힘이 세다고 한다. 고생을 많이 한 손이 힘도 세어지는구나. 그 말이 듣기 싫지는 않았다. 사람에 따라 손을 맞잡는 순간에 마음까지도 읽을 수가 있다. 그 방법은 개인에 따라 천차만별이다. 특히 선거철이 되면 후보들이 악수를 청한다. 그때 느낌으로 자기 편인지 아닌지를 확인할 수도 있다고 했다. 4월의 보궐선거는 주먹 인사를 하겠지.

그때는 딱딱한 느낌으로 서로의 감정도 더 날카로울 수가 있겠다. 권투선수가 주먹인사를 하는 것처럼 승부욕을 불러일으킬 수도 있다는 생각이 든다. 부드럽고 야들야들한 살에 닿는 순간과 딱딱한 손마디의 뼈와 맞잡는 것은 큰 차이가 난다. 주먹도 세월의 무게만큼 나이가 들어가나 보다.

두 주먹을 쥐고 이 세상에 태어난다. 세상의 모든 것을 움켜잡으려는 듯 말이다. 살아가면서 우리들은 두 주먹을 불끈 쥐고 나름대로 멋진 세상을 만들어보자 하는 다짐도 해본다. 그런 것들이 다 이루어지면 좋겠지만 안 될 때도 있다. 세상일이 그렇게 쉬우면 누구나 걱정 없이 살지. 초등학교 다닐 때의 일이다. 나는 두 주먹을 쥐고 내 친구에게 대들었다. 내가 세상에서 제일 존경하는 사람이 우리 할아버지다. 할아버지는 어릴 때 잠을 자다가 다리를 잘 못 펴서 합천읍에 있는 병원에 가서 수술을 받았는데, 생살을 잡아당겨서 꿰매어 결국은 오른쪽 다리를 약간 절었다. 초등학교 수업을 마치고 집으로 가던 길이었다. 단발머리 춘이가 내 앞에서 할아버지가 걸어가는 모습을 흉내내며 웃었다. 허리에 찬 책보를 집어 던지고 주먹을 불끈 쥐고 달려들었다. 머리카락을 잡고 싸우다가 힘이 없는 내가 밑에 깔려서 숨도 제대로 못 쉬었다. 나는 주먹맛을 보여주겠다며 이를 악물고 얼굴을 때렸다. 춘이는 잘 먹고 자라서인지 힘도 세고 주먹의 힘도 대단했다. 그때 맞은 생각을 하면 주먹이 운다. 옆집에 사는 친척 오빠는 심심하면 분통이 터져 주먹세계로 진출을 해볼까 하는 생각을 하더니 자기가 짝사랑하던 애인이 다른 남자에게 반해서 도시로 떠났다.

낮이나 밤이나 오빠는 그 여자를 못 잊어 울며불며 아무데나 주먹을 쳤다. 얼마나 아플까! 피가 맺히고 맺혔다. 노부모를 모시고 사니 장가를 못 가서 얼마나 애간장이 탔을까 생각하면 불쌍하여 동네 사람들이 측은하게 여겼다. 어떤 날은 동네 술꾼 아저씨가 막걸리 한 잔을 하고 돌아오는 길에 빌려준 돈을 받지 못한 남씨 아저씨와 큰 싸움을 하였다. 먹지도 입지도 못하고 모은 돈을 한입에 털어 넣고 뻔뻔하게 돌아다니는 빚쟁이 남씨를 보니 울화가 치밀었다. 한바탕 해야 하는데 덩치를 보나 말재주를 보나 아저씨가 당해낼 재간이 없어 두 주먹이 바르르 떨었다. 권투 선수처럼 한방에 보낼 수 있는 방법은 없을까 주먹도 쓰기에 따라서 훌륭한 권투 선수는 이름을 날리지만, 진흙탕 물에 빠질 수도 있다. 누구나 한번은 주먹을 쥐고 맹세를 하거나 울부짖을 때가 있었다. 사랑 때문에 미움 때문에 힘을 낼 때 또는 아프거나 기쁠 때 서러울 때 그 때마다 주먹을 쥔다.

친구를 만나 반갑다는 인사로 주먹으로 배를 치거나 서로 주고받는 행동을 한다. 남자들은 뭐든지 내기를 했다. 아들을 둔 부모들은 주먹구구식으로 살면 절대로 성공을 할 수가 없다는 말을 자주했다. 주먹질을 잘하는 남의 자식들이 자라 성공을 하는 사람들이 가끔 있었다. 성공하여 산골마을로 가면 자랄 때 주먹만 쓰고 다니더니 이렇게 변해서 대기업의 총수가 되었다고 야단들이었다. 그때부터 동네서는 주먹을 쓰는 사람을 그렇게 나쁘게 생각하지 않았다. 도둑을 잡거나 정의를 위해서 쓰는 주먹은 황금 주먹이다. 요즈음 코로나19로 인하여 서로에게 미움보다는 위로를 주고 힘을 더해 주고 아껴주는 마음이 더 크다. 사람들과 만남이 어렵고 마스크를 쓰고 대화를 하는 것도 힘든 시기다.

다정하고 따듯하게 미소를 지으며 두 손을 맞잡고 온기를 느끼며 인사하는 것도 사라지고 주먹 인사를 한다.

아는 사람을 길거리에서 만났다. 눈웃음을 지었다. 서로 주먹을 비비며 반가움에 어쩔 줄을 몰랐다. 이렇게 아름다운 사람과의 주먹이 연결고리가 되다니 정말 코로나 때문에 주먹이 출세를 했다. 억울하면 출세하라 노래 가사처럼 주먹도 아름다운 세상을 만들었다. 만일에 주먹이 없다면 어떻게 인사를 했을까 코를 비비며 코로나를 외쳤을까! 어머니 없이 일을 하여 갈퀴 같은 손이지만 오늘따라 주먹 쥔 내 손이 예쁘고 귀하게 여겨졌다.

# 아궁이

가을비가 내렸다. 갑자기 기온이 뚝 떨어졌다. 거실 바닥에 앉아 신문을 읽는데 엉덩이가 차서 온 몸이 앉아 있기를 거부한다. 아궁이가 가까운 구들 막의 따듯함이 그리운 날이다.

이럴 때는 할아버지가 지펴주는 아궁이 불이 생각난다. 나는 어머니가 세상을 떠난 후로 여동생과 같이 할아버지의 보살핌을 받고 자랐다. 어머니는 아궁이 불을 헤집으며 한숨을 쉬고 부지깽이로 부뚜막을 치며 얼굴은 불빛에 따라 다르게 보였다. 나의 시린 손을 잡아 아궁이 앞에서 따듯하게 불을 쬐게 하였다. 아낙들이 옹기종기 모여 앉아 시집살이 매운 맛을 얘기하며 서로를 다독거려주었다. 그 아궁이 앞에 할아버지가 앉아 있다. 나뭇가지를 분질러 아궁이 속을 채워주고 할아버지는 안방에 들어 왔다. 샛문 사이로 불이 붙은 나뭇가지들이 타닥타닥 타는 소리가 들렸다.

할아버지는 나에게 봄이면 산에 가서 나무를 해오라고 하여 친구들과 함께 신나게 가까운 동네 앞산으로 갔다. 그곳에는 무덤이 많고 무섭기도 하였다. 그 옆에는 큰 연못이 있었다.

'이게 네 도끼냐?' 하고 물속에서 산신령이 나올 것 같은 그런 곳이었다. 하루는 친구들과 나무를 하러 그곳에 간 적이 있었다. 할아버지의 야윈 얼굴을 생각하며 부지런히 땅에 떨어진 솔잎을 긁어모았다. 사람들이 하도 많이 긁어서 바닥에 갈쿠리 자국이 있었다.

베개만큼 모아서 새끼줄로 단단히 묶어 겨우 머리에 이고 내려오는데 저 건너편 산에서 '깅자야 이리와. 깅자야 이리와 봐라' 하는 소리가 내 귀에 들렸다. 나무를 이고 친구와 같이 소나무 사이를 빠져 나오는데 더 크게 들렸다. 나는 머리에 이고 있던 것을 집어 던지고 걸음아 날 살려라 하고 달음박질을 쳤다. 겨우 집에 도착하니 할아버지는 굳은 표정으로 나무는 안 해오고 왜 그냥 왔나 하며 화를 냈다. 할아버지 얼굴이 산신령 얼굴로 겹쳐졌다.

아궁이에 들어갈 나무가 없으니 큰일이다 하고 할아버지는 한숨을 쉬었다. 죄송한 마음이 들었다. 한숨 돌리고 나서 할아버지에게 자초지종 이야기를 해주었다. 그때서야 나에게 웃어 주었다. 지금도 그 때 일을 생각하면 악몽 같았다. 그곳에는 삿갓을 씌워 놓은 애장 터가 있었다. 햇빛은 쨍쨍하고 산새들이 우는 소리에 무서웠다. 그럴 때는 내 다리를 잡아당기는 것처럼 발걸음이 떨어지지 않았다. 지금은 불을 때는 아궁이가 없어 나무를 하는 사람이 없다. 산에 가면 솔잎들이나 삭정이가 쌓여있다.

그것을 보면 그때 할아버지가 힘들어 하던 때가 생각난다.

아궁이에 불을 때 노란 빵도 쪄주었다. 할아버지는 아궁이 앞에서 꺼져가는 불씨를 살리려고 눈을 질끈 감고 입으로 '후' 하고 분다. 입심이 약한지 잘 살아나지 않아 애를 먹기도 하였다. 지금은 아궁이 불 대신 손으로 탁 켜면 동그랗게 원을 그린 가스 불이 춤을 춘다. 이날따라 시커먼 입을 벌리고 붉은 꽃을 삼키며 매운 연기만 하얗게 피어올랐다. 할아버지는 눈물을 흘리며 겨우 불을 살려 노란 빵을 쪄주었다. 빵 이름이 '눈물 젖은 노란 빵'이었다. 마당 앞에 서 있는 감나무 잎이 예쁜 모습으로 꽃단장을 하고 거드름을 피우며 아궁이 속을 훔쳐보았다. 가지가 삭은 감나무도 땔감으로 쓰기 때문이었다. 아직도 굶주린 아궁이는 할아버지가 어떤 먹이 감을 산에서 구해 올까 아니면 그냥 굶게 하려나 하고 아궁이는 입이 심심하였다. 나도 이제는 꾀가 나서 산에 나무하러 가기가 싫어졌다.

그러니 할아버지는 화도 낼 만하다. 동네 앞 정자나무도 울긋불긋 옷을 갈아입었다. 할아버지는 아궁이에 들어갈 나무를 준비하느라 하루에 한 번은 산으로 갔다. 다리가 불편하여 힘이 드는데 손녀들 추울까 봐 부지런히 산을 오가며 나무를 해서 지게에 지고 돌아왔다. 차곡차곡 나무를 뒤 안에 쌓았다. 겨울은 춥기도 하지만 넉넉하고 배부르게 밥을 먹은 기억도 별로 없다. 할아버지도 없는 살림에 겨울을 넘기려면 얼마나 걱정이 많았을까! 아버지는 우리들을 돌보지 않았고 멀리 떨어져 살았다. 약간의 돈은 보내주었지만 턱없이 부족하였다. 이웃 친척들의 도움을 많이 받은 셈이다. 할아버지는 평생 우리 때문에 고생을 하였다. 날씨가 추워지니 방안도 자꾸만 냉기가 잦았다. 아궁이 앞에 앉아 있는 할아버지는 얼굴에 주름이 시커멓다.

연기에 그을리고 마음고생에 엄마 없는 어린 두 손녀가 그려준 검은 그림자였다. 그래도 할아버지는 아궁이 속에 고구마를 노릇하게 구워 주고 간식을 만들어 주었다.

할아버지는 억센 손바닥으로 따듯한 곳을 찾기 위해 방바닥을 더듬었다. 손바닥이 스칠 때마다 갈쿠리로 긁는 소리 같았다. 아궁이가 가까운 구들막에 우리를 재우고 방문 앞 찬바람이 윙윙 나는 방문 앞에 할아버지는 잔다. 어느 날은 자다가 일어나 도회지 사람들이 연탄불을 확인하듯이 부엌으로 나간다. 나무에 불을 붙여 다시 군불을 지폈다. 아궁이 불이 창호지에 비쳐 방안이 환하다. 아궁이에 불이 다 탈 때까지 지킨다. 화재도 잘 일어나 아궁이 단속을 잘 해야 했다.

지금은 아궁이에 장작이나 삭정이로 불을 때서 방을 데우는 집은 드물다. 가끔 지인들의 집을 방문해보면 벽난로를 만들어 장작불을 지폈다. 그러나 옛날 할아버지가 피우던 아궁이의 불빛 같은 멋은 아니었다.

가을비가 내리니 방바닥이 차고 몸도 겨울이 오는 것을 알리는지 으스스하여 보일러를 켰다. 이렇게 간단하게 방을 데운다. 그러니 아궁이에 불을 붙이는 것은 잊은지 오래 되었다. 할아버지가 지금 살아있으면 얼마나 좋을까!

따끈한 모과차 한 잔에 신식 구들막에 앉아 마주 보며 웃음을 짓고 싶은 가을 끝자락이다.

# 친구 영희

지난 일요일 자리에서 일어나자 나는 시골의 작은 마을에 있는 집에서 잠이 깬 것 같은 기분이 들었다. 비가 내리고 있었다. 하늘은 잿빛이었고 공원은 침침하고 어두웠다. 이렇게 비가 내리는 날은 우울함이 몰려와 집안에서 혼자 지내기가 심심하던 참에, 문득 친구 영희를 찾아가 차 한 잔 하고 오자는 생각이 떠올랐다. 이 변함없는 친구는 내가 살고 있는 신월동에서 30여 분 떨어진 고강동 작은 마을에서 살고 있었다.

마음을 정하자 나는 곧 출발하였다. 장미꽃이 그려진 가방 속에 한 권의 수필집『아무 말도 하지 않았다』그리고 노란색 우산 하나를 챙겨 들고서…. 도로변에는 아무도 없었다. 이따금씩 물이 줄줄 흐르는 포장마차나 누런 낙엽 빛깔의 목도리를 두른 할머니, 새로 짓는 재건축 공사장에 빨간색 벽돌과 비에 젖은 모래가 도로변에 흩어져 있었다. 작은 연인들이 서로 마주보고 웃는 얼굴은 행복해 보였다. 그리고 저 멀리 안개너머로 보이는 빨강색 벽돌로 지은 아담한 교회가 보이고 사람들이 걸어가는 모습….

버스를 타고 갈 때는 조용하여 책도 읽을 수 있었다. 밖에는 소나기가 퍼붓고 가로수가 시원하게 샤워를 하고 있었다. 비는 그칠 기미조차 보이지 않았다.

버스에서 내리자 눈앞에 과일을 팔고 있는 노점상과 파리바게트, 신발가게도 있었다. 조금 더 들어가면 북적거리는 골목시장이 나온다. 삶이 묻어나는 곳이다. 그곳을 지나 약간의 언덕배기를 올라가면 아담한 아파트가 눈에 들어온다. 주택 한 귀퉁이에 점집을 표시하는 붉은 천이 대나무에 달려 펄럭이는 것도 볼 수 있었다.

아파트 정문을 통과하여 왼쪽으로 가서 비밀번호를 꾹꾹 눌렀다. 엘리베이터를 타고 영희가 살고 있는 6층에 내렸다. 벨을 눌렀다. 집안에서 걸어 나오는 발자국 소리가 들렸다. 그 발소리, 그 음성, 얼마나 그립던 목소리인가. 바로 문이 열리면서 활짝 웃는 영희가 얼굴을 내밀었다. 그 얼굴을 마주하니 기쁨이 몰려왔다.

아아, 명품가방을 들지 않고 밍크코트를 입지 않아도 부모님이 물려준 외모만으로도 예쁜 모습이다. 이 세상에서 영희는 오직 한 사람, 지난 일요일에 내가 불쑥 찾아가서 만났던 그 사람뿐이었다. 약간의 갈색 빛깔의 파마머리, 회색 털실로 짠 조끼를 입고 있던, 선한 눈빛과 차분한 충청도 말씨. 멋을 내지 않아도 귀티가 풍기는 그 자체만으로 내 맘을 끄는 영희. "어서 와! 정말 오랜만이다!"

영희는 팔을 들어 올려 내 목을 끌어안고 큰 소리로 반겨주었다.

"정말 잘 왔네. 마침 오늘은 외손자가 유치원에 가서 조금 늦게 오는 날이거든. 요즘 재롱잔치 한다고 집에서도 열심히 춤을 추는 모습도 보여주고 야단이야."

그가 이야기하고 있는 동안 나는 벽걸이 시계가 걸린 넓은 거실을 들뜬 기분으로 둘러보았다. 그 동안 바쁘다는 핑계로 와보지 못했는데도 그때나 지금이나 깨끗하고 정리정돈이 잘되어 있었다. 베란다에는 철 지난 분홍색 진달래꽃이 활짝 피었다. 작은 방을 둘러보니 딸의 결혼식 사진, 사진 속에 그는 웃고 있었다. 거실에 놓여있는 갈색 소파에 앉았다. 나는 가지고 간 수필집을 그에게 전하였다. 얼굴엔 함박웃음을 띄우고 기뻐하며 두 손으로 책을 맞잡았다. "그때 출판기념회에 참석을 못해서 미안하다." 며 끝말을 흐렸다. 나는 "괜찮아" 하고 손을 꼭 잡아 주었다. 수필집 『아무 말도 하지 않았다』는 7년 만에 출간된 내 첫 수필집이다. 한 편의 수필을 다듬는데 기울인 노력만큼 세상 모든 사람이 반드시 읽어 보고 좋은 글 한 줄이라도 기억을 해주면 좋겠다는 생각을 말했다. 세상이 알아주지도 않는데 그처럼 고달프게 매달린들 무슨 소용이 있느냐고 누군가 물었을 때 '알아주는 사람이 적어도 좋아. 아니, 한 사람도 없어도 좋아' 라고 대답한 사람을 잊지 말지어다.

그는 수필집을 손에 든 채 감격하며 책장을 넘겼다. 그때 베란다 창 밖에서 빵~빵 클랙슨 소리가 들려왔다. 외손자가 유치원에서 돌아왔다면서 스웨터를 걸치고 슬리퍼를 끌며 문을 열고 나갔다. 외손자는 아주 어릴 때 가끔씩 본 적이 있었다. 금방 아이의 발소리, 말소리가 들렸다. 씩씩하게 "안녕하세요." 배꼽인사를 하였다. 아이는 할머니에게 유치원에서 배운 무용을 보여주었다. 그러는동안 작은 곰인형이 그려진 네모난

상에 푸짐하게 음식이 차려졌다. 아, 그것을 먹는 즐거움이라니! 알맞은 온도로 노릇하게 구운 삼겹살, 푸른 상추잎, 직접 만든 쌈장과 오이지, 동치미도 그 맛이 일품이었다.

외손자에게 맛있게 구운 삼겹살을 후후 불어서 먹여주는가 하면 밥을 입 안에 떠 넣을 때도 같이 입을 벌리는 모습이었다. 조금 있다가 외손자는 집으로 데려주고 왔다. 내가 사가지고 간 맥주를 따랐다. 거품이 보글보글 만남을 축하하듯이 보였다. 그가 만든 포도주를 따라주었다. 만남을 위하여 하고는 한 모금 먹었다. 술을 먹는 친구는 술 한 잔도 못하는 나와 잘 지낸다.

식사가 끝난 후에 책을 펼쳐 보였다. 나는 한 대목을 부드럽게 읽어 나갔다.

나는 그만 읽고 밖으로 나가보자고 했다. 마침 재래시장은 세일을 하는 날이라 사람들이 거리로 쏟아져나와 있었다. 세찬 바람은 구름을 밀어 가고 있었으며 비에 씻긴 길은 깨끗하게 보였다. 냉면집 간판이 달려있는 집 앞을 지나 미장원을 끼고 우측으로 돌아나왔다. 재래시장은 재미있는 볼거리가 많았다. 화장품 가게에서 비춰 나오는 빛과 햇빛이 바람에 물결치고 있었다. 옷을 파는 집에 들렀다. 회색 티를 하나 골랐다. 영희는 이런 색을 주로 입는데 나는 원색의 화려한 색을 좋아한다. 키가 보통이고, 말이 없고, 얼굴은 갸름하고, 그저 웃어주는, 눈가에 새 발톱 주름, 그래요, 맞아요, 안 그래유 하는 영희는 작은 손짓과 눈빛만 보아도 알 수가 있는 내 친구다. 일곱 형제의 맏며느리, 시집 식구들을 돌보며 시집 장가까지 보내고 살아온 사연도 우리 둘은 똑같다. 둘이 있어도 할 이야기가 끝이 없는 것도 닮은 데가 없어도 재미있고 신나는 일이다. 감정에 휘둘리지 않고 신뢰로 묻어온 세월은 이렇게 많은 것을 쌓았다.

발이 나보다 작아서 오래 걷는 것은 무리였다. 오랜만에 왔으니 집으로 가서 저녁을 먹자는 말에 나는 얼씨구나 하고 팔짱을 끼고 돌아왔다. 큰 새우를 쪄내고, 시원한 된장국, 청양고추를 넣은 부추 전, 새콤달콤한 오이무침, 갈치조림, 볶음 멸치 등 즉석에서 만들어내는 손놀림은 종합예술이었다. 예술인의 손이다. 반찬을 담는 그릇 또한 예술이다.

도자기에 회색의 무늬는 주인의 취향에 딱 맞았다. 나는 붉은 장미가 그려진 커피잔이나 접시가 좋은데 반대다. 뭐 하나 내세울 것도 없는 나를 좋아하는, 한시도 잊지 않고 서로 다독여주고 미소로 답하는 바로 내 친구 영희다.

# 남편과 은행나무 사이에서

시집에는 담장이 높다. 마을 공동체의 한 일원으로 골목마다 담장에 그림도 그려놓고 깨끗하게 정리가 잘되었다. 여러 가지 꽃과 마을의 특징을 잘 살려보는 즐거움도 컸다. 그런데 우리 시집 담장은 그런 그림을 그려 넣기는 어려웠다. 돌담이 아니기 때문이다. 내가 시집을 가서 보니 나무들이 많이 심어져 있었다. 제일 큰 감나무, 석류나무, 찔레나무, 무궁화나무, 은행나무, 장미 등 작은 동산 같았다. 도시에서 시집을 간 나는 은행나무를 보면서 위안을 받곤 하였다. 그 중에서도 은행나무는 특별하게 보였다.

벌써 5·60년이 된 나무는 봄이면 새순이 나오는데 손등에 사마귀처럼 볼록하게 솟는다. 꽃은 화려하지도 않다. 꽃보다는 무슨 기생충이 붙어살고 있는 것처럼 보여지기도 한다. 피어 있는 시간도 짧다. 한 여름 사랑채 마루에 앉아있으면 은행잎이 팔랑팔랑 부채질을 해 주는 듯하다. 그사이로 비추는 햇살은 얼마나 반짝이는지 잎들이 마치 기름을 발아 놓은 착각에 빠지기도 한다. 내가 시집살이에 힘겨워 할 때는 시원한 바람으로 내 마음을 가볍게 해주었다. 시어머니는 그곳에 앉아 있는 나를 보고는 슬그머니 피해 주었다.

은행나무는 시아버지가 도로변에 있는 작은 나무를 가져다 심어 놓았다고 남편이 언젠가 알려 주었다. 해마다 가지가 무성하게 뻗어나가고 든든하게 자리를 지키면서 꿋꿋하게 서 있었다. 은행은 열리지 않았다. 남편은 암수가 마주보고 있어야 열매도 달린다는 것을 알려 주었다. 주인이 없는 집안을 지키는 은행나무는 해마다 무성하게 자라 지금은 하늘을 찌를 듯 키가 크다. 언제까지 함께할 지 은행나무를 대할 때마다 괜스레 마음이 아려왔다.

남편은 지난해부터 통풍으로 심한 아픔을 겪었다. 그로 인하여 혈액검사를 받았는데 결과는 만성신장 질환으로 나왔다. 여자 의사는 아주 심각한 표정을 지었다. 은행의 세모 같은 얼굴과 흡사하였다. 나는 가슴이 콩콩 은행알이 튀는 것처럼 말이다. 의사는 우선 약으로 다스려 보자고 해서 지금까지 잘 견디어 왔다. 독한 약 때문에 몸에 근육이 빠져나가고, 얼굴도 야위어 갔다. 보기에도 환자라는 것을 금방 알 수가 있을 만큼 몸이 변해갔다. 직장도 그만두고 집에서 병원으로 한 달에 한 번 꼴로 혈액검사를 하고 한달치 약을 타 가지고 온다. 병원정문을 나오다가 가로수 주변 화단에 작은 키의 은행나무를 보고는 인상을 썼다. 나더러 쳐다보지도 말라며 화를 내고 앞질러갔다. 남편은 회색빛의 이불을 덮고 안방에 누웠다. 나도 피곤하였다. 보호자 노릇도 힘이 들고 긴장한 탓이리라. 남편은 갑자기 입을 열었다. 얼굴은 심각한 표정을 지었다. 그 모습이 얼마나 낯설어 보이는지.

남편의 말인 즉, 자기가 이렇게 아픈 것은 집안에 문제가 있다는 것이었다. 그 말을 하고 난 후 내가 놀라서 얼굴을 보니 눈에는 독기가 서려 있었다. 저런 모습은 처음이야. 소름이 돋았다. 나는 그 말이 자꾸 걸렸다. 집안의 문제가 무엇일까! 나쁜 꿈을 꾼 것은 아닐까, 아니면 조상이 꿈에 나타나서 비밀을 알려주었을까! 아무리 생각을 해도 내 머리로는 상상이 되지 않았다. 혹시 헛것을 보았을까 하는 의문이 들었다. 나는 이럴 때는 시집에 가서 머리를 식히고 오면 좋겠다는 생각이 문득 스쳤다. 작은아들이 중국에서 며칠 있으면 오니까 그 때 맞추어서 가기로 하였다.

작은아들이 온다는 소식을 듣고는 얼굴이 환해졌다. 매일 저런 모습이면 얼마나 좋을까. 나는 여행가는 것이 즐거워서 그런 줄 알았다. 아들이 돌아오자 남편은 핏대를 올리면서 예외의 말을 꺼냈다. “필아. 내가 시골에 가서 꼭 할 일이 하나 있다. 그것 때문에 내가 이렇게 아픈거야. 이참에 껍질을 확 벗겨내고, 갈기갈기 찢어서 석유를 뿌려서 살아나지 못하게 할 터이니 두고 봐라.” 하고는 입을 꾹 다물었다. 나도 아들도 멍하니 그저 바라보았다. 남편이 왜 저렇게 변했을까 아무래도 뭔가 홀려 있어 제정신이 아니야. 사람이 기가 빠지더니 헛소리도 하네. 무섭기도 하고 겁이 났다. 당장 시골로 가자고 하였다. 서울에서 거창 가는 길은 평소보다 더 멀게만 느껴졌다. 차창 밖으로 보이는 봄꽃도 우중충한 내 마음 같았다. 읍내에 들려 필요한 기구를 샀다. 삽, 괭이, 호미, 빗자루, 일반 톱을 샀다. 봄 햇살은 눈부시게 좋은데 그 눈부심에 근심만 쌓였다. 집에 들어서자 아들에게 일을 시켰다. 흰 장갑과 마스크를 하라면서 계속 화난 목소리로 명령만 하였다.

나는 아들에게 하는 것이 못마땅했지만 꾹 참았다. 담장이 있는 곳으로 가서 남편은 키가 큰 은행나무를 바라보았다. 나는 아차 저 나무 때문이라는 것을 눈치챘다. 어떻게 해. 아들은 좌우를 살피면서 톱으로 은행나무를 자르기 시작했다. 전문의도 아니고 나무를 베어 본 적도 없는 아들에게 시키는 남편이 얄미웠다. 저 큰 나무를 전기톱이 아닌 일반 톱으로 베어 내는 것은 힘을 많이 써야 할 텐데. 그런데 저 나무가 어느 쪽으로 쓰러질까! 두근거리는 가슴을 쓸어내렸다. 분명 길 쪽으로 쓰러지면 이웃과 지나가는 자동차나 사람들, 경운기, 앞집의 담벼락 등 여러 가지 피해를 입지 않을까 하는 마음에 걱정이 되었다. 남편은 계속 명령조로 아들에게 지시를 하였다.

드디어 은행나무가지들이 흔들거렸다. 그때마다 나는 피가 말랐다. 어디로 쓰러질까 아들이 다칠까 걱정하는 마음만 들어 편하지가 않았다. 남편은 아들과 나에게 명령을 하였다. 굵은 나뭇가지를 잡고 당겨 길가로 쓰러지게 하라는 말을 반복하고, 나는 우리 집 마당으로 쓰러지게 해야 한다고 고집을 부렸다. 나뭇가지를 잡고 나는 하늘을 향해 시부모님께 제발 무사히 아무 일 없이, 다치지 않게 해달라고 백 번을 빌었다. 나뭇가지가 출렁일 때 겁이 덜컹 났다. 아들은 "어머니 하나, 둘, 셋 하면 어서 피하세요." 했다. 그 말이 파르르 떨림이 느껴졌다. 아들도 얼마나 무서웠을까! 하느님 아버지 어머니 제발 아무 일 없게 보살펴 주세요. 하나, 둘, 셋 은행나무 가지가 하늘에 닿은 것처럼 보였다. 그 순간 당겼다. 은행나무는 몸을 뒤틀면서….

나는 캄캄했다. 아무것도 기억나지 않았다. 잠깐 숨이 끊어졌는지 기억에 없었다. 눈을 떴다. 아니 어떻게 해. 은행나무가 쓰러졌다. 내가 그 속에 갇혀 있었다. 나는 안경이 부서졌나, 내 얼굴이 붙어있나, 내 팔, 내 다리, 내 발 하고 가벼워진 몸이 꼭 시체 같았다. 그리고 통곡을 하였다. 경자 죽었다. 나는 죽었다. 은행나무가 덮쳤다. 나는 누운 채로 무서워 벌벌 떨면서 엉엉 큰 소리로 울었다. 남편과 은행나무 사이에서 본 하늘은 빙빙 돌았다. 남편은 나를 꺼낼 생각도 하지 않고 멀거니 호주머니에 손을 넣고 장승처럼 서 있는 게 아닌가! 나는 큰 소리로 남편도 아니야, 인간도 아니야, 내가 죽었으면 하고 바랬나, 나무가 쓰러지고 내가 동시에 쓰러지는 것을 보고 있었다는 것에 화가 치밀었다. 벗어진 하늘색 슬리퍼를 주워 들고 은행나무 가지를 들춰내고 겨우 기어 나왔다. 나는 분해서 하늘을 올려다보고 또 하염없이 울었다.

지나간 서러움이 한꺼번에 몰려왔다. 아들은 피해서 다행히 목덜미에 미세하게 붉은 줄이 그어져 있었다. 아들이 그만하기 천만다행이었다. 남편은 아무 말도 하지 않고, 은행나무 가지를 자르고 있었다. 그 모습이 그렇게 미울 수가 없었다.

지나가던 남편 친척이 집안으로 들어왔다. 그는 "반가운 사람이 왔네. 아이쿠 형님이 나무를 어떻게 베었어요? 아들한테 이런 일을 시키면 큰일 나요." 깜짝 놀라면서 정색을 하였다. 내가 은행나무에 깔렸다고 했더니 시어른들이 형수님을 살렸어요. 형님 너무 무모한 일을 했네요. 하고는 전기톱으로 정리를 해주었다.

남편은 그래도 은행나무만 만지면서 밑둥도 잘라내라는 말만 되풀이하고, 아무래도 정신이 이상하다는 생각만 들었다. 나는 쓰러진 은행나무를 보고 고맙다는 말을 했다. 나뭇가지가 나를 폭 안아 주어서 무사하게 살았다. 해는 서산으로 넘어가고 마을은 쥐 죽은 듯이 조용한 밤이다. 담장에 있는 모든 나무는 송두리째 싹 베어버렸다. 잠을 청해도 편치 않고 살았다는 것이 기적 같았다. 흔히 태풍이 불어 나뭇가지나 간판 따위 등 사람이 지나가다 맞아 생명을 잃은 사람의 소식을 전해 들었지만 내가 만일 은행나무에 깔려서 그대로 눈을 감고, 깨어나지 않았으면 어떻게 되었을까! 멀리서 개 짖는 소리가 들리고 은행나무가 서 있던 자리에 달빛이 앉아 있을까!

남편은 아무리 내가 말을 해도 그것에 대한 한 마디의 말도 없어 더 야속한 마음이 들었다. 은행나무 때문에 아프다는 말은 하지 않았다. 시집의 담장에서 잘려나간 은행나무는 앞집에 사는 부부가 모두 가져갔다. 말을 잘 못하는 부인은 고맙다는 말을 했다. 은행나무는 누구에게는 귀한 땔감으로 자기의 몸을 불사를 것이다. 남편의 생각으로 잘려나간 은행나무가 내 마음속에서 떠나지 않는다.

# 보리밥

며칠 전 친구들과 함께 보리밥집에 점심을 먹으러 갔다. 가는 길 초입 화단에는 몇 개의 보리가 파랗게 피었다. 보리밥 집이라고 밖에 나와 주인대신 빳빳하게 고개를 들고 인사를 했다. 가게 안에 들어서니 보리밭 그림이 한쪽 벽을 다 차지하고 있었다. 그림인지 사진인지 하여튼 살아서 일렁이는 보리밭에 놀러 온 기분이 들었다. 식당 안에는 일하는 아줌마들이 분주하게 움직였다. 지금은 옛날처럼 사람이 음식을 나르지 않고, 서빙은 음식 나르는 카트가 있어 수월하다. 인건비도 줄이고 보기에도 안전하였다. 주문을 하라며 식단이 적힌 메뉴판을 내밀었다. 손님들이 하도 많이 만져서 그런지 누렇게 변했다. 보리밥을 주문하였다. 배도 부르지 않고 영양가도 없는 보리밥이 이렇게 왕 대접을 받을 줄 누가 알았을까! 4인분 주문을 하고 심심하니 보리밥에 대한 이야기를 꺼낸다. 산골에서 자란 출신들이라 그때 추억을 그리며 먹는 재미도 있겠다는 생각이 들었다. 하기야 배고플 때 보리밥 풀 떼기 한 개도 귀하고 아까운 것이었다. 수다는 배를 고프게 하는 묘약이다.

주문한 것을 각자 앞에 놓고 입맛을 다시며 숟가락으로 보리밥을 뒤져본다. 구수한 냄새는 온데간데없고 힘도없이 허물어지는 모래성 같다. 차라리 쌀밥을 먹었으면 더 좋았을까 하고 변덕스러운 마음이 보리밥을 내다본다. 보리밥과 각종 야채들 당근, 채 썬 상추, 볶은 버섯, 고사리, 콩나물, 무나물과 김 가루 올리고, 보리 고추장, 참기름 두루두루 뿌려서 쓱쓱 비볐다. 한 입 가득 넣고 먹는 맛은 좋았다. 비빔 보리밥을 먹는 모습을 보니 몇 끼 굶주린 사람처럼 친구들은 먹는 데만 열중을 했다. 나는 비벼 먹지 않았다. 그냥 보리밥 자체를 먹어야 씹히는 알갱이들의 맛을 알 수가 있었다. 그 다음에 보리밥과 야채를 맛보며 입안에서 비빈다! 이유는 비벼 먹으면 금방 배가 부르고 살이 찔 것 같아 나름대로 다이어트를 생각하고 있었다. 밥그릇을 깨끗하게 비우고 앉아 있는 모습에 먹은 티가 나서 자야, 순이, 숙이 얼굴에 보리 꽃이 피었다. 특별식을 먹었다는 자부심에 흐뭇하였다. 배는 부르지 않았다.

세상에서 돈이 많아 좋은 것도 있지만 맛있는 음식을 먹는 것은 제일 행복하다. 보리밥 하면 아주 못살 때의 이미지가 떠올라 옛날 생각이 나게 마련이다. 부모들은 농부로 살았기 때문에 손수 지은 것들을 더 소중하게 여겼다. 보리밥이라도 배불리 먹이려고 이른 봄이면 들에 나가 부지런히 일을 하였다. 서릿발이 내린 보리밭을 들락거리며 밟아주고 다져주고 풍년이 들기를 바랬다. 4월이면 청보리가 익어간다. 그때 보리서리를 해서 간식으로 먹기도 하였다. 봄바람이 불면 보리밭이 춤을 추며 일렁이는 모습은 감탄을 자아냈다. 마른 땅에 심은 보리밭은 푸름 자체가 가난한 시골마을을 살찌우게 했다. 보리줄기를 잘라 만든 피리. 삐리리 소리를 들으며 하모니카 대신 불며 놀았다.

푸른 들판이 차차 겨자색으로 물들고 푸른 수염도 노쇠처럼 변한다.

보리가 익어가는 동안 한끼의 끼니도 이어가는 일은 수월하지 않았다. 누렇게 익은 보리밭 사이에는 깜부기도 익어갔다. 「깜부기」라는 제목의 시를 써본다.

병든 줄 모르고 먹었다/ 어느 누구도 가르쳐 주지 않았다/ 배고픔 달래주는 간식거리/ 보리밭을 헤집고 다녔다/ 혼내는 주인은 없었다// 깜부기는 오디의 사촌/ 반지르르 익은 것/ 깜부기 입에 넣고/ 침으로 뭉개어/ 허허한 굶주림 면했다// 그때는 밥이라 해도/ 꽁보리밥 반 그릇/ 엄니는 자식 먹이려/ 수저도 못 들고 맹물만 벌컥벌컥/ 집안에 깜부기는 속이/ 시커멓게 타들어가는 어머니 가슴

깜부기의 사촌 뽕나무가 보리밭 사이에 서 있었다. 뽕나무 잎은 누에를 키워서 돈을 벌어 살림에 보탬이 되었다. 파랗던 오디도 차차 익어갔다. 새까맣게 익은 오디를 따기 위해서 보리밭을 지날 때는 보리의 수염이 날카로워서 꼭꼭 옷속으로 들어와 살을 찔렀다. 맛있는 오디를 먹기 위해서는 아픔은 아무것도 아니었다. 뽕나무 아래 서면 뽕나무는 우리들 키만 하고 어떤 나무는 더 컸다. 위를 올려다보면 햇빛을 받아 오디가 더 까맣고 윤기가 좔좔 흘러 반짝였다. 맛있게 보이는 것을 따서 먹고 싶은 마음 뻔하지만 욕심을 버리고 나에게 딱 맞는 나무아래서 오디를 땄다. 밭주인은 따로 있어 혹시라도 갑자기 나타날까 봐 조바심이 났다. 손가락으로 한 개씩 따서 입안에 넣고 먹었다. 단맛이 나고 햇빛을 받아 자란 오디는 더 달콤하였다. 하나씩 먹다 보니 감질이 나서 한 움큼을 따서 입안에 가득 넣고 먹었다. 그 맛은 이루 말로 표현이 어렵다. 입가에도 찐한 오디물이 묻어 있었다. 혼자 실컷 먹고 나니 배도 부르고 이만하면 됐다.

보리 베기가 시작되면 얼마나 바쁜지 하루해가 지는 줄 모르게 일만 하

였다. 부모님들은 참 부지런하고 부지런하였다. 어른들의 세끼밥을 챙기고 개구쟁이 우리들의 밥도 꼬박꼬박 챙겨가며 남보다 일찍 보리타작을 한다. 휙휙 도리깨질을 하며 보리 낟알은 마당에 가득하였다. 보기만 해도 배부르고 콧노래도 절로 나왔다. 보리타작을 하며 노동의 기쁨도 함께 나누었다. 옆집 철이네 아버지는 얼굴에 웃음이 가득하고 엄마는 그 기쁨을 감추지 못했다. 보리밥 한 술이라도 나누어 먹는 사이라 서로 서로 일을 도와가는 정다운 이웃이다. 보리 가마니를 차곡차곡 쌓아 놓고 여유를 부리며 여름 밤의 고요함이 잠들어 가는 것이다.

저녁해가 질 무렵, 보리쌀 한줌을 삶아서 밥을 지으며 한숨이 더 많이 들어갔다. 쌀밥을 하는 것보다는 보리밥을 하는 것이 더 신경을 써야 한다. 어머니는 동네 방앗간에서 찧은 보리쌀을 옹기에 담아 우물가에서 싹싹 문질러 씻었다. 약간 미끄러운 기가 있어 깨끗하게 헹구어낸다. 무쇠 솥에 넣고 물을 알맞게 붓고 손등으로 물의 양을 맞추고 솥뚜껑을 닫는다. 할아버지가 앞산에서 해 온 솔가지를 꺾어 넣고 불을 골고루 지펴 준다. 불을 떼는 요령도 있어야 하고 나무도 아끼며 불을 뗀다. 어머니의 밥짓는 일을 보는 것도 좋았다. 어머니 얼굴은 불꽃이 필 때의 모습은 편안하고 미소가 입가에 피었다. 밥을 한다는 자체가 즐거우며 가족들을 위해서 한끼 식사를 준비하는 것도 행복으로 여겼다. 뜸을 들이는 시간에 장독간에 있는 된장을 퍼서 몇 숟갈 넣고 무를 썰어 넣고 누렇게 변한 대가리도 없는 멸치 몇 마리 넣고 아궁이 속에 넣는다. 얇은 노란 냄비는 금방 바글바글 끓으며 구수한 된장맛을 낸다. 반찬은 벌레가 뜯어먹은 푸른 배추 겉절이, 무채, 보리 고추장 등이다. 마당 구석진 곳에 심어 놓은 상추도 잎이 누렇게 변하여 먹을 것이 별로 없었다. 골라내서 깨끗하게 씻어 어른들 밥상에 올린다. 상추쌈은 언제 먹어도 맛있으며 배도 부르다. 두레상에 둘러앉아 서로 얼굴을 맞대고 먹는 맛은 세상에서 제일 행복한 순간이었다.

보리밥도 보리밭도 지금은 큰 인기를 끌고 있다. 지역에서 하는 축제들이 많다. 검색을 하며 상세하게 나와 있어 관광객들이 모여 들었다. 단체로 봄의 축제를 따라 가 본 적이 있었다. 하필이면 비가 와서 구경을 할 수 있을지 몰라 걱정이 되었다. 차에서 내리니 비는 그칠 줄을 몰랐다. 비옷과 우산을 쓰고 고창 청보리밭 구경을 갔다. 비가 내리는 속에서 보이는 것은 초록의 물감을 뿌려 비 오는 날의 수채화를 연상케 하였다. 여기만 초록비가 내렸나 보다. 우리는 보리밭 사이에서 폼을 잡고 사진을 찍었다. 뿌옇게 내리는 빗줄기도 멋적어 살살 내렸다. 보리가 핀 들판을 이렇게 걷고 걸으며, 다정한 사람들과 정담을 나누어 본 적이 있었을까! 먹고 살기에 바쁜 시절 그저 배곯지 않고 살면 그 뿐이었다. 모두들 가슴속에는 저마다의 추억들을 청보리밭에 뉘이고 왔을 것이다. 보는 재미와 보리 이파리를 만져 보는 것, 물방울이 맺힌 것을 보는 것, 체험을 하는 것, 우리가 처음으로 보는 큰 들판의 그림 같은 곳을 보다니 비가 내려도, 바람이 불어도, 마음은 청춘의 무지개를 보았다. 보리밥은 이제 전기 밥솥에서 새로운 세계를 탐험하는 것이다. 보리밥 효능, 꽁보리밥 짓기, 보리밥 하는 법, 보리밥의 물 양, 보리밥 만드는 법 등 전기 밥솥이 알려주는 대로 하면 맛있는 보리밥을 먹을 수 있다. 좋은 세상이라 안되는 거 빼고 다 할 줄 아는 만능의 시대다.

보리밥은 먹어도, 먹고 있어도, 배는 부르지 않고, 소화가 잘 되어 간다며 뿌~우 하고 아무도 모르게 보리피리를 불었다.

# 집 나오면 즐거워

지난 6월 9일~11일 2박 3일 부산을 다녀왔다. 일 년에 한 번 만나는 '샘터모임' 고향친구들과 함께였다. 고향에서는 앞집, 뒷집, 옆집, 다정한 이웃으로 함께 친형제처럼 모여 살았다.

시집을 가서 각자 헤어져 사는 친구들을 만나기 위해 경기도 부천에 사는 순이와 오전 8시 21분 KTX를 타기로 했다. 신정네거리역에서 영등포역으로 갔다. 순이는 두 시간 전에 와서 기다리고 있었다. 나보다 키도 크고 서글서글한 성격이 좋은 친구다. 사투리를 그대로 쓰고 있어 더 정감이 간다. 전광판에 나오는 시간을 보면서 이야기를 하다 보니 열차 탈 시간이 되었다. 7호차 5A 5B 좌석에 앉았다. 앞 승객과 가까이 앉아 가다 보니 여간 조심스럽지 않았다. 예전에는 기차를 타면 옆자리에 앉아 있는 사람들과 반갑게 인사도 하며 고향이 '어디요' 하고 물으면서 가는 여행은 인간미가 넘쳤다. 지금은 그런 말을 하는 자체가 남에게 불쾌감을 줄 수 있다.

순이는 "갱자야 우째 지냈노" 하며 내 얼굴 표정을 살폈다. 나도 순이에게 "니도 잘 지냈냐?" 물어보았다. 소곤소곤 사투리가 무르익어 갔다. 둘만 알아듣는 말이지만 더 정겨움이 묻어났다. 한참을 달리다 보니 벚꽃과 아카시아 꽃이 다 져버린 뒤, 밤꽃들이 한창 피었다. 순이는 "저 밤꽃 냄새가 창문으로 들어오는 거 아이가. 니도 그렇제" 하면서 냄새 맡는 시늉을 하였다. "응. 나도 밤꽃 향기가 여기까지 나는 것 같다."고 하였다. 밤꽃향기는 다른 꽃향기보다 특이하다. 어른들은 밤꽃이 피면 홀로된 여인들이 집 밖을 나간다는 이야기를 해주었다.

앞에 앉아 있는 젊은 연인들은 햄버거와 우유를 나누어 먹으며 서로 입가에 묻은 토마토 케첩을 닦아주었는데 그 모습이 예뻐 보였다. 어쩌다가 시골 가는 길에 남편이 사주던 감자튀김과 군밤이 생각났다. 옛날 판매원 아저씨가 열차 칸을 오가며 팔던 '구운 오징어, 땅콩, 달걀, 달콤한 사탕이 있어요' 하던 모습이 그려졌다. 순이는 "갱자야 배고푸제. 뭐 사 줄 것도 없고" 하며 걱정스러운 얼굴로 나를 쳐다보았다. 나는 "괜찮아 너도 배고플 텐데 마트에서 맛있는 거라도 샀어야 했는데 생각이 짧았다" 하고, "코로나 때문에 차 안에서 먹지 못하는 줄 알았제" 서로를 위로하며 웃었다. 신록의 계절에 다정한 친구와 함께 여행을 한다는 것은 정말 큰 기쁨이었다.

여행은 사람들 마음을 즐겁게 해준다. 모든 것을 다 잊고 떠나는 순간의 행복은 돈으로 살 수가 없다. 먹고 살기에 바빠 평생을 일만 하다가 병이 나고 걷지 못하는 사람들도 많다. 이런 저런 생각들이 밀려온다. 지금은 떠나고 없는 남편의 모습이 문득 창밖에 보이는 착각을 하였다. 가족과 회사일을 하다가 이렇다 할 만한 여행을 하지 못했다. 고향에 있는 산소를 벌초하는 것, 묘사를 지내는 일 등 주로 시골행사에 참석하는 것이 고작이었다. 조상의 묘를 찾아 인사를 하고 풀을 베는 일도 힘은 들었지만 흩어져 사는 형제들을 만나는 일도 기쁨이었다. 비행기를 타고 해외여행을 하는 것도 좋지만, 정자 나무 아래서 동네 사람들과 담소를 나누며 고향의 참다움을 배우는 것도 좋은 기회라 여겼다. 상념에 잠겨 있는 동안 순이는 심심한지 먼 곳을 보다가 밤꽃 나무만 보이면 "밤꽃 냄새가 난다"고 감탄사를 연발하였다. 뭉게뭉게 피어 있는 푸른 유월의 밤꽃은 가슴속에 남아 있을 것이다.

부산역에 도착. 역광장으로 내려가니 김해에 살고 있는 송이가 만남의 광장으로 먼저 마중을 나왔다. 파마머리, 갸름한 얼굴, 핑크색 티, 진주 목걸이, 검정색 자켓을 입은 송이가 멋져 보였다. 셋이서 얼굴이 닿을 만큼 꼭 껴안았다. 송이는 인정이 많다. "먼데서 온다고 배고프겠다. 저기 할매가 파는 엿이라도 묵고 포항에서 오는 진이를 기다리자" 하며 엿을 사주었다. 엿 판도 아니고 플라스틱 도시락통에 넣어 팔았다. 마트에 들어가면 간식이 많지만, 어릴 때 먹고 자란 엿이 최고였다. 엿가래를 파는 것도 아니고 다 분질러서 엿 모양은 나지 않았다. 입안에 달라붙지 않고 달콤한 엿물이 목을 타고 내려갔다.

진이가 도착을 하여 만났다. 둥근 얼굴에 붉은 테 안경을 쓰고, 하얀 바탕에 줄무늬 티셔츠, 시원한 겉옷을 입고, 버들잎같이 생긴 머리핀, 시계, 팔찌, 꽃송이 같은 반지가 예뻤다. 한껏 멋을 내고 왔다. 엿은 다 먹고 난 후라, 아무 말도 하지 않고 셋이 입을 꾹 다물었다. 송이 입술이 반지르르한 엿물이 햇빛에 반짝였다. 진이는 립스틱을 바른 것으로 알겠지!

렌터카를 운영하는 아저씨들이 우리에게 접근을 하였다. 그들은 여자들끼리 여행을 왔다는 것을 금방 알아보고 말을 슬슬 붙이며 능글맞게 굴었다. 내가 총무를 맡아서 똑부러지게 한마디 하였다. 서울말로 "아저씨 우리가 알아서 할 테니 렌트는 필요 없어요." 했더니 말을 걸려고 하다가 다른 곳으로 멀어져 갔다. 내가 아무리 서울말을 써도 사투리가 나와서 웃었다. 자리를 뜨는 것이 낫겠다는 생각이 들었다. 송이가 전철을 타고 자갈치 시장으로 가자고 했다. 지금부터 집은 잊어버리고 재미있게 놀자, 집 나오면 즐거워, 하며 전철을 탔다.

자갈치시장 입구에 들어서니 바다 냄새가 나는 것 같았다. 횟집들이 즐비한 삶의 터전에서 상인들이 열심히 일하는 모습을 보니 활기가 넘쳤다. 간판을 보며 걷고 있는데 식당 주인들은 서로 들어오라며 손짓을 하고, 긴 머리를 묶은 여자는 아예 따라다니며 직접 구워 파는 생선은 자기 집밖에 없다고 했다. 배도 출출하니 달콤하게 말하는 여자분의 친절한 사투리가 우리를 끌어들였다. 횟집에서 생선을 손수 구워 준다고 몇 번을 강조했다. 멍게를 먼저 시켜먹으니 입안에 사르르 단맛이 돌았다. 주인은 미역국, 파전, 도라지 무침, 콩나물, 젓갈, 배추김치 등을 내놓았다. 커다란 접시에 여러 가지 구운 생선도 나왔다. 갈치구이, 고등어구이, 금태 또는 낀따루, 가자미 등이었다.

바닷가에 사는 송이와 포항에 사는 진이는 평소에 많이 먹는다며 멀리서 온 친구에게 맛있게 먹어라 하였다. 가시를 발라 먹는 것이 쉬운 일이 아니었다. 갈치는 가시가 많아 먹기가 어려웠다. 처음 살 한 점을 떼어 입에 넣었는데 가시가 잇몸을 찔렀다. 조심하며 여러 가지 생선 맛을 보았다. 식당 안은 조용하고 손님은 그렇게 많지 않았다. 숨쉴 때마다 생선구이 냄새가 났다. 하도 흔한 구이라 먹어도 싱싱한 것인지 직접 구웠는지 믿음이 가지 않았지만 친절해서 그나마 괜찮았다. 배는 채웠고, 시장 구경을 하였다. 갈치를 말리는 주인은 갈치를 막대기에 넥타이 모양으로 걸어 두고, 양 끝에는 빨간 고무장갑을 끼워 두었다. 바다에서 자유롭게 살다가 갑자기 육지로 올라와 넥타이를 메고 품위 유지를 해야 하는 갈치

남의 패션이 눈길을 끌었다. 몸값이 뛴다. 그래도 신사적으로 예의를 차린다고 넥타이를 맨 모습이 신기하고 주인의 아이디어도 좋았다.

전철을 타고 이동하는 일도 재미있었다. 송이는 멋을 낸다고 빨간 구두를 신었다. 아무래도 발가락이 아플 것 같아, 만물상회에 들어가 벗겨지지 않은 신상의 덧버선을 3,000원 주고 사서 신었다.

부산역에서 택시를 탔다. 전포1동에 살고 있는 고향친구는 몸이 아파 몇 년 전부터 잘 걷지를 못했다. 연락을 취했더니 집에 있다고 하였다. 집에 도착하자 대문 앞에서 기다리고 있었다. "아이구 밖에서 만나면 아무도 모르겠다"는 말을 했다. 집안은 도우미가 와서 깔끔하게 정리를 해주니 혼자 살아도 걱정이 없다고 했다. 남편과 사별을 했고 자식들은 출가를 해서 가정을 꾸리며 잘 살고 있다며, 친구들이 왔는데 몸이 아파 대접도 제대로 못하고 미안하다는 말을 하였다. 그래도 이렇게 얼굴을 보고 옛날 친구들을 50년 만에 만난 것은 큰 행복이었다. 사과, 배, 방아 잎 부침도 맛있게 먹었다. 옥상에 올라가니 여러 가지 채소와 꽃들이 피어 있었다. 추어탕에 들어가는 향료는 방아 잎 향기가 으뜸이었다. 예쁜 옥상에서 기념 사진도 찍었다. 거실에 모여 앉아 추억담에 입이 귀에 걸렸다. 믹스커피를 마시며, 친구가 "오늘 저녁은 내가 꼭 회를 대접해야 한다"며 안내한다고 휠체어를 타고 식당으로 갔다. 50년 만에 만났으니 꼭 대접을 한다는 이유였다. 함께 보조를 맞추며 신호등을 건너 약 40분 정도 걸리는 거리였다.

아파트 정원을 지나가는데 큰 호수가 있었다. 저녁의 호수는 잔잔하게 외등의 불빛을 받고 시커멓게 생긴 고기들이 돌아다녔다. 바다가 있어 그런지 상쾌함보다는 찝찝하다는 느낌이 들었다. 횟집 골목에 들어서니 간판들이 너무 많아 어느 가게로 들어가야 할지 몰랐다. 친구는 휠체어가 들어가는 가게를 알고 있어 다행히 함께 들어갔다. 식당 사장은 일부러 개조를 하여 만들었다며 자부심이 대단하였다. 우리는 고맙다는 인사를 하고 예약된 방으로 들어갔다. 널찍하고 시원해서 좋았다. '○○횟집' 메뉴판에 있는 150,000원짜리 모둠회를 시켰다. "오늘은 너거가 먹고 싶은 것이 있으면 울매던지 묵어라"라는 말을 연발하였다. 먼저 나온 부식들을 먹으니 입맛에 잘 맞았다. 깻잎, 콩나물, 미역국, 도라지무침, 청양고추, 배추김치, 생선튀김 등 사이다와 소주 1병을 따르고 건배 '친구들 반가워' 하고 한 모금을 먹었다. 회를 먹을 때는 소주를 먹어야 생선과 궁합이 잘맞다고 했다. 드디어 모둠회가 나왔다. 야~아 하고 웃으며 박수를 쳤다. 노란 접시에 담겨있는 회는 우리에게 실망을 주었다. 우선 생선들의 색상이 붉지 않고, 창호지처럼 얇고, 일렬로 깔려 있는 것이 도대체 싱싱해 보이지 않았다. 노량진 수산시장에서는 회를 보면 탄력이 있고 씹을수록 단맛이 났다. 꼬들꼬들하고 감칠맛도 있었다. 억지로 한 입 먹으며 회를 쳐다보고 맛없음을 알려주었다. 사진을 찍어서 보니 더 형편없는 회가 입맛을 버렸다. 순이는 회를 잘 안 먹는다더니 혼자 부지런히 먹었다. 미역국도 식어서 비릿해 먹기가 싫었다. 비싼 회를 맛있게 먹자 하고 마음을 바꾸었다.

송이가 갑자기 전화번호를 입력한 것을 보여주었다. 내 이름을 무경자, 순이 이름은 문푼순이라 저장한 것을 보고 너무 웃어 배가 아팠다. 근데 왜 그렇게 웃음이 나오는지 진이와 나는 눈물 콧물이 다 빠지도록 웃었다. 정작 푼순이는 전혀 웃지 않았다. 아는지 모르는지….

웃다가 먹다가 보니 저녁 7시가 넘었다. 길도 어두워지니 친구를 빨리 보내고 우리도 숙소로 가야했다. 짧은 만남이지만 이산가족 상봉 이상이었다. 가는 모습을 보고 눈시울이 뜨거웠다. 언제 다시 만날 수 있을지.

택시를 타고 숙소가 있는 부산역 근처로 다시 돌아와 배도 부르고 해서 걸었다. 밤거리는 완전히 분위기가 달랐다. 휘황찬란한 불빛들이 비치고 젊은 연인들은 손을 잡고 걸었다. 외국인 아가씨들이 많아 처음 보는 광경이 낯설어도 여기에서만 볼 수가 있다며, 그 앞을 지나치면서 힐끔힐끔 쳐다보았다.

진이가 배도 부르고 소화를 시킬 겸 주위에 노래방을 찾아보자 했다. 우리가 신나게 놀 장소를 물색하였다. 지하로 내려가니 손님도 없고 한산했다. 1시간에 2만 원이라 서울보다 저렴했다. 순이는 목이 안 좋다면서 너스레를 떨었다. 그러면 가만히 앉아 있고 우리만 신나게 놀자. 노래방에 들어가자 순이는 벽에 붙어있는 노래는 무조건 찾아서 여러 곡을 입력하여 불렀다. 혼자만 불러 미안한지 자기는 좀 쉬었다가 한다더니 하고 또 노래를 불렀다. 신곡도 잘하고 노래교실 다닌 실력도 뽐냈다. 신나게 두 시간을 부르고 나니 모두 목이 쉬었다면서 얼굴은 행복해 보였다. 누구 하나 간섭하는 사람도 없고, 밥을 차릴 일도 없고, 돈만 내면 척척 다 해결이 되니 집을 나오면 이렇게 좋은 줄을 몰랐다. 부산의 밤을 즐기는 맛이 이국 정취처럼 느껴졌다. 외국 사람들이 많아 우리도 외국에 온 느낌이었다. 숙소에 들어와 내일 일정을 짜고 모두 꿈속으로 들어갔다.

이튿날이 밝았다. 매년 1박을 하고 바로 헤어지니 서운하다며 20년 만에 2박은 처음이었다. 그때만 해도 젊고 아이들도 남편들도 회사를 다니다 보니 시간의 여유가 없었다. 꽃단장을 하고 아침은 '시골 추어탕'을 먹었다. 식당을 나와 전철을 타고 '태화강 국가정원'을 가기로 했다. 부전역에서 태화강행이 09:30분에 출발했다. 관광객들이 많았다. 처음 가는 곳이라 마음이 설레었지만 그보다 친구들과 함께 여행을 할 수 있다는 것이 행운이었다. 부산에 사는 송이가 우리를 이끌었다. 그래서 마음이 놓이고 기뻤다. 태화강역에 내려 택시를 타고 갔다. 기사는 쓸데없는 말을 하다가 내려야 할 곳을 지나쳐 갔다며 걸어가도 된다고 하였다. 아침 겸 점심을 먹기 위해 간판에 돼지 삼겹살이란 글자를 보고 식당으로 들어갔다. 젊은 아가씨가 친절하게 대했다. 삼겹살을 먹으니 배가 불렀다. 식당의 반찬은 거의가 비슷한데 쌈 싸는 배춧잎이 너무 억세고 상추도 조금 덜 씻은 듯하고, 벌레 먹은 것을 깨끗하게 떼어내고 먹었다. 자연 그대로 키웠다고는 하지만 개운치 않았다.

큰길을 건너니 바로 태화강 국가정원을 구경할 수 있었다. 봄꽃들은 거의 다 지고 푸른 숲들만 바람에 살랑거렸다. 양귀비 꽃밭, 샤스타데이지꽃, 수레국화, 장미꽃도 예쁘고 풀들과 잘 어울렸다. 태화강변을 따라 십리(4km)에 걸쳐 있다고 해서 '십리 대숲'이라 한다. 십리 대숲 은하수길 생태관광지 앞에서 한 명씩 기념 사진을 찍었다. 대나무 숲에 들어서니 바람에 대나무 잎이 서로 부대끼는 소리에 기운이 나고 시원했다. 고향의 대나무 숲이 생각났다. 진이네 집 뒤 대나무 밭은 동네서도 유명했다. 자랄 때 대나무 죽순을 뽑고 차가운 대나무를 잡고 시원함을 느꼈다. 진이는 대나무를 모양 있게 키우려면 사이사이를 넓게 해야 튼튼하게 자란다며 아는 대로 설명을 해주었다.

같이 걸으며 먼 옛날 고향에서 자란이야기를 하며 다니는 길이 재미있었다. 주변에 부모님을 휠체어에 태우고 양 옆으로 자식, 며느리, 손자 손녀들이 합심을 하여 함께 다니는 모습이 아름다웠다. 아이들을 데리고 나온 아빠 엄마들은 함께 미끄럼도 타고 모래 놀이도 하며 재미있게 노는 모습이 보기 좋았다. 기념사진을 찍는 가족들의 모습이 대나무 숲 정원을 더 아름답게 꾸몄다. 집 나오면 즐겁다. 노년에 이르러 오랜 친구들과 2박 3일 여행을 한다며, 여기가 아닌 어딘가로 떠나기, 삶이 아닌 다른 무엇, 죽음으로 떠나기, 죽음이 덜 무서워지는 시간을 여행하는지도 모른다는 생각을 해본다. 한 살이라도 젊었을 때 여행도 하고 웃으며 지내는 친구가 있어 최고다. 몇 달 전에 모임을 같이 했던 부산 친구가 하늘나라에 갔다. 여기에 와보니 친구생각에 내 맘을 아는지 태화강은 조용하게 흐르고 있었다.

기념 사진을 찍고 걷다가 보니 출발 시간이 가까워졌다. 슈퍼에 들어가 목이 말라 아이스크림을 먹고 해운대로 향했다. 3시 5분 태화강역에서 타고 4시 4분에 신해운대역 하차, 택시 타고 해운대에 도착했다. 피서객들이 많아 놀랐다. 벤치에 앉아 바다를 바라보며 우리들 이야기만 했다. 간식을 먹으니 달콤한 감정을 만들어 주었다. 그러고 나니 몸이 조금 가벼워졌다. "파도를 보고 가자" 하고 모래밭을 송이와 둘이 걸었다. 어른들과 아이들은 바다물에 발을 담그고, 수영을 하는 것처럼 흉내도 내고, 여자아이들은 겁도 없이 물속으로 들어가 물장난을 치며 놀았다. 큰 파도가 없어 다행이었다. 사람도 넘어뜨리는 집채만 한 파도는 모조리 다 휩쓸고 지나가는 무서운 파도다. 바다를 배경으로 송이와 나는 기념사진도 찍었다. 해가 기우니 노을이 비치고, 가로등도 하나둘 불을 밝혔다. 운치도 좋아 그곳에서 머물고 싶었다. 친구들은 여기서 밤샘을 해도 되겠다며 아쉬워했다. 해운대에 와서 파도를 보는 것이 소원이었는데 아주 잘한 일이었다.

저녁을 맛있게 먹자 하고 맛집을 찾아 다녔다. 거리에는 젊은이들이 많아서인지 밥을 파는 식당보다 맥주와 치킨집들이 많았다. '초량밀면' 식당에 들어갔다. 만두와 초량밀면을 시켰다. 가위로 면을 자르고 비비니 양이 너무 많았다. 만두도 먹으니 배가 불렀다. 친구의 덕으로 모여서 이렇게 좋은 기억을 차곡차곡 만두속에 쌓았다.

숙소로 돌아와 도란도란 모여 앉아 참외를 깎아 먹었다. 노랗게 익은 참외는 고향의 원두막에서 먹는 맛이었다. 어릴 때 이야기를 하며 웃음이 끊어지지 않았다. 참외서리, 수박서리 하던 기억을 떠올리며 지금도 가슴이 두근거린다며 마주보고 웃었다. 모두 합창을 하였다. "집 나오면 즐거워" 밤새도록 이야기가 끝없이 이어지는데 아무도 대답이 없는 것을 보니 꿈나라로 갔나! 순이야, 진이야, 송이야 정다운 이름을 불러본다.

문경자 수필집_ 핑크빛 넥타이

초판 인쇄 | 2023년 9월 10일
초판 발행 | 2023년 9월 15일

지 은 이 | 문경자
발 행 인 | 김호운
주　　간 | 김민정

펴낸곳 | 사단법인 한국문인협회 月刊文學 출판부
주소 | 서울시 양천구 목동서로 225 대한민국예술인센터 1017호
전화 | 02-744-8046~7
팩스 | 02-743-5174
이메일 | klwa95@hanmail.net
등록 | 2011년 3월 11일 제2011-000081호
ISBN 978-89-6138-510-7 03810

값 13,500원